敏捷项目管理

出自《敏捷项目管理全景解析

作者：刘世涵　李岩

3.0 敏捷原则与

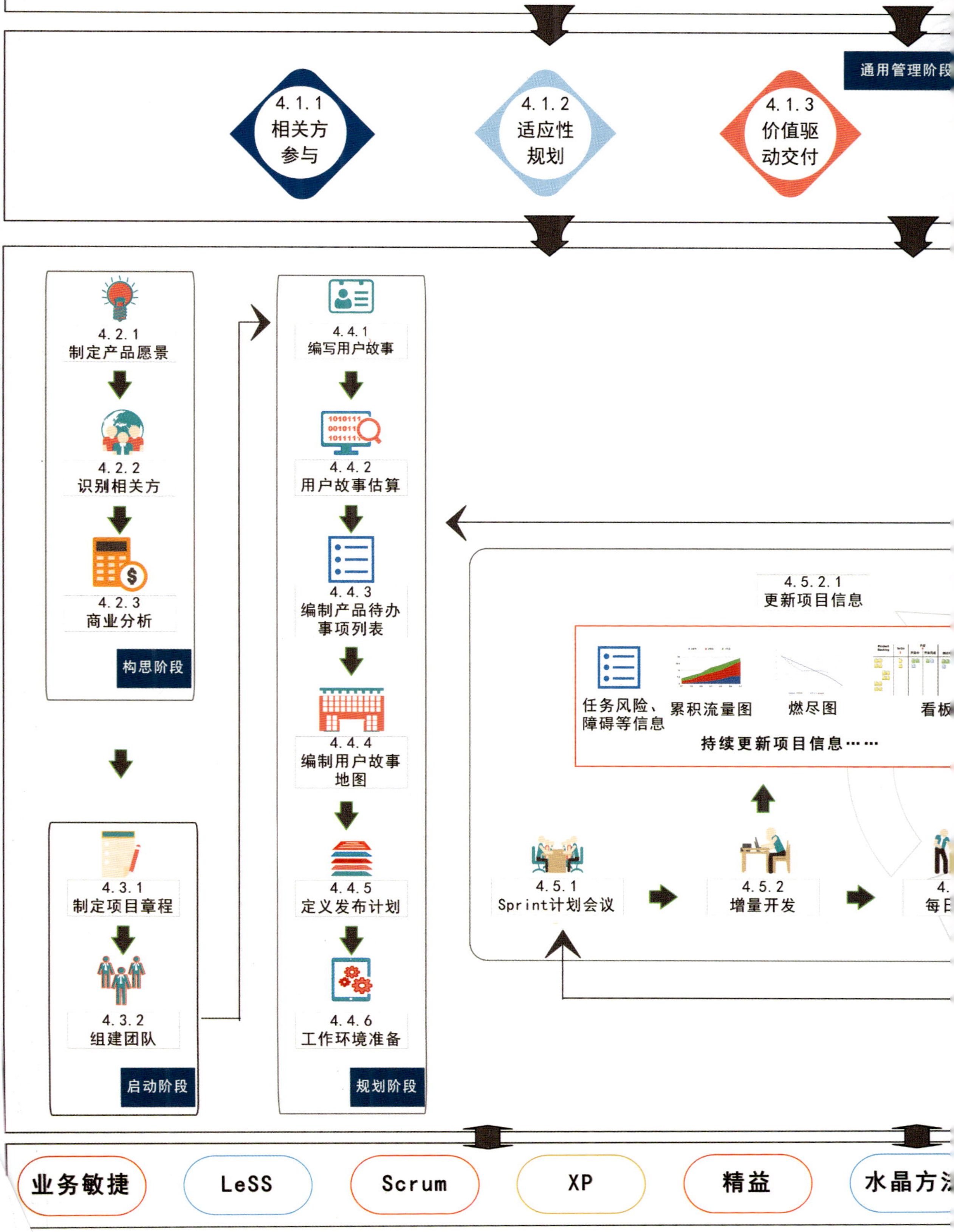

全景图

》 版本:6.0

金文政

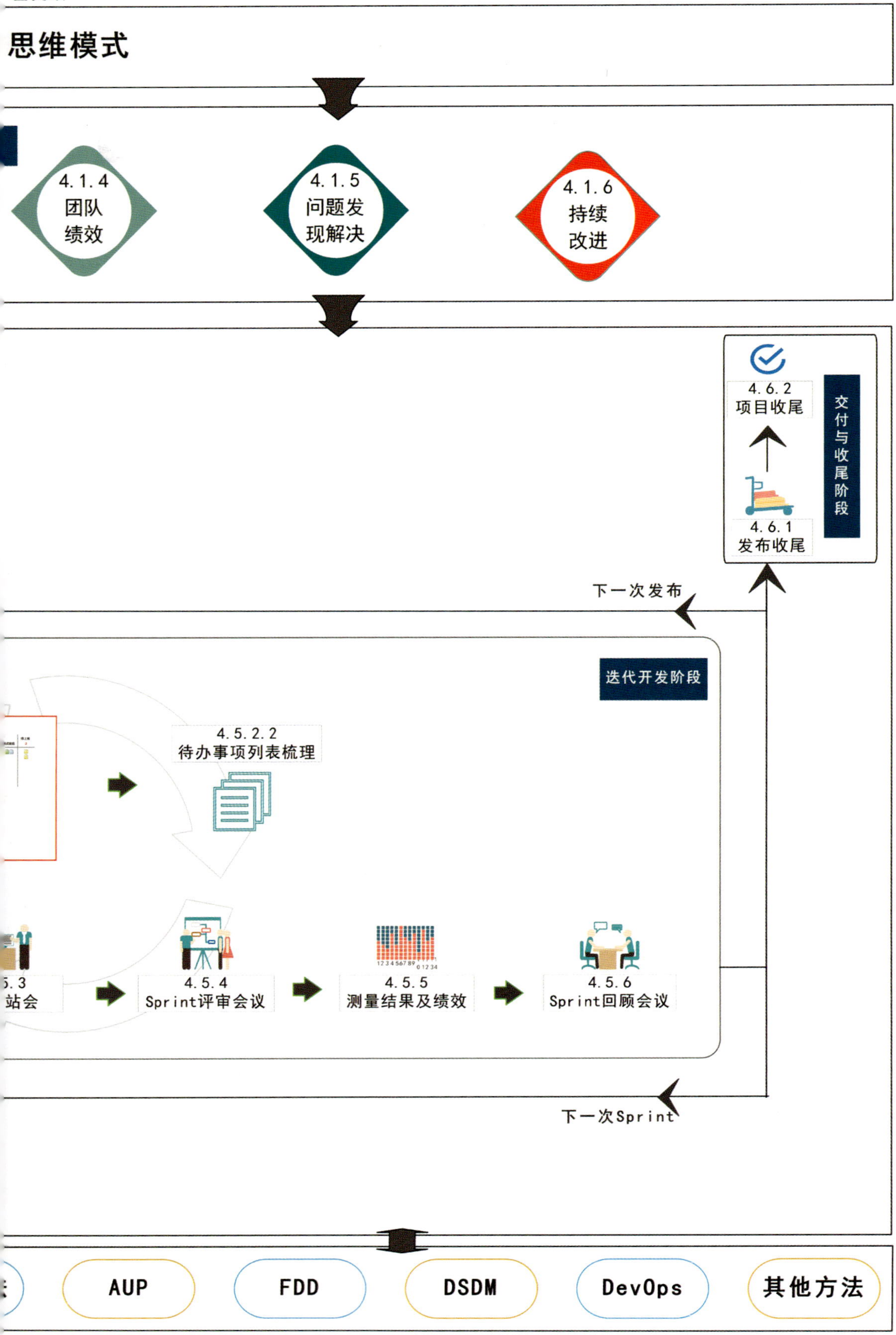

思维模式
4.1.4
团队
绩效
4.1.5
问题发
现解决
4.1.6
持续
改进
4.6.2
项目收尾
4.6.1
发布收尾
交付与收尾阶段
下一次发布
迭代开发阶段
4.5.2.2
待办事项列表梳理
5.3
站会
4.5.4
Sprint评审会议
4.5.5
测量结果及绩效
4.5.6
Sprint回顾会议
下一次Sprint
AUP
FDD
DSDM
DevOps
其他方法

项目管理资质认证系列

敏捷项目管理全景解析

基于 PMBOK® 第 7 版编写 PMI-ACP® 考试的应试宝典

刘世涵　李　岩　金文政　编著

中国电力出版社
CHINA ELECTRIC POWER PRESS

内 容 提 要

本书涵盖了敏捷项目管理的全景，从企业级敏捷项目管理出发，着力于描述敏捷项目在企业落地的方法和实践。书中全方位阐述了敏捷项目管理所涉及的理论知识、专业特征、常见敏捷方法，独创了敏捷项目开展的全景视图。

本书为从业人员掌握敏捷项目管理提供了重要理论支撑，助力于培养跨时代的新世纪数字化项目管理人才；为企业将敏捷项目管理方法应用于数字化时代，提升数字化管理的能力水平提供了实践指导。

本书可作为普通高等院校和高职（高专）院校等项目管理相关课程的教材、PMP®及PMI-ACP®认证学习指导用书，也可作为企业与组织项目管理相关人员业务能力建设、技能培训的参考资料。

图书在版编目（CIP）数据

敏捷项目管理全景解析 / 刘世涵，李岩，金文政编著. —北京：中国电力出版社，2022.3
（项目管理资质认证系列）
ISBN 978-7-5198-6299-2

Ⅰ. ①敏… Ⅱ. ①刘… ②李… ③金… Ⅲ. ①项目管理－资格考试－自学参考资料 Ⅳ. ①F224.5

中国版本图书馆 CIP 数据核字（2021）第 262524 号

出版发行：中国电力出版社
地　　址：北京市东城区北京站西街19号（邮政编码100005）
网　　址：http://www. cepp.sgcc.com.cn
责任编辑：李　静（1103194425@qq.com）
责任校对：黄　蓓　　朱丽芳
装帧设计：九五互通　　锋尚设计
责任印制：钱兴根

印　刷：三河市万龙印装有限公司
版　次：2022年3月第一版
印　次：2022年3月北京第一次印刷
开　本：787毫米×1092毫米　16开本
印　张：14.75　　插　页：1
字　数：310千字
定　价：68.00元

版 权 专 有　侵 权 必 究

本书如有印装质量问题，我社营销中心负责退换

推荐语

在敏捷的世界中，实在有太多误区和令人沮丧的结果！比如，发起人还是追求正式的报告，业务经理更重视自己的需要而不是市场的需要，产品负责人犹豫不决，团队主管过分忧虑。本书犹如定海神针，充分剖析了敏捷与其他方法论的兼容，对原则的坚持，以及干系人的角色和运营。书中有很多全景图和专业术语，更方便从业人员理解内容及开发应用。

过去给不同的认证（PMP®、PMI-ACP®、PMI-PBA®）班授课时，大部分学员只追求考试合格，没有将所学知识与实践相联系，以至于在工作中遇到问题时需要再花时间重新将理论与实践衔接起来。参加相关认证考试的考生，可以使用本书进行充分的准备；项目实践者使用本书，可以解决项目中的困惑，避免犯常见的错误。除了满足工作需要，更利于个人职业生涯的规划。

我可以用一个 IT 词语——完整（Integrity）总结本书，其中包含了及时（Timely）和准确（Accurate）的意思。“及时”是指本书包括了最新的项目管理知识体系（Project Management Body of Knowledge，PMBOK®）第 7 版敏捷的内容，以及与考试相关的内容；“准确”是指本书包括了全面的企业级敏捷知识体系，让企业可以更好地推进敏捷。

本书值得一读。最后，多谢世涵老师！针对最新的 PMBOK®第 7 版加以介绍。期盼各界人士，能透过对敏捷的认识，拓展软件开发及产品管理，成就价值人生！

冼志雄

中国国际人才交流基金会认可教授

PMI（香港）副总裁

在项目管理进入巨变的时代，敏捷不只适用于 IT 行业，也不只适用于单个项目。敏捷已经成为当今组织必备的思维方式和治理模式。本书很好地总结和梳理了敏捷项目管理涉及的多个跨学科的知识点，对比分析了其中的内在联系和逻辑关系，条理清楚、言简意赅，可以帮助大家在很短的时间内充分了解项目敏捷和企业敏捷、敏捷原则和思维、敏捷项目管理不同阶段的管理要点。作者在本书中还践行了敏捷的方法和响应速度，把 2021 年 7 月初才刚刚面世的 PMBOK®第 7 版的最新内容在书中做了介绍和对比说明，希望给读者传递更多的价值。

书中提供了模拟试题帮助大家准备考试，也提供了未来应用到实践中的参考工具和示意图。这些才是本书真正的价值所在。无论是参加认证的读者、已经通过认证的读者，还是不打算参加认证的读者，相信本书都会有借鉴意义。

中国的项目管理从 2000 年前后引入国外的标准体系和认证，发展到今天已经培养了大批项目管理人才，项目管理也慢慢从学习和借鉴，发展到了现在的赶超和总结。各行各业的专家和实践者正在用自己的项目管理结果展现其价值。

我有幸参与了 PMBOK®第 4 版的中文翻译工作，见证了华为等公司将项目管理作为公司核心竞争力从而跃居行业第一的过程，经历了项目管理从单项目到组织级、从流程型项目管理到敏捷型项目管理的发展变迁，也看到了项目管理培训从认证考试培训到敏捷转型辅导的趋势。对于这种愿意将自己工作实践中的经历和思考总结成书的行为，我非常认可和赞赏，也鼓励和期待更多的优秀人才参与进来。

张斌博士

PMBOK®第 4 版译者

软件吞噬世界，敏捷吞噬世界，全球市值十大公司中一大半是软件公司，并且都采用了不同形式的敏捷。然而，更多的软件公司还在苦苦挣扎，没有入敏捷的大门。成功的敏捷需要卓越的技术、领导力，以及在企业价值流的全流程中最大化地创造价值，这背后需要基础的敏捷教育。本书介绍了 PMI 的认证体系、PMI-ACP®考纲重点、企业级敏捷的层次、敏捷的原则与方法、敏捷在项目全生命周期中的运用，并提供了 PMI-ACP®模拟题。现在，敏捷的图书种类繁多，本书是入门的路径，助力你的学习之路。

王国良

真北敏捷社区发起人、广发银行高级 Scrum Master

作为非著名在线敏捷类直播节目“破马张飞”的主创之一，我对 PMBOK®第 7 版的发布还是充满期待的。与李岩老师也是结缘于这档节目，这次 PMBOK®第 7 版与敏捷融合的意义已经无须赘述，具体如何去做，尤其是传统项目管理的实践者在这样的变化形势下应该去补充哪些知识和技能，这本书基本讲清楚了。本书不仅对传统项目管理从业人员的转型有帮助，对敏捷从业者了解传统项目管理，以及针对企业现状的成因来执行更切合实际的转型方案也是大有裨益的。几位作者把个人多年的经验也融入了各个章节，读起来很“干”，或许在刚开始读的时候将信将疑，但一旦付诸实践，就会感受到这本书带来的无穷力量。

马畅

Atlassian 公司敏捷专家

项目越来越复杂，团队的管理规模也更加庞大，如何管理一个大团队协作研发，是项目管理面临的一个新难题。目前敏捷的思想和方法众多，本书从企业级敏捷维度到项目级敏捷维度都有详细的描述，进行了合理的梳理和分解，对敏捷管理进行全景式的概括和整合，而且有独到的见解和深入的洞察，对个人如何全面掌握和打造企业的研发体系有很大的帮助。本书也让我受益匪浅！

王兆财

项目管理专家

腾讯高级项目经理

序言1

敏捷让每个人灵活地适应未来

2001 年，敏捷宣言正式发布。从 IT 行业开始，敏捷如浪潮般席卷各行各业，敏捷销售、敏捷创新、敏捷人力资源等层出不穷。从企业讲敏捷变革，到团队讲敏捷转型，再到个人讲敏捷做事，十几年间，敏捷在世界各地开花，在各行各业落地。

为什么会产生敏捷？

新冠肺炎疫情影响全世界之时，每个人应该都能感受到这方世界其实是复杂的，是非线性的，存在大量不确定性。这种情况下，我们如何与世界相处？再早一点，在 20 世纪 80 年代、90 年代，IT 行业也面临同样的问题。很难有非常确定的需求，需求总是在变化，总是有不确定性。行业面临这样的现状，要怎么解决？这就是敏捷产生的背景。

敏捷是什么？

这个问题很难回答，有人说敏捷就是快，有人说敏捷就是适应，有人说敏捷就是价值优先，有很多不同的回答。敏捷其实是思维方式，有四大价值观、十二大原则，有很多不同的实践。它们一起构成了敏捷的知识体系，在这套知识体系里，倡导简单设计、快速交付、价值导向、响应变化。这样就能让企业、让个人在不确定的环境中更灵活，更能适应未来。

敏捷怎么做？

对于敏捷，并不是一定要严格按照每种具体的方法论去安排工作。学习敏捷，学的是价值观和原则，从自身的实践开始，学会自己的规则。这个规则是与自己息息相关的。在你所处的独特环境中，用敏捷的价值观和原则，结合自身经验，应对各种变化。每个人必须要知道去哪里，现在在哪里，然后不停地前进，持续评估并不断修改错误。这就是敏捷的做法，值得每个人学习，无所谓在哪个行业。敏捷是一种理念，是一种境界，更是一种在变化中适应调整的习惯。

对于以上 3 个问题，在读完本书后，你或许会有独属于自己的理解。本书介绍了敏捷的历史、敏捷的思维方式和敏捷的知识。从企业到个人，特别是要考取 PMP®、PMI-ACP® 认证的读者，这书更是为你们而写，为你们应用敏捷项目管理而写。

最后，感谢另外两个作者李岩和金文政，我们写作过程中相互碰撞和激励；感谢提出宝贵意见的冼志雄先生、张斌博士、王国良先生、徐东伟先生、马畅先生、王兆财先生、胡锦婷女士，还有编辑李静老师。你们给了我们完成此书的动力！特别感谢丁仿先生和杨波平先生，帮我们审校，并提出很多专业的修改意见！

愿君阅读愉快！

刘世涵

序言 2

敏捷是数字化时代的基石

近年来，数字化转型一直是新的热门话题，它涵盖了从简单地将流程移动到移动平台，到业务流程自动化，再到对整个商业模式、渠道、产品、数据的货币化，以及一切数字化业务的变革。采用敏捷的数字化转型模型将是敏捷项目管理应用的重要场景，实现业务转型是很多企业在实行敏捷过程中的重要工作。

很多人的第一印象就是敏捷方法仅仅应用于 IT 项目管理及软件开发过程。事实并非如此。随着敏捷应用的不断发展与演变，敏捷思维已经广泛应用于各种实践中。

随着工业 4.0 与数字化转型的到来，传统的线性因果模型对于急剧变化的市场来说大多是无效的，敏捷方法可以应对今天的 VUCA（Volatility、Uncertainty、Complexity、Ambiguity，即易变性、不确定性、复杂性、模糊性）时代与数字化时代。

敏捷转型是数字化转型的基础，敏捷转型是将整个组织的文化转变为基于敏捷原则的协作、灵活、自组织和在快速变化的环境中蓬勃发展的文化与行为准则的过程。企业建立敏捷的心态，并接受自我管理和协作的文化，是转型成功的关键。

数字化转型是当今科学发展的里程碑。数字化转型首先应该是敏捷转型，其中敏捷项目管理是敏捷转型的关键成功要素。建立敏捷管理办公室（Agile Management Office，AMO）或叫数字化时代的价值管理办公室(Value Management Office，VMO)，将是数字化时代变革的重要标志之一。随着敏捷管理多种方法的应用，如开发敏捷、测试敏捷、运维敏捷，企业级的实践能够帮助企业实现数字化转型。

企业今天的运营也应朝着精益敏捷方向发展。随着以 ITIL®4 为代表的敏捷运营时代的到来，业务敏捷将成为整个价值流的最后一个敏捷应用环节，这也是数字化时代打通数字化思维、重新思考商业模式的关键。企业应通过敏捷实现数字化转型，建立敏捷文化，建立以客户为导向的过程，最终实现业务变革。

李岩（网名：北京老李）

目 录

1

敏捷项目管理与认证体系

现代项目管理方法最早起源于美国的曼哈顿计划，敏捷项目管理的方法自 20 世纪 90 年代蓬勃发展以来，针对敏捷的认证也百花齐放。（美国）项目管理协会（Project Management Institute，PMI）为项目经理提供了一系列项目管理的专业认证，应对不同的项目管理模式，包括但不限于预测型项目、敏捷型项目和混合型项目。

1.1 PMI 认证体系

PMI 是全球领先的专业项目管理协会，是世界领先的项目管理的权威领导者。PMI 提供的产品包括全球公认的标准、认证、在线课程、思想领导力、工具、数字出版物和社区。

PMI 的 PMP®（Project Management Professional，项目管理专业人士）认证 1999 年由国家外国专家局引入国内，PMI-ACP®（PMI-Agile Certified Practitioner，PMI 敏捷管理专业人士）认证自 2015 年由国家外国专家局引入国内，认证覆盖地区及认证人数逐年攀升。PMI 每三到四年就会对当前各行业和领域中的项目管理方法进行反思和总结，并更新最佳实践。PMI 发现，在过去的几年中，敏捷方法已经成为一种越来越普遍的管理项目的方法。敏捷项目管理体系的覆盖范围包括敏捷的基本技能和工具、敏捷思维、Scrum Master 技术、企业级敏捷应用和敏捷咨询师。本书内容所涉及的 PMI 相关认证见表 1-1。

表 1-1　本书内容所涉及的 PMI 相关认证

PMI 认证	敏捷相关度	认证目标	先决条件（资格）	下 一 步
项目管理专业人士 PMP®（第 7 版 PMBOK®）	50%敏捷方法	了解项目管理的内容、方法和特点，增强项目管理技能	• 本科及以上学历，4 500 小时项目管理经验 • 本科以下学历，7 500 小时项目管理经验 • 35 小时培训 • 通过考试	PMI-ACP® 或者 DASSM

续表

PMI 认证	敏捷相关度	认证目标	先决条件（资格）	下 一 步
规范敏捷 Scrum Master（DASM）	100% 敏捷方法	了解敏捷和规范敏捷工具箱的基础知识	• 没有敏捷经验的要求 • 定制培训或 2 天培训 • 通过考试	PMI-ACP®或者 DASSM
PMI 敏捷管理专业人士（PMI-ACP®）	100% 敏捷方法	获得对敏捷和精益基础知识的深度理解	• 8 个月的敏捷经验加 1 年的常规项目经验 • 21 小时培训 • 通过考试	DASSM PMI-PMP®
规范敏捷资深 Scrum Master（DASSM）	100% 敏捷方法	学习如何应用规范敏捷来定制自己的方法并领导一个或多个团队	• 2 年敏捷经验 • 2 天培训 • 通过考试	DAC 或者 DAVSC
规范敏捷咨询师（DAVSC）	100% 敏捷方法	学习如何领导组织转型和加速价值交付	• 3 年敏捷经验 • 取得规范敏捷资深 Scrum Master • 2~3 天培训 • 通过考试	DAC
规范 Scrum Master（DAC）	100% 敏捷方法	学习如何在全组织范围打造团队，以实现真正的业务敏捷性	• 3 年 Scrum Master 经验 • 取得规范敏捷资深 Scrum Master • 2~3 天培训 • 通过考试	DAVSC

1.1.1 PMP®

PMP®认证由 PMI 于 1984 年推出。该认证是目前全世界最受欢迎的项目管理领域的权威认证。通过该认证需要学习的内容是项目管理知识体系（PMBOK®）。

PMBOK®为了保持旺盛的生命力，根据时代的变化，平均每 4 年修订一次，从 1996 年推出第 1 版以来，2018 年已经修订到第 6 版。每次修订之后，考纲也随之变化。特别是 2019 年的新版考纲中提到：**在考试中约一半的内容将体现项目管理中的预测法，另一半将体现敏捷方法或混合方法。预测法、敏捷方法和混合方法将体现在 3 个领域[①]之中，而非孤立地用于任何特定的领域或任务。**

① 3 个领域指业务环境、人员和过程。

随着 PMBOK®第 7 版的更新，PMP®考纲也相应进行了更新，并纳入敏捷方法。新的 PMP®认证考试包括 3 个关键方法，即预测（瀑布）方法、敏捷方法和混合方法。新的 PMP®考试的改变主要分为以下三点。

（1）预测方法和敏捷方法各占一半，即 50%预测（瀑布）方法、50%敏捷方法和混合方法。

（2）考核目标重新划分为 3 个领域，即业务环境（8%），人员（42%），过程（50%）。

（3）考核 35 个任务和 133 个知识点。

所以本书的内容也针对 PMP®考试中的敏捷方法和混合方法部分。获得 PMP®认证的先决条件见表 1-2。

表 1-2　获得 PMP®认证的先决条件

工作经验	本科及以上学历：6 年内，至少具有 4 500 小时的项目管理经验 本科以下学历：8 年内，至少具有 7 500 小时的项目管理经验
学习证明	35 小时以上项目管理培训经历（官方认证培训机构出具证明）
考试形式	中英文对照，230 分钟，180 道题，包括单选题和多选题，多选题将说明需选择几个正确选项。答对约 65%即可获得证书

1.1.2 PMI-ACP®

经过多年调查，PMI 发现许多项目需求不断变更，成员小于 10 人的团队，如果套用以往“先做计划再做事”的思维，项目推不动。因此，PMI 提倡采用敏捷方法管理充满变动的项目，并从 2011 年开始正式推出 PMI-ACP®认证，希望项目经理能够具备快速应变的能力。

PMI-ACP®认证验证了从业人士理解、应用敏捷原则及在项目上实践的能力。它与其他认证的不同之处在于，它不仅要求敏捷培训、敏捷项目工作经验，还要求敏捷实践、工具、技巧的结合。PMI-ACP®结合了多种敏捷方法，包括 Scrum（敏捷开发）、XP（Extreme Programming，极限编程）、Lean Development（精益软件开发）和 Kanban（看板方法）等。要获得 PMI-ACP®认证需符合表 1-3 所列条件。

表 1-3　获得 PMI-ACP®认证的先决条件

工作经验	高中及以上学历：5 年内，1 年项目管理经验（2 000 小时），PMP®、PgMP®免此资质敏捷工作经验：3 年内，8 个月敏捷团队经验（1 500 小时）
学习证明	21 小时以上敏捷项目管理培训经历（官方认证培训机构出具证明）
考试形式	中英文对照，180 分钟，120 道题，单选题。答对约 65%即可获得证书

1.1.3 DASM

DASM 指的是规范敏捷 Scrum Master（Disciplined Agile Scrum Master）。针对希望学习和了解敏捷和规范敏捷工具箱的基础知识的零基础人士。要获得 DASM 认证需符合表 1-4 所列条件。

表 1-4 获得 DASM 认证的先决条件

工作经验	无要求
学习证明	定制的 2 天培训
考试形式	受疫情影响，还未正式引入国内

1.1.4 DASSM

DASSM 指的是规范敏捷资深 Scrum Master（Disciplined Agile Senior Scrum Master）。针对有一定敏捷基础，希望学习规范敏捷来定制方法并更好地领导团队的人士。要获得 DASSM 认证，需符合表 1-5 所列条件。

表 1-5 获得 DASSM 认证的先决条件

工作经验	两年的敏捷项目经验
学习证明	定制的 2 天培训
考试形式	50 个单选题，90 分钟内完成，全英文考试

1.1.5 DAVSC

DAVSC 指的是规范敏捷咨询师（Disciplined Agile Value Stream Consultant），针对有一定敏捷基础，已经获得 DASSM 认证，希望学习如何领导组织转型和加速价值交付的人士。要获得 DAVSC 认证，需符合表 1-6 所列的条件。

表 1-6 获得 DAVSC 认证的先决条件

工作经验	3 年的敏捷项目经验
学习证明	定制的 2 天培训
考试形式	受疫情影响，还未正式引入国内

1.1.6 DAC

DAC 指的是规范 Scrum Master（Disciplined Agile Coach），针对有一定敏捷基础，已经获得 DASSM 认证，希望学习如何在全组织范围打造团队以实现真正的业务敏捷性的人士。要获得 DAC 认证，需要符合表 1-7 所列条件。

表 1-7 获得 DAC 认证的先决条件

工作经验	3 年的 Scrum Master 的经验
学习证明	定制的 2 天培训
考试形式	受疫情影响，还未正式引入国内

1.2 PMBOK®第 7 版的变革

1.2.1 基于 PMBOK®第 6 版的修订

PMBOK®第 7 版是基于第 6 版项目的五大过程组、十大知识领域进行的扩展及更新。PMBOK®第 6 版主要关注预测性瀑布式项目管理技术。根据 PMI 的调研，基于预测和自适应框架的混合方法的使用也在快速增长中。PMBOK®第 7 版预测方法和敏捷方法各占一半。这并不意味着不再需要瀑布型生命周期，相反，这两个框架都有各自的位置。PMBOK®第 6 版整个知识体系中的框架见表 1-8。

表 1-8 项目管理过程组与知识领域（来自《PBMOK®指南》第 6 版）

知识领域	项目管理过程组				
	启动	规划	执行	监控	收尾
项目整合管理	制定项目章程	制订项目管理计划	指导与管理项目工作 管理项目知识	监控项目工作 实施整体变更控制	结束项目或阶段
项目范围管理		规划范围管理 收集需求 定义范围 创建 WBS		确认范围 控制范围	
项目进度管理		规划进度管理 定义活动 排列活动顺序 估算活动持续时间 制订进度计划		控制进度	
项目成本管理		规划成本管理 估算成本 制定预算		控制成本	

续表

知识领域	项目管理过程组				
	启动	规划	执行	监控	收尾
项目质量管理		规划质量管理	管理质量	控制质量	
项目资源管理		规划资源管理 估算资源	获取资源 建设团队 管理团队	控制资源	
项目沟通管理		规划沟通管理	管理沟通	监督沟通	
项目风险管理		规划风险管理 识别风险 实施定性风险分析 实施定量风险分析 规划风险应对	实施风险应对	监督风险	
项目采购管理		规划采购管理	实施采购	控制采购	
项目相关方管理	识别相关方	规划相关方参与	管理相关方参与	监督相关方参与	

1.2.2 变革中适应时代

随着新技术的快速变化和发展，企业竞争日益激烈，以致产品和服务的开发时间缩短，同时在项目生命周期中出现快速和频繁的变化。

随着敏捷项目管理方法、迭代和增量开发框架的应用，适应性生命周期（如敏捷）的应用逐渐增加。

这种使用自适应方法的敏捷框架已经被许多行业和领域采用，包括 IT 行业，也包括非 IT 行业的，如人力资源、市场营销、财务管理、法律咨询等领域。

各式各样的项目环境驱动着对不同项目方法的需求，这些需求包括行业需求、项目需求和相关方需求；不同的项目方法包括预测性、适应性或混合方法。方法的选择由成功项目和价值交付的需求来驱动。

项目是价值交付系统的基本组成部分，原则将指导项目经理、团队成员和相关方如何实现预期的结果，向组织和相关方交付价值。

PMBOK®第 7 版整体框架已经发生了改变（见图 1-1），项目管理知识体系中不再包含知识领域，而被绩效领域所取代；还有裁剪、模型、方法和工件章节；**从基于过程的方法转移到基于原则的方法；项目交付侧重于原则和结果，而不是过程、输入、输出、工具和技术。**

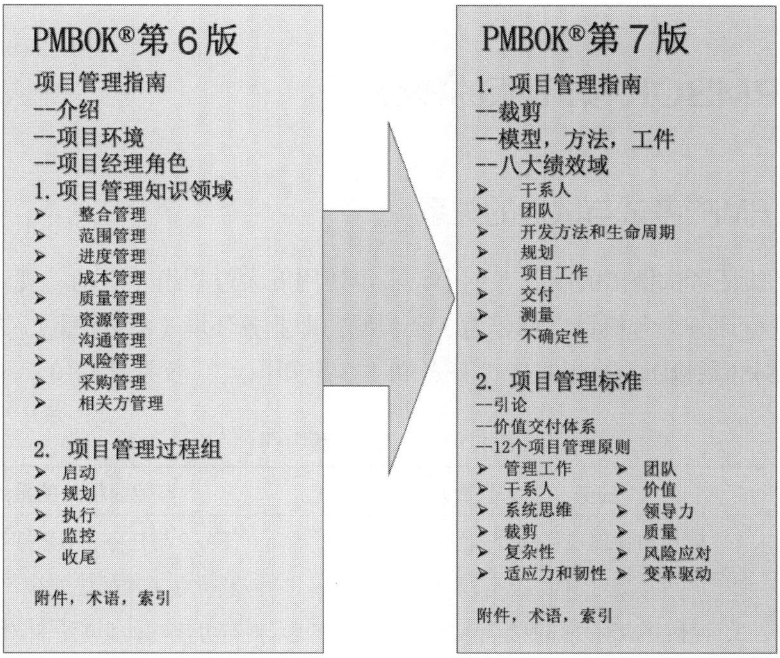

图 1-1 PMBOK®第 7 版变化

1.2.3 PMBOK®第 6 版与第 7 版对比

PMBOK®第 6 版与第 7 版对比见表 1-9。

表 1-9 PMBOK®第 6 版与第 7 版对比

比较	PMBOK®第 6 版	PMBOK®第 7 版
总体方法	强调如何做而不是做什么、为什么做，是规定性的要求，而非描述性的内容	指导思维、行动原则，关注项目交付、敏捷、精益，并且以客户为中心进行设计
设计依据	以过程为中心，以管理为导向，使用工具技术，特定的过程将输入转成输出	绩效成果的彼此相互作用，依赖的活动域和常用工具技术框架，除了可交付成果（是什么），还聚焦项目成果（为什么）
项目应用	大多数项目	任何项目
目标受众	项目经理	关注团队成员、团队角色的任何人，包括项目领导、发起人和产品负责人
裁剪指导	没有特定指导	给予特定环境下的裁剪指导

1.3 PMBOK®第 7 版的核心

1.3.1 PMP®考试与敏捷的关系

在 PMP®认证考试推出的新版考纲中，不再使用五大过程组（启动、规划、执行、监控、收尾）进行评分。考核目标划分为 3 个领域，即**业务环境（8%题量）**、**人员（42%题量）**、**过程（50%题量）**。会测试 35 个任务和 133 个知识点，参考表 1-10。

表 1-10 PMP®新版考纲

知识领域	任务（基本职责）	与敏捷相关的重点解析
业务环境	1. 规划和管理项目的合规性； 2. 评估并交付项目的利益和价值； 3. 评估并应对外部业务环境变化对范围的影响； 4. 为组织变更提供支持	任务 2 与任务 3 与敏捷知识密切相关，涉及待办事项的优先级评估、外部环境对待办事项的影响，针对可交付成果的 Sprint 评审会议等内容
人员	1. 管理冲突； 2. 领导团队； 3. 支持团队绩效； 4. 向团队成员和相关方授权； 5. 确保团队成员/相关方完成适当培训； 6. 建设团队； 7. 解决和消除团队面临的障碍、妨碍和阻碍； 8. 谈判确定项目协议； 9. 与相关方协作； 10. 凝聚共识； 11. 让虚拟团队参与进来并为其提供支持； 12. 定义团队的基本规则； 13. 指导有关的相关方； 14. 运用情商提升团队绩效	本知识域的任务 2、任务 4、任务 7、任务 9 与任务 13 与敏捷知识密切相关，其中主要是敏捷项目的服务式领导方式与传统的项目领导方式不同，激励团队，相信团队。敏捷项目中的团队与相关方一起工作，共同创造价值。敏捷项目专业人士需要保护好团队，搭建好开发团队与项目相关方之间的桥梁
过程	1. 执行需要紧急交付商业价值的项目； 2. 管理沟通； 3. 评估和管理风险； 4. 让相关方参与进来； 5. 规划并管理预算和资源；	任务 1、任务 2、任务 4、任务 13，任务 17 与敏捷知识密切相关。任务 1 是敏捷价值优先的践行任务，任务 2 和任务 4 中涉及“信息辐射源”、看板、每日站会等重要知识点。敏捷项目尤其重视面

续表

知识领域	任务（基本职责）	与敏捷相关的重点解析
过程	6. 规划和管理进度计划； 7. 规划和管理产品/可交付成果的质量； 8. 规划和管理范围； 9. 整合项目规划活动； 10. 管理项目变更； 11. 规划和管理采购； 12. 管理项目工件； 13. 确定适当的项目方法论/方法和实践； 14. 制定项目治理结构； 15. 管理项目问题； 16. 确保知识交流，使项目得以持续开展； 17. 规划和管理项目/阶段的收尾或过渡工作	对面的交谈。任务 13 是直接涉及预测法、敏捷法，还是混合方法的考点内容。任务 17 涉及敏捷项目的阶段或项目收尾，包括敏捷项目中的知识经验教训的积极，比如 Sprint 回顾会议、项目回顾会议

1.3.2 PMBOK®第 7 版的价值交付系统

在 PMBOK®第 7 版中，项目管理标准将涵盖价值交付系统。价值交付系统是项目交付商业价值的整体系统。它展示了良好的战略如何在组织中带来预期的商业价值。正如彼得·德鲁克所设想的那样，商业价值是指企业的客户、员工和合作伙伴所获得的有形和无形的利益。项目是通过实现组织的业务目标来交付业务价值的主要工具。

价值交付系统是通过定义帮助确定业务目标的组织战略来完成的，这些战略随后转变为可行动的主动性，如项目组合、计划和项目，它们产生可交付成果，增强组织的能力，产生有形或无形的结果，从而为客户和最终用户创造利益，这些利益转化为组织产生的业务价值。

以一种平滑和可预测的方式实现此流程的系统就是在组织中构建的价值交付系统。价值交付系统是通过信息的有效传播和预定义的通道反馈实现的。

价值交付系统由项目组合、项目集、项目和运营组成，并使用治理系统来管理问题，启用工作流，并支持决策制定功能。

一旦项目成功交付，组织就必须获得预期的商业价值。这称为业务价值实现。基于已实现的业务价值（利益）和交付项目的结果，组织推导出他们的战略来启动新的项目组合。项目团队可以通过不同的交付方法产生结果。对于某些项目，活动可能是明确的，通过完成活动可以获得项目成果，再通过运营实现业务价值。

因此，在 PMBOK®第 7 版中，“项目交付”取代了“项目管理”来涵盖项目的可交付成果。

图 1-2 显示了 PMBOK®第 7 版附带的“价值交付系统”方法。基于这个系统，组织的

战略、任务或目标决定了下一个投资组合或投资。

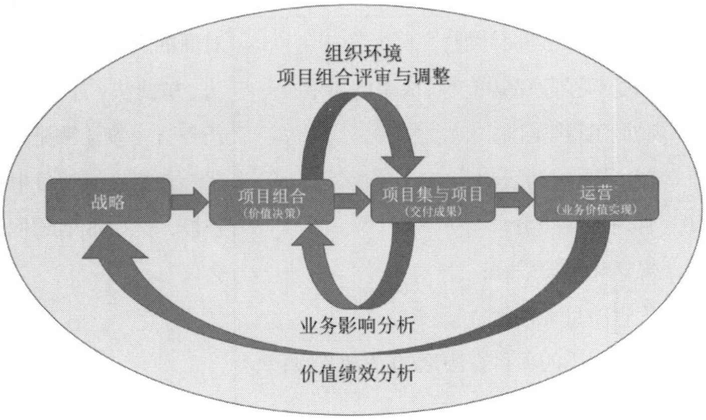

图 1-2　PMBOK®第 7 版的价值交付系统

项目组合可以包括子项目组合、程序或项目。为了确保实现项目组合的目标，规划和项目交付必须达到其预期的目标。

1.3.3　PMBOK®第 7 版基于原则的项目管理

在 PMBOK®第 7 版中，项目管理标准是基于原则而不是基于过程的。在 PMBOK®第 6 版及以前的项目管理知识体系中都有知识领域，每个知识领域都有过程、输入、工具和技术，以及输出。这些过程在 PMBOK®第 7 版中是不展示的。在 PMBOK®第 7 版中，项目管理主要是被普遍接受和实践的原则。以前的项目管理知识体系版本关注可交付成果时，侧重项目动态多于整体项目结果，而 PMBOK®第 7 版的项目管理知识体系将更侧重于项目结果，而不是项目动态。

这并不意味着基于流程的方法不再相关或有用。许多组织和项目管理从业者继续使用传统的项目管理交付方法。在 PMBOK®第 7 版中，传统的方法仍然是与之相关的。

1.3.4　PMBOK®第 7 版 12 个项目管理原则

项目管理原则描述了基本的原理、规范或价值，而不是说明性的。为了确保实现项目交付的预期结果，项目团队成员必须遵循这些原则（见表 1-11）。这些原则定义了项目交付的“什么”和“为什么”。

表 1-11　PMBOK®第 7 版 12 个项目管理原则

原　　则	关 注 点
1. 管理工作	成为勤勉、尊重和关心他人的管家
2. 团队	营造协作的项目团队环境

续表

原　则	关 注 点
3. 干系人	有效的干系人参与
4. 价值	聚焦于价值
5. 系统思维	识别、评估和响应系统交互
6. 领导力	展现领导力行为
7. 裁剪	根据环境进行裁剪
8. 质量	将质量融入过程和可交付结果中
9. 复杂性	利用知识、经验和学习来驾驭复杂性
10. 风险应对	优化风险应对
11. 适应力和韧性	拥抱适应性和韧性
12. 变革驱动	为实现预期的未来状态而驱动变革

1.3.5 PMBOK®第 7 版 8 个绩效领域

项目绩效领域是项目管理和项目交付的广泛关注领域，将重点放在结果上。PMBOK®第 7 版共有 8 个项目绩效领域，见表 1-12。

表 1-12 PMBOK®第 7 版 8 个绩效域

绩 效 域	关 注 点
1. 团队	认识到促进项目团队发展所需的活动并鼓励所有项目团队成员的领导行为
2. 干系人相关方	在整个项目中与相关方建立富有成效的工作关系
3. 开发方法和生命周期	建立开发方法、交付节奏及优化项目成果所需的项目生命周期
4. 规划	在整个项目中组织、详细说明和协调项目工作
5. 项目工作	高效执行项目活动、有效沟通、资源管理和采购管理；持续学习和流程改进，提高团队能力
6. 交付	满足要求、范围和质量期望，以产生预期的可交付成果
7. 测量	真正了解项目状态，并合理决策，采取及时和适当的行动，以保持项目绩效正常进行
8. 不确定性	认识项目发生环境，意识到项目中多个变量的相互依存关系。积极探索和应对不确定性

1.4 PMI-ACP®认证的特点

PMI-ACP®认证是使项目经理能够具备快速应变的能力。它评估从实践和学习经验中获得的知识、技能和能力的综合集合。

掌握适应性的规划；迭代增量式交付；对变化做出快速而灵活的反应；在团队、相关方和客户之间进行开放式交流。很多内容都是来自基于上述原则而开发的实践，如 Scrum、极限编程（XP）、精益（Lean）、看板（Kanban）和测试驱动开发（Test-Driven Development，TDD）。虽然这些原则来源于软件和 IT 行业，但敏捷方法正在多个行业得到快速发展与扩展，包括医疗卫生、市场营销和制造业等。

1.4.1 PMI-ACP®考纲解析

在 PMI-ACP®认证考试的内容中，所涉及的知识点主要包括以下 7 个知识领域（见表 1-13）。

表 1-13 PMI-ACP®考纲重点解析

知识领域	主要考点
敏捷原则与思维模式	• 四大价值观，十二大原则； • 确保每个人理解敏捷价值观和原则，培育组织敏捷思维并影响流程的改变； • 维护高度可见的信息辐射器，提高透明度和信任度； • 允许团队犯错并在过程中学习和改进，鼓励团队协作分享； • 支持和鼓励团队实践服务型（仆人式）领导
价值驱动交付	• 持续的价值交付，减少非增值工作；根据组织、项目、团队的实际情况选择和制定流程，以实现价值交付； • 找到最小可行性功能或产品，以便尽早交付价值； • 经常获得反馈，以确认和提高业务价值； • 持续确定可交付成果、工作、环境等的优先顺序，以提高工作价值； • 考虑功能需求和非功能需求（如操作和安全性）的优先级，从而最大化价值并降低失败的可能性
相关方参与	• 持续审查相关方的兴趣、需求和期望； • 尽早促进知识分享，让相关方参与进来，确保项目中信息和价值的通畅； • 促进相关方参与与有效协作； • 团队决策和冲突解决，让团队提高决策质量并减少决策时间； • 通过制定愿景、产品、可交付成果、迭代的目标，以确定相关方期望并建立信任； • 通过信息的透明，帮助主要相关方做出明智的决策

续表

知识领域	主要考点
团队绩效	• 团队成员一起制定基本规则和内部流程，以增强凝聚力； • 鼓励团队成员成为通才，缩小团队规模，减少团队瓶颈，创建高性能的跨职能团队； • 促进团队工作的自组织，以便团队成员有更高的积极性参与管理并生成有效的解决方案； • 不断发现团队、个人动机及消极动机，以确保团队士气高涨，并持续激励团队成员； • 共享愿景，减少干扰，密切沟通，提升价值，减少返工； • 鼓励跟踪和测量开发速度，便于成员了解自身能力并创建更准确的预测
适应性规划	• 使用渐进式计划在多个级别（战略、发布、迭代、每日）进行计划，创建细节； • 鼓励相关方参与，使计划活动可见且透明，以减少不确定性； • 根据规模、复杂性、重要性等指标定期回顾结果，调整节奏和计划； • 根据相关方反馈和团队的成长，检查并调整项目计划，以最大限度地实现交付的业务价值； • 持续通过渐进式计划，确定项目的规模，优化范围、进度和成本估算，以反映项目所需工作的情况
问题发现与解决	• 鼓励对话和试错，创建开放和安全的环境，以发现团队的问题和障碍； • 确保问题被适当的人和适当的方法解决，无法解决的问题需要重置期望； • 维护问题和障碍的可见、受监控的优先级列表，以提高责任心，鼓励采取行动解决问题并跟踪问题状态； • 通过维护问题列表并将活动纳入待办事项来传达信息，以提供透明度
持续改进（产品、过程、人员）	• 定期检查和整合团队实践、组织文化和交付目标来调整项目流程，以确保有效性； • 频繁回顾和改进实践，以改进流程，从而不断提高团队、项目和组织的有效性； • 创建学习环境，为团队提供发展技能的机会；传播知识和实践，提高组织的有效性； • 执行价值流程分析和消除浪费，以提高个人效率和团队效率

1.4.2 PMI-ACP®考试域与本书章节的映射关系

由于考纲中这 7 个知识领域的知识点比较分散，为了使读者的学习更有逻辑和条理，本书对这些考纲所涉及的知识点进行了梳理，融入了本书第 4 章，让读者在项目构思、启动、规划、迭代开发到交付及结尾的各个过程中，学习和理解与敏捷项目管理相关的内容（虽然有些读者可能不懂软件开发，但这并不影响对本书内容的理解。本书不涉及任何软件开发中技术层面的内容）。7 个知识领域与项目生命周期之间的相关性见表 1-14。

表 1-14　7 个知识领域与项目生命周期之间的相关性

7 个知识领域	项目生命周期			
	构思阶段	启动与规划阶段	迭代开发阶段	交付与收尾阶段
敏捷原则与思维模式	S	S	S	W
价值驱动交付	W	S	W	S
相关方参与	S	S	S	S
团队绩效	W	S	S	S
适应性规划	W	S	W	W
问题发现与解决	W	W	S	W
持续改进（产品、过程、人员）	W	W	W	S

注　S——强相关；W——弱相关。

2

企业级敏捷与敏捷项目管理

企业敏捷性的需求是由当前时代 VUCA 特征的波动性、不确定性、复杂性、模糊性驱动的。企业级敏捷可以帮助组织不断在动荡的环境中适应与动态发展，有效应对 VUCA 时代的困境，推动业务的增长并不断超越自身。实现企业级敏捷是企业的一种战略能力，也是企业在当今动荡的环境中重塑企业的能力，还是企业建立快速响应客户需求的适应能力。

敏捷的核心是自组织、自管理团队，企业里采用的敏捷方法并不局限于单一的方法。敏捷的理想模式应该是将敏捷扩展到单一方法之外。因为真正的敏捷来自自由，而不是框架。

敏捷意味着拥有敏捷的心态，而敏捷的心态意味着遵循敏捷的原则来完成任务。如果你已经习惯了使用敏捷框架，并且认为自己是敏捷的，你就错了。敏捷涉及多个方面，其中最重要的是正确的心态。

每个团队都有自己的工作方式。有的团队可能会坚持使用广泛使用的框架或众多敏捷方法中的一种。当然可以坚持使用一个框架，但更明智的做法是在前进中不断借鉴更多人的想法。这就是规范化敏捷可以带给组织的帮助。

2.1 企业级敏捷管理

2.1.1 企业级敏捷的定义

根据《企业敏捷性：在不断变化的世界中保持敏捷》(*Enterprise Agility: Being Agile in a Changing World*)对企业级敏捷的定义，企业级敏捷是指对竞争压力的反应，可以快速适应市场需求的变化，并在降低成本的同时抓住机会。

传统的企业管理一直把企业模拟为一个封闭的管理系统。以封闭式系统为模型进行组织。随着环境的变化，传统方法下企业很难具有创新精神，难以推动企业发展。企业要感知、响应和适应变化，就必须转型为开放型的体系或精益敏捷型的体系。企业级敏捷可以促进组织中的各团队以自组织的方式工作，加强员工的参与感，同时打破组织中阻碍沟通和协作的竖井（Silos）。

企业的生存离不开效率，效率是最重要的指标。企业采用敏捷方法可以提升响应能力。企业级敏捷转型的终极目标是把敏捷应用到整个组织中，给业务带来创新与收益。

国际知名企业麦肯锡对企业级敏捷（Enterprise Agility）的定义是：稳定性+动态性。敏捷组织必须结合了稳定性和动态性。稳定的元素有利于企业确定发展方向，并提供一个高效和可扩展的业务主干。动态性则是指企业是一个充满活力的跨职能的自组织团队，可以从根本上带来业务效率、灵活性和所有权。稳定和动态的元素相互加强，对于真正敏捷的组织来说，两者都是必不可少的。

2.1.2 敏捷价值交付系统

1. 敏捷价值交付层次

根据 PMBOK®第 7 版提出的“价值交付系统”方法，PMI 把项目管理分为 4 个层面进行管理：战略、项目组合管理、项目集与项目管理、运营管理（参考图 1-2）。

（1）战略。战略紧扣组织的业务目标，具体运行的组织为治理委员会与战略委员会。它是一个企业的战略、任务或目标，决定了下一个投资组合或投资。

（2）项目组合管理。项目组合管理也叫项目投资组合管理。其运行组织为 PMO 或 AMO，一般包括子项目组合、程序或项目。为了确保项目组合的目标能够实现，规划和项目交付必须达到其预期的目标。

（3）项目集与项目管理。根据战略及项目组合的管理约束，由项目经理（PM）或敏捷项目经理（APM）推动，用以实现企业的战略决策，推进产品或服务的产出。

（4）运营管理。运营是一种实现价值的手段。通过运营管理交付产品或服务的成果。基于项目的结果以及与客户的交互，通过各种运营分析方法，分析业务影响，并审查或调整投资组合，以适应未来的步骤。

2. 敏捷价值层次的差异

敏捷价值层次由高级领导力决策、项目组合管理、项目集与项目管理、运营共同组成。其中管理者容易混淆的概念一般为项目组合、项目集、项目的定义与关系。

PMI 认为，项目集（Program）是一组相互关联且被协调管理的项目。项目集管理是指对项目集进行统一协调管理，以实现分别管理单个项目所无法实现的利益。多个项目可以组成项目集。项目组合也可以包括多个项目集或项目。表 2-1 列出了各层次的差异。

表 2-1 敏捷价值层次的差异

对 比 项	项目组合	项 目 集	项 目
定义	为了实现战略目标而组合在一起管理的项目、项目集、子项目组合和运营工作	一组相互关联且被协调管理的项目、子项目集和项目集活动，以便获得分别管理单个项目所无法获得的利益	为创造独特的产品、服务或成果而进行的临时性工作
核心目标	达成战略目标：随着组织战略目标变动而变动，实现战略目标	聚集商业收益：输出多个项目，产生共同的结果，并协调一致产生商业价值	交付成果：完成商业分析中的商业价值，交付服务或产品
成功标准	整个项目组合的投资绩效和收益实现	满足所期望的需求和收益	由产品或服务的质量，以及客户的满意度等多个具体量化的指标进行衡量

2.1.3 敏捷常见工具

1. JIRA

JIRA 是 Atlassian 公司出品的敏捷项目管理与敏捷服务管理专业工具。JIRA 结合敏捷管理方法与 ITIL4 认证中的管理方法推出了一系列工具应用白皮书。基于 JIRA 平台构建的产品和应用程序可以帮助敏捷团队计划、分配、跟踪、报告和管理工作。

JIRA 平台将所有团队聚集在一起，覆盖了从敏捷软件开发到客户支持等各个流程，初创企业和巨型企业都可以使用。在 JIRA 平台上构建的产品工具有 JIRA Software、JIRA Service Management 和 JIRA Work Management。JIRA Align 是一个企业敏捷规划平台，用于连接大规模工作。JIRA Software、JIRA Service Management 和 JIRA Work Management 为不同的用例提供了内置的项目模板，并且无缝集成 DevOps，更加智能地推进敏捷项目管理工具的使用。其中重点的特性功能体现在工作流、Backlog 和看板上，见表 2-2（其中一部分）。

表 2-2 JIRA 重要特性表

重要特性功能	简要说明
在 JIRA 中查看代码和部署状态	将你最喜欢的 DevOps 工具链（版本控制、构建、部署或特性）中的信息引入 JIRA Software，使你的开发流水线即时可见
Scrum 看板	敏捷团队可以专注于通过定制化的 Scrum 板，以尽可能快的速度交付迭代和增量价值
里程碑支持	只需在 JIRA Software Cloud 中点击几下，确保路线图与团队的工作联系起来
迭代报告	团队可以访问超过 12 个开箱即用的报告。这些报告提供了实时的、可操作的图表。通过迭代报告，可以了解团队如何在一个 Sprint 中执行

2. 禅道

禅道是国内专业的敏捷项目管理工具软件，提供先进的功能，使敏捷项目管理更加顺畅，并提高工作效率，具体特点见表 2-3。

表 2-3　禅道的重要特性表

特　　性	简要说明
甘特图与日历	直观了解项目整体进度；实现标准的 4 种任务依赖关系；待办、日志、任务一目了然；灵活拖拽改变安排
GIT/SVN 集成持续集成特性	在线浏览 GIT 或 SVN 库；任务、Bug 可关联到代码提交；Jenkins 构建集成；ZTF 自动化测试调度
文件导入导出	批量导入导出需求、任务、Bug；一键完成数据导入导出
水晶报表及报表与统计	自定义 SQL 查询，内置报表可编辑修改； 统计各个产品的用例数据； 统计各个版本的数据； 将报表导出至本地，支持自定义报表和项目饼状图的导出

2.2　企业级敏捷发展层次

企业级敏捷对组织所有业务产生全面影响。敏捷性是当今组织的核心问题。企业的挑战是如何把敏捷项目管理方法扩展到整个企业，从而在整个企业中实现全面的敏捷管理。启动敏捷项目扩展时应首先对企业的转型动机与需求进行分析。约翰・P.科特（John P. Kotter）在《领导变革》一书中指出，领导组织变革应首先激励人们意识到变革的重要性。应用变革领导力方法，创造一种紧迫感，定义强烈且突出的计划目标。

敏捷性也是一种创新的组织方法，通过企业的敏捷转型，实现组织的管理再造与流程再造，结合应用新兴技术（云计算、大数据、物联网、人工智能），促进企业核心价值观与愿景的转变。

企业级敏捷应选择合适的转型与应用方法，《第 15 次敏捷状态年度报告》（*15th-annual-state-of-agile-report*）指出，文化仍然是排名最高的挑战，被列为敏捷转型的第一挑战。随着后疫情时代的到来，分布式敏捷团队成为企业级敏捷的新常态。越来越多的企业支持并鼓励跨地域和跨时区的合作。

企业级敏捷的应用，不应受制于任何一个敏捷管理框架，如 Scrum、XP、看板、DevOps 等方法，并且可以在没有任何敏捷管理框架的情况下，逐步建立起企业级的敏捷框架，实现从无到有的过程，建立起从敏捷快速响应能力到持续交付的能力。企业级敏捷的核心是帮助企业建立一个更加透明、协作的交付环境，敏捷项目管理也不应仅仅受限于软件开发。企业敏捷的应用应广泛地扩展到人力资源、市场营销、财务管理、法律咨询等多个业务领域。

根据艾利·M.高德拉特（Eliyahu M. Goldratt）《目标》一书中提出的约束理论（Theory of Constraints，TOC），管理者帮助企业找出目标实现过程中存在的障碍，并实施必要的改变来消除这些障碍。

企业总是受外部环境因素与内部因素的影响，存在各种瓶颈。成功的企业应通过战略的选择，来决定让什么成为公司的瓶颈，从被动型管理上升到主动性管理。企业应主动利用和管理瓶颈，而不是被瓶颈所控制。

《目标》一书中提出，生产力是把一个企业带向目标的行动。每个能让企业更接近目标的行动都是有生产力的行动。每个不能让企业更接近目标的行动都没有生产力。除非你知道目标是什么，否则生产力就毫无意义可言。

生产力是过程运行效率和资源使用效率的度量标准。生产力增长对企业来说很重要，因为它控制着满足对客户、供应商、工人、股东和政府（税收和监管）的义务所需的实际收入。

敏捷方法的核心是释放生产力，释放领导力、人员、流程、技术等多个企业管理的要素，赋予企业更多的自主权。通过企业级敏捷方法的选择与应用，提升企业的投资回报率、缩短交付周期、改善用户反馈。

《目标》一书中，高德拉特博士把一个企业比作一条链子。链子连接在一起象征一个完整的系统。TOC 有五大核心步骤：①找出系统中存在哪些约束；②寻找突破这些约束的办法；③使企业的所有其他活动服从于步骤②中提出的各种措施；④具体实施步骤②中提出的措施，使步骤①中找出的约束环节不再是企业的约束；⑤持续不断地改善。

应用企业级敏捷就是把企业看作一个链条，通过选择各种合适的敏捷管理方法，实现企业级敏捷，即敏捷 1.0 阶段；之后，逐步向敏捷 2.0 转换，打通企业内部流程，实现企业内部生产力的释放；最终实现敏捷 3.0（业务敏捷）如《精益创业》所述，通过快速地迭代，实现企业级最小可行化产品的业务交付，如图 2-1 所示。

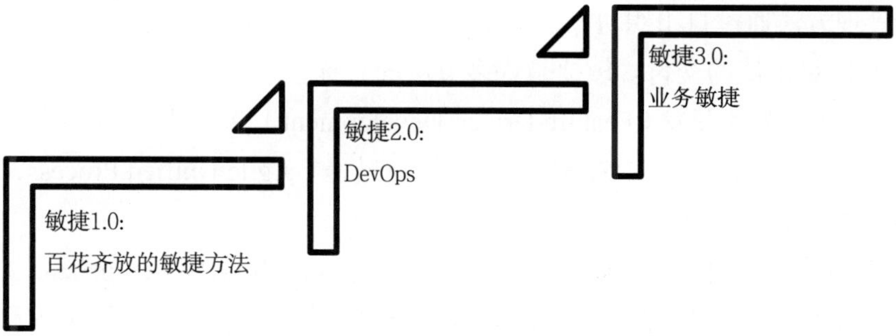

图 2-1　敏捷发展的三个阶段

2.2.1 敏捷 1.0：百花齐放的敏捷方法

敏捷宣言在 2001 年的诞生，标志着敏捷进入了敏捷 1.0 时代。随着敏捷宣言的发布，敏捷开始在全世界范围内传播。敏捷管理方法促进了价值交付速度和适应性，因为根据不同业务需求调整每个迭代的交付周期实现业务的价值交付。敏捷管理还增加了协作、内部和外部交流，增强了应对市场需求与变化趋势的能力。尽管敏捷管理方法一开始是为软件开发管理定义的，但它的性质使它能够在快节奏的市场中保持活力，因此敏捷管理方法能扩展到各个行业和领域。

根据《敏捷项目管理》一书中海史密斯的定义，敏捷是指制造并响应变化从而在动荡的商业环境中创造利润的能力，以及平衡灵活性和稳定性的能力。

敏捷方法是一种项目管理过程，通过自组织和跨功能团队，结合客户的需求，引入价值共创，实现成果交付的成功。不同的项目团队可以使用不同的交付方法产生结果。对于某些项目，活动可能是明确的，通过预测（瀑布）方法完成活动可以获得结果。但是，对于某些项目，可能有正在进行的活动不太好预测，需要通过敏捷方法及敏捷混合方法，通过迭代增量的方式推进项目。

通过不断地监测和模拟以前活动的结果，确定项目的下一个步骤。敏捷项目中到处都是计划（渐进明细式计划）。通过简单的工具和安全的环境支持适应性的计划和真实的报告，这意味着真实地报告了进展，管理层可以得到需要的信息来做出好的决策，为组织、团队和项目交付最好的结果。敏捷规划考虑到系统开发是在复杂且经常不可预测的环境中进行的，灵活性和响应变化的能力是最重要。

《敏捷项目管理》中，海史密斯对敏捷项目管理的定义是“规划和指导项目流程的迭代方法”。在业绩优良的团队中，领导管理原则，而原则管理团队。敏捷的目标是对不断变化的业务需求提供更好的响应，专注于使团队能够以可操作的增量方式交付价值。

敏捷项目方法是重视适应性和灵活性的原则的集合，也是需要根据项目选择合适的应用方法。PMI 出版的《敏捷实践指南》将敏捷方法和看板方法视为精益方法的子集（见图 2-2）。敏捷管理方法通过自组织协作、快速反馈和迭代交付来交付成果（服务或产品），从而实现持续地增量价值的交付。敏捷是许多方法的总称，常见的敏捷方法包括 Scrum、极限编程（XP）、特征驱动开发（Feature Driven Development）、动态系统开发方法（Dynamic Systems Development Method，DSDM）、统一敏捷过程（Agile Unified Process，AUP）、水晶方法、精益与看板等方法。

《第 15 次敏捷状态报告》中指出，敏捷方法应用 Scrum 占 66%，ScrumBan 占 9%，Scrum 与 XP 混合方法占 6%，看板方法占 6%，其他混合方法占 13%。前 5 项敏捷技术应用包括：每日站会、Sprint 回顾会、Sprint 计划会、Sprint 评审会、短迭代。敏捷工具中，Atlassian JIRA、Microsoft Excel、Microsoft Azure DevOps 使用较多。

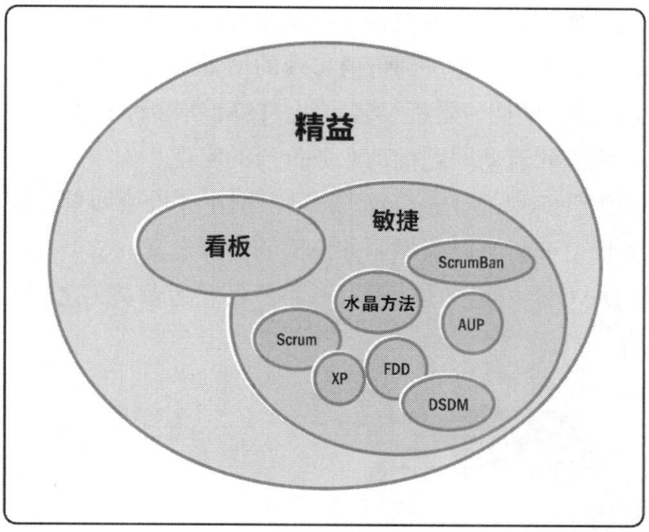

图 2-2 敏捷方法集（来自《敏捷实践指南》）

2.2.2 敏捷 2.0：DevOps

2009 年 10 月，帕特里克·德波伊斯（Patrick Debois） 首次提出 DevOps 这一管理理念，标志着敏捷 2. 0 时代的开启。DevOps 一词来自开发（Development）和运维（Operations）的组合，这一灵感来自他参与的比利时一个政府的一个大型数据中心迁移项目，开发团队要求敏捷交付的节奏，但运维团队只能按传统模式运行。这令他十分沮丧。这也间接地促进了《凤凰项目：一个 IT 运维的传奇故事》的出版，敏捷运维时代来临了。

DevOps 是一种基于敏捷思想、结合了《解析极限编程——拥抱变化》核心技术实现的一组最佳实践，也是一种文化。DevOps 整合软件开发和运维的沟通协作，通过自动化流水线来使交付更加快捷、频繁和可靠。

基于 DevOps 的管理方法包括 DevOps1.0、DevOps2.0、集成 DevOps DAD、SAFe，以及受 DevOps 影响的 Cobit2019、ITIL4、CMMI2.0-Agile 等。

2017 年 10 月，《DevOps 手册》（*DevOps Handbook*）把 DevOps 定义为一个软件工程实践。通过开发、质量、IT 运营和信息安全人员的协作，朝着一个共同的目标努力，使技术价值流通过计划工作快速投产，用于满足业务和组织的成功，实现每天多次部署，达到世界级的稳定性、可靠性、可用性和安全性。

DevOps 引入《改变世界的机器：精益生产之道》中的思想：精益生产不仅是一套工具，更是一种管理理念和解决问题的方法。其中生产力水平的迅速提高主要有两个来源：一个是制造的自动化，另一个是制造的合理化。DevOps 引入自动化工具与制造的合理化，即流水线与价值流的概念，实现了精益管理的思想。

在 DevOps 中还引入了精益的浪费管理，即最重要的是要去除不必要地占用大量时间的多余项目，这样整个团队才能以最高的效率运作。

精益方法主要关注如何以最少的浪费实现增量交付其业务价值。DevOps 将精益、敏捷这两种方法结合，专注于为从想法到价值实现的增量和迭代提供业务价值。

DevOps 结合了精益、敏捷、看板、轻量级 ITSM 等多种方法，形成了 DevOps2.0 管理框架。核心是以价值流和流动问题推动业务价值的实现。

这是一种微妙的组合实现的 DevOps，通过识别业务价值增量，通过迭代实践，从而演进系统的有效业务价值交付，以确保业务价值的清晰定义。

2018 年 PMI 对 DevOps 的定义是：通过改善开发和运营员工之间的协作，理顺交付流程的各种实践的集合。

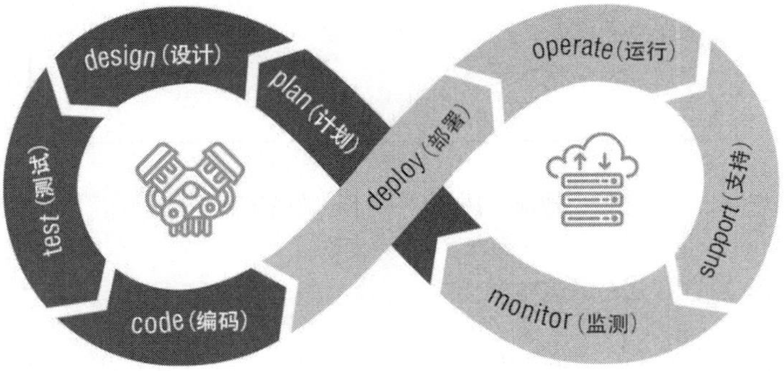

图 2-3　PMI 对 DevOps 的定义

大卫·J.安德森（David J.Anderson）在其著作《软件工程的敏捷管理》（*Agile Management for Software Engineering*）中，建议将项目作为价值流（Value-stream）和流动问题（Flow Problem）来看待，并且重申采用五步聚焦法来解决其中的问题，使用精益思想的全部知识，基于流动模型，将精益思想和聚焦瓶颈的五步聚焦法融为一体。约束理论和精益思想的结合，为看板方法的出现奠定了基础。

业内推出很多的 DevOps 课程与认证，在此仅说明敏捷与 DevOps 的区别，详细内容可查看相关书籍或参考相关培训。推荐的经典书籍包括但不限于《凤凰项目—— 一个 IT 运维的传奇故事》、《有效的 DevOps：构建协作文化》（*An Effective DevOps：Building a Culture of Collaboration*）《持续交付：发布可靠软件的系统方法》等。具体敏捷方法与 DevOps 对比见表 2-4。

表 2-4　敏捷方法与 DevOps 对比

条　目	敏　捷	Scrum 方法（2020）	DevOps 方法
定义	敏捷是指一种迭代的方法，它关注协作、客户反馈和小型、快速的发布	Scrum 是一个轻量的框架，它通过提供针对复杂问题的自适应解决方案来帮助人们、团队和组织创造价值	DevOps 被认为是一种将开发和运营团队结合在一起的实践。最新实践包括安全团队、业务团队形成了 DevOps2.0 管理框架

续表

条　目	敏　捷	Scrum 方法（2020）	DevOps 方法
领域	最初为软件开发与项目管理领域	最初为软件产品开发方法	为端到端业务解决方案和持续交付
目的	帮助管理复杂的项目	使用 Scrum 实现全部价值和成果	核心是业务端到端的敏捷项目实施
关注点	侧重于功能和非功能准备	Scrum 是易于理解的。原封不动地去尝试，并确定其哲学、理论和结构是否有助于实现目标和创造价值	更关注运营和业务准备，通过精益敏捷实现持续交付
过程	关注不断的变化	Scrum的主要过程Sprint Planning、Daily Scrum、Sprint Review 和 Sprint Retrospective，都发生在 Sprint	DevOps 专注于不断地持续测试和持续交付，以给业务带来价值
规模	小团队是敏捷的核心。队伍越小，人数越少，行动越快	在 Scrum Team 中，没有子团队或层次结构，通常只有 10 人或更少	相对较大的团队规模，基于敏捷进行扩展，通过扩展敏捷与自动化工作实现规模化敏捷
时间	敏捷开发是以“冲刺”（Sprint）为单位进行管理的，每次冲刺的时间少于一个月	固定时长的事件，为期一个月或更短，以保持一致性	理想的目标是每天交付，极限模式可以实现几分钟就向生产环境及客户交付业务
左移（shift left）	反思、回顾的方式	Sprint Review、Sprint Retrospective	强调左移与前置的思想
自动化	敏捷并不强调自动化	在 Scrum 框架中，可以使用各种不同的过程、技术和方法	CALMS 是 DevOps 的核心思想。其中自动化是重要的组成部分，通过自动化最大限度地提高效率
工具	JIRA、Bugzilla、Kanboard、禅道等流行的敏捷项目管理工具	著名的 Scrum 应用工具包括 nTask、JIRA、Clarizen、Yodiz、Scrumwise	结合敏捷项目管理工具，并结合 DevOps 元素周期表，选择 DevOps 工具，经典工具包括但不限于：Puppet、Chef、TeamCity OpenStack、docker、AWS、Azure 等

2.2.3 敏捷 3.0：业务敏捷

业务敏捷研究所（Business Agility Institute）对业务敏捷的定义是：业务敏捷是一组组织能力、行为和工作方式，它们为业务提供了实现其目标的自由性、灵活性和弹性。

业务敏捷的核心是把敏捷的思想应用到业务，应用到整个企业。即建立一个组织、人员、流程、技术都以敏捷哲学和敏捷价值观为核心的组织。

无论业务敏捷还是敏捷业务都是需要以客户为中心。业务敏捷能够快速有效地应对企业内部和外部的环境变化，包括但不限于商业、法律、技术、社会、道德或政治等。业务敏捷的实现方式有所不同，不同的管理方法从不同的视角实现了业务敏捷。

（1）业务敏捷财团对业务敏捷的定义：快速适应市场与客户的变化，在不影响质量的前提下，适应并领导生产和成本效益的变化。核心表述为基于敏捷方法的扩展应用到企业。业务敏捷框架旨在帮助组织变得更具适应性、创造性和弹性。通过敏捷文化、敏捷治理、敏捷战略、敏捷领导力、敏捷人员等多个维度推动企业的敏捷业务变革，驱动方法为敏捷项目组合、敏捷项目集、敏捷项目、敏捷产品变革，以及敏捷服务变革等多种方式。

（2）DevOps 经过 10 年的发展影响了众多的管理方法，DevOps 已经从“早鸟”引领这个运动成长为全球性的趋势，即敏捷性、持续交付的速度和整合性的文化。DevOps 也从打破开发团队和运营团队之间的壁垒，演变成为消除整个企业的边界，业内把这一发展定义为 BizDevOps，即业务敏捷。

（3）PMI Disciplined Agile 定义为 BizDevOps 或 BusDevOps，核心是明确地将客户纳入图景进行管理。BizDevOps 是 DevOps 的实现，不仅适用于遵循敏捷或连续交付生命周期的团队，而且适用于任何遵循支持增量交付的生命周期的团队。BizDevOps 努力实现寻求简化整个价值流的过程。BizDevOps 工作流包括业务运营，业务运营是向组织的客户交付产品和服务的活动。

业务敏捷方法是在高度不可预测的环境中管理业务流程的一种新的管理模式。就像最早的敏捷应用，软件开发人员使用敏捷方法来响应项目需求的变化一样，企业也可以使用敏捷方法来响应组织的变化，以提高生产力和满足意料之外的客户需求。业务敏捷方法在众多的行业中越来越受欢迎。

业务敏捷的代表人物吉尔·布朗茨（Gil Broza）在《非软件团队的敏捷：你的旅程实用指南》（*Agile for Non-Software Teams: A Practical Guide for Your Journey*）中指出，创造敏捷的是特定的价值观（人们最关心的）、信念（人们最大的假设）和原则（如何做出选择），而不是特定的角色、工件和会议。这种思维模式在软件开发之外具有广泛的适用性。敏捷扩展到 IT 以外的实践包括敏捷 HR、敏捷市场、敏捷运营、敏捷制造、敏捷财务等，多种新兴的敏捷领域在不断地实现着敏捷方法。根据 VersionOne 的《第 11 次敏捷状态年度报告》显示，敏捷行业的应用占比见表 2-5。

表 2-5 敏捷行业的应用占比

行业（Industry）	敏捷采用率（Agile Adoption Rate）
软件服务[Software（ISV）]	23%
财务服务（Financial Services）	14%
劳务服务（Professional Services）	12%
保险服务（Insurance）	6%
卫生保健（Healthcare）	6%
政府（Government）	5%
电信（Telecoms）	4%
运输（Transportation）	4%
制造业（Manufacturing）	4%

2.3 企业级敏捷实现矩阵

一旦项目成功交付，组织也必须获得预期的商业价值。这称为业务价值实现。基于已实现的业务价值和交付项目的结果，组织推导出策略来启动新的投资组合。企业级敏捷需要在不同的层次推进项目的进展，包括但不限于表 2-6 所列层次。

表 2-6 敏捷实现矩阵

条 目	个 人	团 队	扩展的团队	项目发起人	PMO/AMO（APMO）	治理委员会/战略委员会
治理的定义	遵从	遵从	遵从	协同	要求	提供总体方向
战略定义与回顾	执行	执行	执行	协同	要求	提供战略目标
项目组合定义与评估	符合	符合	符合	协同	在战略目标的推动下选择要做的项目	影响
项目评审	符合	符合	符合	协同	整体项目集和项目集成	影响
产品愿景	符合	符合	符合	定义并清晰表达愿景	影响	影响
发布计划	符合	符合	定义里程碑	影响	影响	影响

续表

条　目	个　人	团　队	扩展的团队	项目发起人	PMO/AMO（APMO）	治理委员会/战略委员会
迭代计划	符合	迭代任务	影响	协同	影响	影响
每日的承诺	单独任务计划	影响	影响	协同	影响	影响

2.4 敏捷管理办公室

项目管理办公室（PMO）通常是支持项目或计划的临时体或实体。不同的企业，PMO的作用及其提供的服务有所不同。在大型组织中，可能运行多个PMO。它们可以是项目组织的内部组织，也可以组织的外部组织，支撑治理委员会/战略委员会的工作。重点工作一般是提供治理、交付价值、赋能（支持）、透明度（数字化）、可追溯性（GRC）等工作。

敏捷管理办公室应站在企业的角度，从公司的战略出发，对长期战略与短期工作进行平衡。企业需要为相关方提供高价值。随着企业敏捷的应用，PMO会逐步转型为敏捷管理办公室（AMO）/敏捷项目管理办公室（APMO）。AMO或APMO是企业级敏捷的重要交付职能部门。

传统的PMO已经很难适应当前的市场环境。如何为企业创造价值、增加更多的价值，减少官僚主义，更好地以客户为中心交付价值，是新型APMO需要思考的核心内容。以最小市场化的特点（Minimal Marketable Feature，MMF）、最大的速度和最小的浪费传递客户价值，是当今APMO的核心工作。

当今的全球商业环境节奏快、数字化且竞争激烈。AMO/APMO应确保项目实践高效运作、精简且具有合理的预算。AMO/APMO的作用更像是一个咨询角色和赋能角色，而不是一个控制角色。不应该是非常严格的前期规划，但也应分析项目投资回报率。AMO/APMO应：

- 从内到外了解投资组合，不仅要知道其当前状态，还要制订改进计划。
- 预测风险和问题，并在出现问题或业务环境发生变化时调整投资组合计划。
- 使用更具活力的决策过程，前期规划数量应进行限制，投资回报率分析也应进行限制，并根据价值进行选择。

AMO/APMO的主要转变与主要职责见表2-7。

表 2-7 敏捷项目管理办公室的转变与职责

主要转变	主要职责
• 以业务价值为导向，而不是简单地管理项目成本和时间表，协调价值流 • 以客户为中心，将更多精力放到业务方面，与业务有效地紧密整合 • 培养卓越的运营能力，向具有价值的成果转变	• 敏捷项目群与项目组合的精益治理指导 • 敏捷项目群与项目组合的创新指导 • 敏捷项目群与项目组合的价值识别与战略投资 • 敏捷项目群与项目组合的目标与度量指导 • 敏捷项目群与项目组合的预算指导（应用超越预算法则） • 敏捷项目群与项目组合的人员指导 • 敏捷项目群与项目组合的敏捷实践框架指导

2.5 企业级敏捷交付框架

企业级敏捷有两种模式，规模化敏捷（Scale Agility）和敏捷规模化（Agile Scale），组织需要做出自己的选择。无论是哪一种模式，其核心都是想带动业务发展，以满足不断变化的市场需求。敏捷的核心是增量迭代交付、自组织团队、可视化协作、跨职能团队、持续学习与实验。即敏捷宣言与敏捷原则应在企业级敏捷框架中实现。

企业级敏捷最大的挑战之一是文化。如何在企业中让所有人认同敏捷文化，并愿意跟随着企业新的愿景进行变革，这是企业级敏捷首先要解决的问题。

在选择企业级敏捷框架时，很大程度上需要考虑企业的规模及敏捷成熟度。国内很多成功的企业在内部都有专职的 Scrum Master 推动企业级敏捷。

根据企业级敏捷应用层次，一般企业使用敏捷方法都是由浅入深地选择与应用敏捷。通过多年的实践“守、破、离”（源自禅宗，后成为日本剑道的哲学，被沿用到不同的事务），最终形成企业的企业级敏捷框架。

企业也应该认识到，企业级敏捷框架并不是复制而来，也不是企业解决一切管理问题的“灵丹妙药”。企业应定义好敏捷与业务的一致性、符合性、合规性，只有把敏捷的工作方式真正根植于团队的文化基因中，企业级敏捷才能成功。

企业级敏捷框架的应用必须是有机进行，滚雪球，而不是强制适配，强制推进。不能为了实现企业级敏捷而敏捷，应保证业务与敏捷的战略一致性，才能让企业级敏捷框架成功。表 2-8 为常见的企业级敏捷框架。

表 2-8 企业级敏捷框架

敏捷框架名称	特　　点	团队规模说明
DevOps	DevOps2.0 基础云平台，微服务架构，站在极限编程的肩膀上，结合了持续集成、持续交付，实现持续部署，是未来企业级敏捷的基础实践之一	价值流模式，企业级敏捷的必然发展路径，通过 DevOps 工具链支持整个企业。应用团队无限制

续表

敏捷框架名称	特　　点	团队规模说明
DAD（Disciplined Agile Delivery）	2019 年被 PMI 正式收购，融合了 DevOps 方法与价值流方法，实现企业级敏捷管理框架（PMI 敏捷认证体系系列课程之一）	分层模式，基于 DevOps，引入价值流，可支持 250 人以上的大型组织
Nexus	保留了 Scrum 的原始风格，而且很灵活	扩展 Scrum 模式，建议应用至 3~9 个团队
Spotify	Spotify 诞生于瑞典，使用一种新型的矩阵组织，是灵活的团队结构	虚拟跨职能团队模式，建议应用至 9 ~ 15 个团队
LeSS（Huge Large Scale Scrum）	用 Scrum 进行敏捷开发需要进行深刻的组织变革，支持几千人在使用同一种产品（备注：PMI-ACP®官方指定参考用书《敏捷实践指南》包括此方法）	分层模式，建议应用至 8 ~ 15 个团队，可延伸到几千人
SAFe（Scaled Agile Framework）	敏捷和精益原则的融合，工作项从组合所有者到团队成员的流程	分层模式，在 essential SAFe 里一列火车 ART 的人数为 50 ~ 125

根据彼得原理（The Peter Principle，即“向上爬”原理），企业实现企业级敏捷也是一个螺旋式上升的过程，但企业级敏捷更应该进行组织的扁平化管理，而不要因为敏捷而敏捷。当企业级敏捷成熟度达到一定的等级时，应进行螺旋式下降，把沉重的“包袱”挤压出来，把企业从金字塔模型，逐步地转变为倒金字塔模型，企业构建“小前台，大后台”敏捷化的形态，为企业数字化转型提供有力的支撑工作。

无论选择哪一种企业级敏捷框架，在数字化时代的今天，都应该按照“少即是多”的原理进行思考，包括企业中治理、战略、风险、安全、组合、产品、项目集等内容。

PMI-DA 规范敏捷交付（DAD）是企业级敏捷应用框架，提出敏捷项目管理的一般管理过程应基于持续交付与 DevOps，并提出概念阶段、开始阶段、建设阶段、转换阶段、生产阶段、停用阶段等企业级项目管理的阶段建议。具体内容如图 2-4 所示。

无论应用哪种敏捷交付框架，企业都应关注系统的生命周期。对于一个企业而言，应用敏捷不仅仅包括生命周期，还应包括治理的需求、战略的需求、风险的需求、安全的需求，这些才是企业级敏捷应用应关注的地方。企业级敏捷也应分层地对项目组合、项目集进行管理，并针对产品与运营进行管理。这样才可以站在体系化的角度去应用企业级敏捷管理（见图 2-5）。

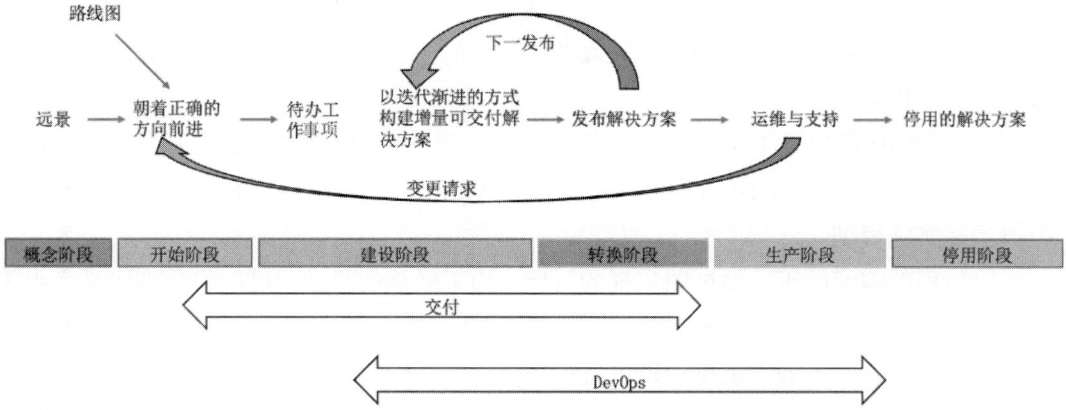

图 2-4 PMI 定义的高级系统生命周期模型

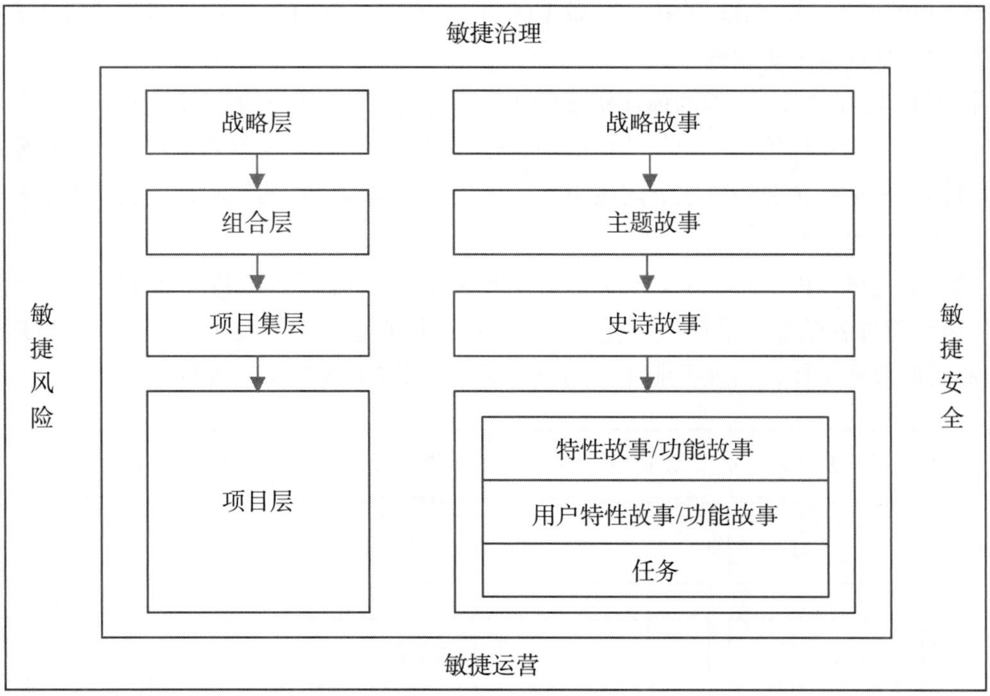

图 2-5 企业级敏捷交付框架

2.5.1 敏捷治理交付

美国的信息系统审计与控制协会（Information System Audit and Control Association，ISACA®）于 1996 年公布 COBIT®（Control Objectives for Information and related Technology），目前最新的版本是 COBIT®2019 版。这是企业通用的信息系统审计的标准，是实现企业治理支撑的重要顶层标准与框架。

企业级敏捷治理需要应用轻量级、动态、开放、灵活、能够适应变化的模型，而不是应用沉重的、遗留的、不合适的治理模型。治理对于敏捷者来说常常是一个坏名声，因为这是多年来一直被强加在他们身上的无效的传统策略。这些传统策略通常被证明不过是一层额外的官僚机构。

COBIT®2019 版定义了 4 种治理实施模型，分别为敏捷型（Agile）、开发运维一体化型（DevOps）、传统型（Traditional）、混合型（Hybrid）。企业应根据自身的特点选择适合的敏捷治理实施模型。

敏捷治理的演变始于治理试图实现的目标。为了敏捷的目的，可以将治理定义为组织如何做出决策，进而影响了企业的文化、规范、行为和组织结构，导致了敏捷决策和结果。随着企业经历敏捷的发展，敏捷治理也就产生了。

企业发展到一定规模，首先要考虑治理的问题。如果更多地采用敏捷，更快地交付，并将规模化的项目分解成小批量增量迭代交付过程，就需要对清晰地展示系统的信息有更大的实时和动态需求。治理的核心是做正确的事（Do Right Things）。在敏捷治理中，需要在风险和遵从性方面更快地反馈。

根据 COBIT®2019 治理的最佳实践论述，治理的核心工作分为 3 个：评价、指导、监控。治理需要建立评价、指导与监控治理路径。建立起责任、权限和指导链，支持整个企业的目标和战略。企业还应建立起度量、策略、标准化和监控的机制，使企业能够有效地执行定义的角色和职责。

帕金森定律（Parkinson’s Law）也是官僚主义的一种代名词。企业治理就怕“大企业病”，组织管理就怕金字塔模型。使用敏捷治理的核心是为了实现企业的扁平化治理，减少企业的低效率工作，实现企业业务的快速交付。图 2-6 为敏捷治理框架。

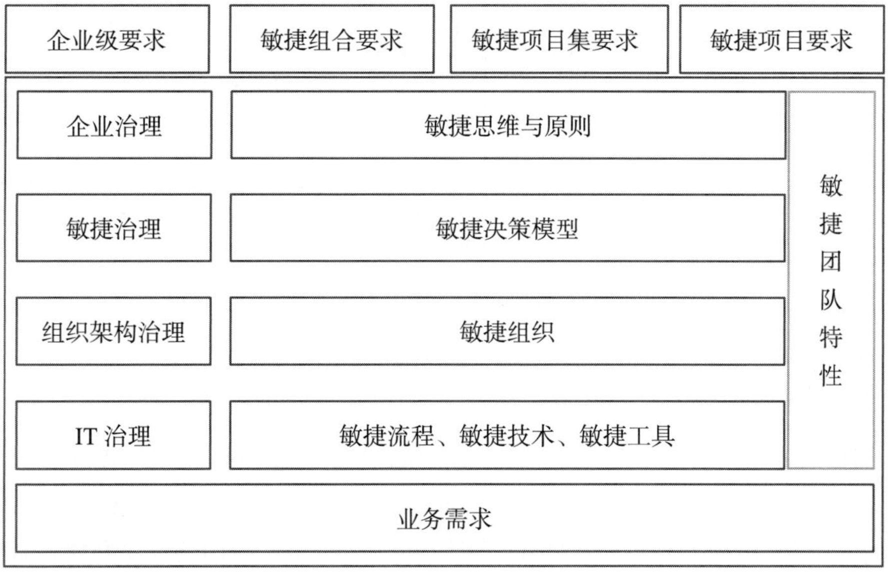

图 2-6　敏捷治理框架

根据 COBIT®2019 治理的最佳实践论述，治理和管理是两码事。治理从外部看团队，将其视为需要适当的结构和过程来提供价值流的系统。管理发生在团队内部，并确保结构和过程得到有效实施。

让团队去做“正确的事情”比试着去检查更有效。敏捷团队成员也是人，他们的自然倾向是尽可能做最简单的事情。这意味着，对于希望发生的事情，你应该让它们尽可能容易地发生。这也为企业提供了一个学习机会来帮助员工提高技能。治理需要考虑的具体工作内容见表 2-9。

表 2-9 治理需要考虑的具体工作

领域	具体工作	工作说明
指导	1. 协调治理意见	治理的核心工作之一是指导，包括财务治理、安全治理、数据治理、IT 治理。企业通过治理委员会进行治理工作，可以促进形成更全面的集成视图，从而产生一个精简、一致而有效的治理策略
	2. 制定指导方针	治理的核心工作之一是指导。支持组织内部治理的一个简单而重要的方法是为团队提供普遍接受的指导，包括标准和指导方针。指导是理想的合作开发与从业人员、经验丰富的企业专业人员谁了解大局的结合。应编写指南，以便尽可能定义启用约束
	3. 文件指导	治理的核心工作之一是指导，建议使本指南简明易懂，从高级规则开始，尽可能以原则为目标
	4. 定义角色和职责	治理的核心工作之一是指导，角色和职责的定义是总体治理策略的一个重要方面，因为它们描述了人们的期望
评价	5. 测量方案	治理的核心工作之一是评价，度量本身可以手动或自动收集（通常是工具或系统使用的结果）。这两者的结合是必需的，尽管自动化度量是廉价的、准确的和实时的
监控	6. 监督团队	治理的核心工作之一是监控，信息辐射器和可视控件在较小的组织中已经足够，但是在现代企业中还需要与团队直接交互的自动化仪表板
	7. 解决企业风险	治理的核心工作之一是监控，风险管理需要即时进行监控与管理。这里的重点是组织层面的风险

与质量检查相比，持续监控能提供更及时的洞察力。在过去几年中，使用商业智能（Business Intelligence，BI）技术来显示使用工作工具生成的实时度量的团队指示板已经变得非常普遍。这使团队及其涉众能够以持续的实时方式监控团队的进展。这比传统的“质量检验门”评审更有效。

透明度可以更好地支持治理。应用信息辐射器、团队看板和相关方积极参与等策略，使有纪律的敏捷团队的工作有效透明。企业的相关方可以通过信息辐射器等工具随时查看了解团队的当前状态。

2.5.2 敏捷战略交付

敏捷战略管理是另一种范式（Paradigm）转变，它要求组织将易变性作为数字时代的常态。战略规划传统上是一种自上而下的、大约每年或每 3 年进行一次的活动。在当前的不确定性和复杂性的商业与技术环境下，传统的战略规划已经变得烦琐和无效。

敏捷战略的核心是以业务为中心，周期短，适合业务节奏。通过较短的迭代执行周期，帮助组织保持长期战略计划的执行势头，满足当前和长期的需求。

墨菲定律（Murphy's Law）也叫意外后果定律，是指我们最开始的战略出发点是好的，但是会带来一些意外的后果。战略的输出，既可能是创新型产物，也可能是战略风险。敏捷战略本身也会遇到风险，通过战略层的假设检测出现的问题，并使用敏捷的快速反馈，允许敏捷战略进行中途修订，才能让敏捷战略得以成功。具体的敏捷战略与执行的层次分解如图 2-7 所示。

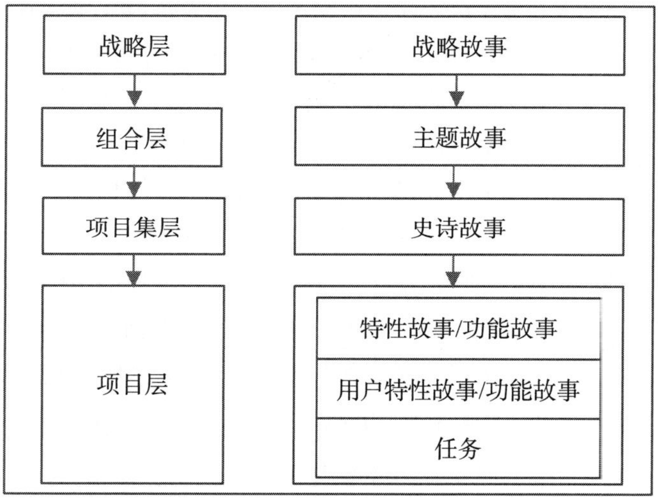

图 2-7　敏捷战略与执行分解图

敏捷战略的职责是使组织能够在频繁部署和细化战略计划的同时保持战略势头。敏捷战略管理随着企业变革的进行，不再采用瀑布式的董事会架构，而是建立一个以敏捷团队为核心的更精简的组织结构，其内部包括来自每个概要的治理说明。

为了使企业更加扁平化，企业应去掉分层管理。通过企业组织的转型结合 COBIT®2019 的治理流程，可以帮助企业推动敏捷战略的交付。具体实施敏捷战略可以分为 7 个步骤（见表 2-10）。

表 2-10　敏捷战略的 7 个步骤

编号	建议工作内容
1	预先计划创建项目中所有任务的列表，通过敏捷洋葱圈进行战略计划，制订战略计划和执行节奏，应每半年以内进行一次

续表

编号	建议工作内容
2	设定最后期限，专注于短期工作，对敏捷洋葱圈进行具体内容分解，通过产品愿景（Vision）、产品路线图（Roadmap）、发布计划（Release Plan）、Sprint 计划（Sprint Plan）、每日站会（Daily Scrum）实现敏捷战略
3	计划把项目分成易于管理的部分，通过敏捷需求层级的合理定义进行工作分解，即梳理主题（Theme）、提案（Initiative）、特性（Feature）、用户故事（User Story）、任务（Task）
4	根据依赖对工作和特性进行优先排序，实现敏捷战略、敏捷规划、敏捷设计等工作内容
5	寻求关键相关方的直接反馈，通过价值共创的方式，实现价值共赢
6	加强日常交流与沟通，通过可视化看板实现日常工作数字化管理
7	坚持持续改进，通过改善人员、改善流程、改善工具、改善供应商等多个方面进行持续学习与提升

2.5.3 敏捷项目组合交付

根据 PMI-DA 管理方法的总结，项目组合管理过程由一系列的管理过程组成。具体包括组织如何识别服务或产品、划分服务或产品的优先级、组织治理与组织战略的平衡工作等内容。敏捷项目组合管理寻求以一种轻量级和敏捷化的方法实现项目组合管理。核心目标是站在战略的角度，实现企业长期可持续发展，并且要最大限度地创造业务价值。

敏捷项目组合管理的核心是要保持敏捷心态：首先应具有敏捷思维，并且在选择产品或服务时应以敏捷的方式进行工作，这是项目组合开始的基础。具体的工作一般包括解决方案交付项目、稳定的产品开发团队、业务实验（沿着精益启动战略的路线），以及现有解决方案的运行。具体的敏捷项目组合管理的工作见表 2-11。

表 2-11　敏捷项目组合管理的工作

具体工作	敏捷项目组合管理工作说明
1. 识别潜在价值	与产品管理团队紧密合作，投资组合管理团队（如战略管理委员会）将确定潜在的新想法或产品与服务。通过 PESTEL 外部环境分析模型，以及 SWOT 内部分析方法，对企业的业务环境进行分析，并从现有客户那里获得产品或服务的反馈，通过敏捷建模（Agile Modeling，核心是建模，其次是文档）和头脑风暴会议来设想客户的未来需求。这一工作建议由企业的产品经理或服务经理负责
2. 发掘潜在的需求	投资组合管理团队（如战略管理委员会）将投入时间了解潜在的需求。他们可能会考虑该项目的商业论证（Business Case），可能会对该项目的潜在市场潜力或投资回报率（Return on Investment, ROI）进行评估。这一工作建议由企业的产品经理或服务经理负责

续表

具体工作	敏捷项目组合管理工作说明
3. 考虑潜在的需求的优先级	在确定优先级时，有几个因素需要考虑：业务价值；商业风险（风险和价值通常是同时存在的，尽管有时你会发现有些努力的风险太大而无法立即考虑）；到期日（Deadline）；依赖性（Dependency）。这一工作建议由企业的产品经理或服务经理负责
4. 管理投资组合预算	传统的公司倾向于遵循年度预算流程，这往往会给工作带来巨大的开销和风险。更有效的策略是采取滚动式的方法来规划随着需求和手段的发展而变化的预算。这一工作建议由企业的财务经理负责
5. 开始探索	新产品可以由产品团队或项目团队进行试验。如果产品对组织来说是全新的，可能会先采取探索性方法，通过一系列学习实验验证产品的市场潜力。这一工作建议由企业的产品经理或服务经理负责
6. 初始资金	初始资金包括为构建过程提供的持续资金，以及解决方案部署后的运营资金。此外，定期监测资金的使用情况，以确保资金的合理使用。这一工作建议由企业的财务经理负责
7. 计划容量	团队必须拥有合适的容量（Capacity），包括财力和人力资源，以及相关资源的准备工作来履行职责。在合适的时间来做这项工作。这一工作建议由企业的容量经理负责
8. 管理供应商	项目组合管理的一个重要方面是与供应商管理的协调，如果所需要的产品或服务无法全部由项目实现，就需要进行供应商管理。供应商管理包括授予（采购）合同、确定潜在供应商、监控正在进行的合同，以及最终终止或结束合同。这一工作建议由企业的供应商经理负责
9. 管理投资组合	管理整个投资组合，包括正在进行的开发工作，以及运营解决方案。投资组合治理是总体战略的一个子集。这一工作建议由企业的战略管理委员会或治理委员会负责

2.5.4 敏捷项目集交付

敏捷项目集管理是一种管理、计划和协调多个项目的工作，它强调团队、相关方和企业的价值交付。很多时候，组织不知道如何在敏捷团队之间协调项目集管理的协调。经常会通过添加额外的团队进行“扩展”管理。

虽然这种额外的团队可能会提高速度和“输出”，但价值交付并不一定以预期的速度创造。这是因为团队需要以一种更有凝聚力的方式聚集在一起，形成一个敏捷发布模式。

敏捷发布模式是重要的扩展敏捷的支柱，即敏捷项目集管理。它是一个稳定且持久的敏捷多团队协作的集合，这些团队在相同的交付节奏上协调、计划和管理他们的工作。这使敏捷火车或叫敏捷飞机在“心跳”上与各团队朝着一个共同的目标工作并前进。通过协调多个项目一起推进项目工作。敏捷项目集在企业里应共享表 2-12 所列管理流程或活动。

表 2-12 敏捷项目集管理

共享流程或活动	具体描述
治理遵从	治理委员会将为所有团队提供指导，包括大型交付团队。治理委员会应关注财务和质量目标，以及监管的约束。交付团队将向治理委员会提供相关信息，实现治理的持续改进工作
敏捷架构	团队应该遵循共同的技术路线图，定义好共同的原则与方法（如指导方针、用户界面、安全指导方针等），通过敏捷架构实现共同开发，共同推进
组合管理	项目组合管理活动将提供初始的愿景和启动计划所需的资金，以及计划持续所需的资金。为团队提供指导，通常是围绕管理和治理约定
资产管理	所有团队都应该在适当的时候使用或重用现有资产
数据管理	数据管理小组将为所有交付团队提供数据指导，比如关于遗留数据源的命名约定和元数据
敏捷运营	敏捷运营团队应使用敏捷服务管理（建议使用 ITIL®4 管理方法），实现敏捷服务交付。通过敏捷运营数字化管理、敏捷化管理，向交付团队提供运营报告和度量数据等信息
敏捷支持	服务台团队（建议使用 ITIL®4 管理方法）将向所有交付团队提供变更请求（Request for Comments,RFC），包括由最终用户确定的缺陷报告。这些变更请求实际上是新的需求,需要进行闭环管理
持续改进	持续改进工作就是从其他团队收集改进建议，并可以从中学习、反思和回顾

2.5.5 敏捷风险交付

敏捷风险管理应充分支持敏捷项目的治理工作。在敏捷环境中，应将风险可视化、数字化，确保与风险管理相关的所有权利和责任，并支持在以人为中心原则的环境中做出明智的决策。企业风险管理框架建议参考 ISO/IEC 31000 与 ISO/IEC 27001 建立具体的风险管理体系。

如上所述，企业会受到墨菲定律的影响，在现实工作中，风险可能是微妙而复杂的，这使外行人很难识别和管理它们。不管选择哪种敏捷方法或框架，敏捷风险管理都有责任解决以下问题：

- 识别项目内的威胁和机会，以平衡对回报的要求和追求过程中产生的风险。
- 基于风险暴露，并以与敏捷实践相一致的方式确定适当的风险应对策略（如接受、减轻、利用、规避、转移）并确定其优先级。
- 通过风险监测判断风险是否被有效和高效地管理。这还包括对迭代级别上的剩余风险的认识，以及这些风险如何影响项目的整体风险。

敏捷风险管理方法与传统方法风险管理的区别见表 2-13。

表 2-13　敏捷风险管理与传统风险管理的区别

传统方法的风险管理	敏捷风险管理方法
项目周期长、时间长造成的大量的项目失败或项目受到挑战	短周期、快速交付，实现了敏捷风险应对
项目越大、越长、越复杂，风险就越大。风险在项目结束时最高	通过最小可行产品（Minimum Viable Product, MVP）与最小可市场化特性（Minium Marketable Feature, MMF）的应用，产品价值是立即实现的，风险在项目开始时解决，而不是在结束时解决
项目无法在不增加时间和成本的情况下满足新需求，因为即使在最低优先级的需求中也存在广泛的沉没成本	敏捷项目通过消除同等时间和成本的低优先级需求来适应新的高优先级需求，而不会增加时间或成本，即敏捷范围可变
传统项目需要在项目开始时进行时间和成本估算，此时团队对项目了解最少。估计经常是不准确的，增加了太多项目缓冲区	项目时间和成本是根据敏捷项目团队的实际性能或速率（Velocity）来估算。在整个项目中对评估进行细化，项目成员一开始就全面了解，并透明化、可视化
响应不及时或不在场的利益相关方会使项目延期或提出无理的要求，并导致产品或服务的目标偏离，项目暂停或失败	敏捷项目管理每天都帮助消除障碍，每天都与相关方沟通，减少相关风险

2.5.6　敏捷安全交付

随着全球安全事件频发，不考虑安全问题将无法保证业务有效地运行。《中华人民共和国网络安全法》和《中华人民共和国数据安全法》相继推出，数据保护、隐私保护成为业务必须考虑的问题。如何在数据化时代做好安全管理工作是敏捷项目管理必须要注意的问题。

企业敏捷框架应参考相关的法律法规并结合企业级信息安全管理 ISO/IEC 27001、ISO/IEC 31000 进行安全体系建设。结合 DevOps 与安全实践形成的 DevSecOps 正在全球形成新的敏捷安全的应用。企业中的每一个人都为安全负责是 DevSecOps 宣言的核心，将安全性左移（Shift Left）到业务，并与业务并存是业务敏捷安全的实现。敏捷项目应与安全团队一起工作，努力实现：审查业务安全性需求、体系结构和编码的安全实践，在 DevOps 的 CI/CD 流水线中进行自动化安全性测试，监控业务的威胁，以及解决安全问题，形成敏捷反馈，持续改进业务的安全性。具体的活动建议见表 2-14。

表 2-14 敏捷安全交付

工作项	工作内容	工作说明
事前安全	确保安全准备	确保构建的环境能够承受所面临的不断演变的安全威胁
	启动业务安全意识与安全培训	企业如何帮助员工了解安全威胁，如何避免攻击，以及当威胁发生时如何处理它们
事中安全	全面监控	识别自己何时受到攻击，对于大多数组织来说，答案是经常受到攻击，应进行全面监控，业务进行中应及时应对
	态势感知	当攻击发生时，企业是否可以提前采取某些措施来解决它，而不是事后解决
事后安全	反馈与反思	通过数据与经验进行反馈与反思，并把经验进行简要总结，以形成知识库。为下一次安全预防工作打好基础

态势感知的定义是指一定时间和空间环境中的元素的感，对它们的含义的理解，并对它们稍后状态的投影（恩兹利，1988）。

敏捷项目管理中，无论是培养 Scrum Master 的态势感知能力，还是培养产品经理的态势感知能力，都是新型项目管理工作必不可少的工作之一。

2016 年 4 月 19 日，习近平总书记在与网络安全业界人士座谈会上明确指出，加快构建关键信息基础设施安全保障体系，全天候全方位感知网络安全态势，增强网络安全防御能力和威慑能力。知己知彼，才能百战不殆。没有意识到风险是最大的风险。

2.5.7 敏捷产品交付

敏捷项目管理的核心是面向产品与服务，在很大程度上产品经理（或叫产品负责人）将成为敏捷项目管理的重要角色之一。产品经理的角色本质上是战略性的。他们应该关注产品的长期愿景，关注市场趋势，关注产品支持的新潜在结果或主题，并确保产品满足产品所涉及的价值流的需求。

合格的产品经理应以客户为中心，尽管要认识到这一点需要根据组织的约束和能力进行调节。对于大企业，运行企业级敏捷框架，可能不只有一位产品经理，可能还有首席产品负责人。无论应用哪种企业级敏捷框架，产品交付都不应仅仅关注产品本身，还应关注产品治理、产品战略、产品组合、产品运营、产品安全等多个领域。产品交付需要考虑的 7 项工作内容见表 2-15。

表 2-15 敏捷产品交付的工作内容

工作内容	工作说明
发展业务远景	产品经理将与相关方密切合作，在新产品或解决方案涉及潜在相关方的情况下，了解他们的需求。与业务部门一起定义业务发展远景与使命、定义目标与路线图。

续表

工作内容	工作说明
发展业务远景	这些路线图描述了近期、中期（6个月左右）和长期（一年或一年以上）的愿景，但随着时间的推移，路线图的细节越来越少。这些路线图指导产品经理的优先级决策，并为其他工作的计划活动（如治理、战略、风险、安全、项目组合及项目集）提供输入
治理产品	产品经理将监控他们的产品有多成功[例如监控实际 ROI、净推荐值 NPS（Net Promoter Score）、市场采用率、最终用户满意度等相关指标]，以及产品的发展情况（如持续投资项目还是终结项目）。产品治理是整个治理工作的一个方面
探索潜在的产品	产品经理希望识别潜在的产品，这些产品将为您的组织提供重要的价值。例如，通过更敏捷或更精益的方法推进小实验
优先考虑潜在的产品	组织想要投资的潜在产品很多，但是这样做的预算有限。这意味着只有优先级最高的产品才会被开发，因此需要对其进行适当的优先排序
业务发展的路线图	业务或产品路线图是敏捷产品经理的工作之一，通过更多地采用敏捷迭代交付的方式不断地识别远期、中期、近期的路线图，以支持产品组合管理与业务发展
分配功能或特性	可以把特性或功能捕获为主题、史诗、故事、特性的陈述或其他敏捷方式，并将需求分配给交付团队，以便更好地实现。这些特性需求由产品经理确定优先级，以便团队知道实现功能的顺序。也可以应用其他敏捷方法，由客户或首席代表分配，或全栈式地自组织分配
管理平台	产品之间经常存在功能依赖关系，这些功能依赖关系需要管理。产品经理将希望管理这些依赖关系，以便在实现功能并发布到生产中时进行优化。依赖关系管理在进行 DevOps 时是非常的重要工作
推销产品	产品经理将向潜在客户群推销他们的产品，以增加产品的使用。对于商业产品和其他类型的公共解决方案，这种营销的必要性是显而易见的。为内部使用而开发的解决方案也需要营销，以增加潜在客户知道（即将发布的）产品存在的机会

2.5.8 敏捷运营交付

敏捷运营非运维。根据 ITIL®4 针对数字化时代敏捷运营的特点，应结合新兴技术进行敏捷运营。敏捷运营的核心在于需要站在业务的角度推进业务的运营，这不仅仅是一个技术支持的工作，而是一项互联网公司已经在做的运营活动。做好敏捷运营工作应注意 3 项工作内容：培训员工，强调灵活性与适应能力，促进合作与交流。敏捷运营需要一些新的角色进行敏捷项目的推进。数字化时代的敏捷运营应包括但不限于表 2-16 所列角色。

表 2-16 敏捷运营交付

角　色	工作说明
业务经理	领导运营团队的职能经理。职责可能包括管理运营基础架构中的变更，计划和减轻业务灾难（应遵循 ISO/IEC 22301、ISO/IEC 27001、ISO/IEC 20001）
数字遥测管理师	通过数字遥测技术管理监督新数字工具的部署、集成和采用。在企业中，有效地采用数字技术可以提高员工的熟练度和生产力，并最终提高软件平台的价值
UX 设计师	如果没有 UX（User Experience,用户体验）设计师，创建聊天机器人是不可能的。一旦建立了业务案例，就需要 UX 设计师来确定产品的外观和感觉。许多 UX 设计师可以编写代码，尽管他们的主要角色是塑造最终用户将如何消费产品
运营工程师	运营工程师负责安装、配置、运营和发展公共基础设施，如网络、服务器和外部服务（如云）。有时称为系统操作员或操作员
内容管理师	凯捷咨询北美公司（Capgemini Consulting North America）首席执行官托德•罗瓦克（Todd Rovak）表示，企业需要作家或“讲故事的人”，来帮助塑造聊天机器人等数字体验，甚至帮助员工和消费者与正在构建的新增强现实服务进行互动。例如，家装零售商劳氏（Lowe’s）就聘请作家与写手撰写有关机器人和其他数字服务的故事
DevOps 工具链工程师	DevOps 工具链工程师负责购买、构建、安装、配置和支持工作用的工具。在这种情况下，IT 运维的重点通常是 DevOps 工具，包括用于部署、安全、操作监控、备份/恢复和混乱工程的工具
DevOps 工程师或教练	组织刚接触 DevOps 或规模很小时，这种角色很常见。在小型组织中，DevOps 工程师通常是“所有 DevOps 行业的人”，一专多能（T 型人才或倒 E 型人才），可以完成几个角色的工作。随着组织的发展，会出现各种专业角色，而 DevOps 工程师会消失。DevOps Master 或 Scrum Master 在组织的数字化转型或 APMO 中运行
发布经理/协调员	领导发布团队的职能经理。职责包括协调所有交付团队将多个解决方案发布到产品中，并帮助确定解决方案是否为生产准备，指导发布实践的开发，协调整体发布进度
道德合规经理	道德合规经理将有助于确保人工智能系统按照设计运行，并确保出现的意外后果迅速得到干预。例如，如果人工智能的信用审批系统对某些职业或特定地理区域的人存在歧视，管理者会进行干预。多尔蒂说，当企业级敏捷管理升级到敏捷 3.0 即业务敏捷，企业会更多地应用“云、大、物、智”的技术。道德合规经理可以与算法取证分析师合作，找出导致这种结果的潜在原因，然后实施适当的修复措施

2.6 企业级敏捷评价指标

2.6.1 敏捷 1.0：建议评价指标

《敏捷项目管理》指出，敏捷项目评估有 3 个目标，即价值目标、质量目标和约束目标。其中，价值目标是指项目应提供可交付的产品，质量目标是指提供的可交付产品可靠性好、适应性强的，约束目标是指在可接受的约束内，实现价值目标和质量目标。

在敏捷 1.0 阶段，应用不同的敏捷方法（包括但不限于 Scrum、XP、看板、精益），推进的评价指标也不同。建议的评价指标见表 2-17。

表 2-17 敏捷 1.0 建议评价指标

建议指标	来　源	指标说明
冲刺目标的成功率	敏捷	成功的冲刺应该有一个可工作的产品
速率	敏捷	衡量团队速度的指标（一轮迭代完成的故事点数），用于在迭代计划中创建项目进度表
计划与完成比率	PMI	记录团队在 Sprint 开始时承诺的工作量，以及结束时实际完成的工作量。包括但不限于： • 计划时间与完成时间。 • 计划范围与完成范围。 • 计划成本与完成费用。 • 计划质量与完成质量。 • 每个版本的计划用户数量与实际用户数量。 • 每个迭代的计划用户数量与实际用户数量
缺陷逃逸	制造业	客户发现的问题或错误，即逃过验证和验收测试的问题或错误
ROI	PMI	ROI 是产品产生的收入减去项目投入的成本。敏捷项目不同于传统项目，有可能在第一次发布时就产生收入，并在每次新发布时增加收入

2.6.2 敏捷 2.0：DevOps 评价指标

Puppet 2020 年 DevOps 报告的要点之一是：敏捷曾经是工程师的专属财产，但现在已经不是了，已经从软件团队扩展到财务、人力资源、执行领导团队等。DevOps 的原则和实践除了最初的开发和运维团队外，在其他领域也会继续传播，如 DevSecOps、FinOps，可能还要其他我们没见过的表现形式。

也许再过几年，“DevOps”一词成为老生常谈——甚至逐渐消失——因为有那么多的人和组织完全采用了 DevOps 的协作原则：沟通、小批量迭代、反馈循环、持续学习和改进。Puppet 2020 年 DevOps 报告建议的评价指标见表 2-18。

表 2-18 敏捷 2.0 建议评价指标

建议指标	来 源	指标说明
前置时间	精益管理	“精益”来自精益制造，是一组原则，以实现对齐、速度和质量。DevOps 首先引入精益前置时间，同时聚焦产出和全局度量，希望关注以客户为中心的方法实现
变更成功率	ITIL 与 ISO/IEC 20000	变更成功率与变更失败率和部署频率是 ITIL®4 版本提出的很重要的服务管理的评价指标。DevOps 引入轻量级 ITSM，首先引入了敏捷 ITSM 的概念，是对 ITIL 改版的重要指引。具体指标包括： • 不到两周的强制等待期。 • 变更只需一次批准。 • 变更正确实现，不需要撤回。 • 由具备适当技能的人批准，从而做出正确评价。 • 记录变更所需的时间很少
平均修复时间	制造业	平均修复时间（Mean Time to Repair，MTTR）最早用于制造业，指产品出现故障时的修复时间。ITIL 引入此概念，今天广泛应用于服务管理，是服务管理中可用性管理指标之一。DevOps 引入此指标，希望通过混沌工程，尽快实现动荡环境的安全运营
浪费	精益管理	精益生产七大浪费（The Seven Forms of Waste）：等待（Waiting）、库存（Inventory）、缺陷（Defects）、额外流程（Extra Processing）、运输（Transportation）、过度生产（Over-production）、动态（Motion）

2.6.3 敏捷 3.0：业务敏捷评价指标

敏捷 3.0 建议评价指标见表 2-19。

表 2-19 敏捷 3.0 建议评价指标

建议指标	理论来源	指标说明
客户满意度	服务业	广泛用于服务性行业，是客户满意度调查系统的简称
净推荐值	市场营销学	净推荐值又称净促进者得分，亦可称口碑，是一种计量某个客户将会向其他人推荐某个企业或服务可能性的指数。分数定义为 −100~100 的指数

续表

建议指标	理论来源	指标说明
准时交付	精益管理	这里的术语“准时”理论来自精益，说明项目发布总是按时的、准时的。在精益体系中是指在客户需要的时间，生产客户需要的数量的需要的产品。通常理解为 3 个必要：必要的时间、必要的数量、必要的产品
产品质量	质量管理	产品质量可以从不同的方面来衡量，如收入增长、客户满意度。考虑到技术方面的开发是通过开发生命周期进行的，可以对产品质量有一个图形化的概念，并可以衡量公司是否成功
绩效情绪	心理学	敏捷最初的管理是不太讲绩效管理的，并且理论上不应针对个人。但随着企业级敏捷的推进，指标化成为常态，无论是 KPI 还是 OKR（Objectives and Key Results，目标与关键成果法）都是指标管理。DevOps 引入绩效情绪管理，可以让 Scrum Master 更好地服务于项目团队成员，输出高效的生产力。具体建议指标包括： • 幸福感。 • 降低风险。 • 减少与服务事件相关的停机时间。 • 提供对组织有用的信息。 • 确保与适当的相关方共享知识和信息。 • 加快业务需求的变化速度。 • 根据评估的变更风险等级，提供适当级别的审查和批准

2.6.4 敏捷对于企业的价值

《敏捷实践采用的模式：技术集群》（*Patterns of Agile Practice Adoption：The Technical Cluster*）一书指出，要决定采用何种敏捷实践之前，必须先明确想要通过敏捷实践来提升哪些业务价值，然后对于每一个要实现的业务价值，要找出至少一种可以度量其进展的方法。也就是说，如果你需要通过实现一种敏捷实践来提升特定的业务价值，就要通过周期性地检查特定的指标来保证这项实践是有效的。这种指标不必是定量的，能定性就可以了，越简单越好。例如，如果要对降低的成本进行度量，可以采用在一个主要版本的发布过程中所花费的时间作为一个简单（而粗略）的指标。

《第 14 次敏捷状态年度报告》调查数据显示，客户/用户满意、业务价值、按时交付、质量、业务目标的达成成为最受关注的 5 个指标。敏捷对于企业的价值中，前三名见表 2-20。

表 2-20 敏捷对企业的价值

企业的价值	说明（示例）
降低成本	26%的受访者采用敏捷的重要原因是降低项目成本。这比以前报告中的 41%有所下降
专注技术	34% 的调查者认为在部署前的技术风险的确定（识别）是非常有价值的，而以前这一数字为 22%。原因可能是通过适当的实践和工具可以提高对能力的认识
合规性在增加	28%的受访者认为跨控制点的自动化审计合规和治理非常有价值，而以前这一比例为 10%。这可能是由于具有强制性、合规性要求的组织更广泛地采用敏捷，以及对工具的更高意识的结果

2.7 敏捷与数字化转型

ITIL®4 针对数字化组织的定义是：数字技术使他们能够以不同的方式开展业务。数字化通常体现在组织的产品和服务中，但只要能带来显著的效益，仅对内部流程进行数字化可能就足以使组织具有“数字化”的资格。如果想完全实现数字化转型，就需要应用敏捷管理方法，基于 AMO 或 APMO 进行企业转型。

2.7.1 敏捷 1.0 与数字化

传统的方法不足以实现数字化转型。要进行数字化转型，客户要远离传统供应商，转而支持敏捷联合创新的方法。

企业的成功既需要数字化也需要敏捷。数字化提供更好的用户体验，敏捷激发热情与创新。数字化和敏捷是天生一对。坦白来说，根本不能只选其中一个。业务敏捷不仅仅是产品或软件交付，而是关于企业整体业务是如何构建的，企业是如何运行的，以及是如何表现的。要真正理解敏捷企业并推动敏捷转型，就需要进行范式转换，彻底摆脱传统的商业运作方式。

从进化的角度来看，最成功的模式是复杂适应系统（Complex Adaptive Systems，CAS），如大脑、一群鸟或互联网。

一个敏捷的企业应该从经典的管理思想中吸取灵感，从复杂适应系统如此成功的原因中汲取灵感。复杂适应系统的关键特征也是一个成功的敏捷企业的关键特征，见表 2-21。

表 2-21 成功敏捷企业的关键特征

特 征	说 明
明确的目的	为了使复杂适应系统发挥作用，每个单独的代理都应该为获得相同的结果工作。例如，一群鸟飞往同一个目的地。因此，一个敏捷的企业需要每个员工都能理解并感性地接受业务目标和远景的清晰表述

续表

特　征	说　明
自治和自组织	复杂适应系统的本质意味着不可能有全能的代理知道、预测和控制一切。例如，大脑中的神经元是独立的，它独立行动，最终创造出一个结果
分布式和松散耦合	互联网如此有弹性和有效的原因是它是大规模分布和松散耦合的。取出节点或大型部件不会导致系统宕机。一个成功的敏捷企业应该以类似的方式工作，从而使个人和团队最终能够成功或失败而不影响其他人。这将使整个业务具有更大的灵活性和弹性

2.7.2　DevOps 与数字化

随着新冠肺炎疫情的发展，实体店的关闭和消费者被要求待在家里，使得加速数字化的必要性变得清晰起来。在新冠肺炎疫情时代，数字化就是生存。现在，那些原本需要数年之久完成的数字转型计划在几个月甚至几周内就开始执行了。

采用 DevOps 模式，团队可以一起推动敏捷项目交付，并引入安全性和遵从性，实现 DevSecOps 模式，而不是将它们塞进传统的一次一次的发布系统中。

DevOps 模式是为分布在不同地域或地点的分布式工作人员而设计的，基于敏捷，实现以人为本，以协作为中心。这使公司能够利用整个团队集体智慧的力量。DevOps 还通过自动化通常依赖人工干预或批准的任务来减少瓶颈，控制成本。所有这些品质在当前的远程工作环境中都是非常需要的。DevOps 支持数字化具体体现在 3 个层面（见表 2-22）。

表 2-22　DevOps 支持数字化

层　面	说　明
DevOps 支持高速度下的质量保证	随着疫情的发展，许多企业会采取削减成本的策略以维持运营。然而，这些措施的执行不力可能会产生可怕的影响。现在，对可靠、有价值、高质量软件的需求比以往任何时候都要高。DevOps 通过精益、敏捷、持续交付、轻量级的 ITSM 更好地在保证速度的前提下提供质量保证
DevOps 融合了安全管理即 DevSecOps	若以极快的速度交付，往往难以确保安全性和遵从性，这也是 DevSecOps 的价值。可以在远程、数字的过程中开展业务，并且同时防止数据共享泄露。DevSecOps 结合了 DevOps 和安全（Security），以确保 DevOps 周期内外的安全性
DevOps 是数字化的基础平台	DevOps 实现了质量、安全性、可见性和速度的平衡。在我们目前紧张的经济中，它具有成本效益。DevOps 可以帮助企业通过自动化 DevOps 平台，使 DevOps 成为数字化的基础平台，并提供领导者需要的数字可视化。使用 DevOps，尤其是云平台，DevOps 是最重要的 PaaS 平台。DevOps 是 IT 基础设施敏捷性的关键

2.7.3 业务敏捷与数字化

对于营销人员来说，倾听客户的意见并不是什么新鲜事。客户一直是而且将永远是企业战略的起点。但客户的反馈只能起到如此大的作用，它可能只能停留在你的部门，永远不能帮助企业实现数字化转型。

灵活的业务敏捷思维各部门都能够倾听客户的心声。可以尝试以下 4 个步骤（见表 2-23）。

表 2-23 业务敏捷 4 个步骤

步 骤	具体内容
1. 优先考虑个人和互动	业务敏捷思维是一种重视人而不是他们所使用的工具的心态。在一个市场营销环境中，与业务营销工具保持一致是至关重要的，通过将人置于战略的中心，让企业脱颖而出
2. 不要反对改变	业务敏捷在很大程度上依赖于开放的思想和敏捷性。将同样的想法应用到数字营销计划中，把这些人际互动应用到当前或未来的营销计划中，做一个顺从客户的合作伙伴，将有利于企业战略的实现
3. 抛弃竖井（silos）和等级制度	业务敏捷并不仅仅是由 IT、营销或产品驱动。业务敏捷应该是企业的核心战略，支持数字化转型。应要求所有业务部门通力合作，提供简单而无缝的客户体验。打破部门之间的隔阂，跨职能是敏捷数字营销的主要价值主张之一，进而推动以客户为中心的创新和业务成果
4. 追求速赢	传统的瀑布计划可能包括一个重要的发布，然后是几个较小的里程碑。然而，在灵活的业务营销中，应该追求一系列小的胜利。大赌注会带来大风险、大回报，不幸的是，如果失败了，还会带来大的不良后果。企业更应该创建最小可行性的产品和基于彼此的迭代。这些小的投资可以让团队在这个过程中学习并做出明智的决定。这样，最终的产品就是客户一直需要和预想的

2.8 数字化项目管理

数字化项目管理是针对当前数字化时代运营项目管理的统称，也是新时代项目管理的发展趋势，也是敏捷项目管理发展的高级阶段。数字化项目管理以战略和交付为核心，帮助企业实现颠覆式变革。

作为数字化项目经理，管理数字化项目是敏捷项目管理的延伸。数字化时代需要业务专业、技术专家帮助企业找到数字化转型的模式与方法，以应对 VUCA 时代带来的需求及客户的挑战。

2.8.1 数字化项目管理的定义

数字化项目管理被定义为使用数字工具利用知识、技能和技术，完成数字工作空间中的项目活动，并实现项目目标。

数字化项目管理是组织和执行这些数字化项目的过程，其实现必然是通过敏捷方法为核心进行推进，而不是传统的瀑布型实现方式。

数字化项目管理需要战略和多样化的技能，PMI 副总裁约瑟夫·卡希尔（Joseph Cahill）先生表示：身处瞬息万变的数字化时代，随着人工智能在深度学习、智能感知与认知等方面的突破，大量行业的商业边界被打破，越来越多的组织需要快速开发与应用科技，通过在技术与商业模式上的转型，实现更快的响应速度与产品迭代能力，以提供更高的价值。而这一切的基础，是运营效率的提高。

2.8.2 数字化项目管理人才要求

PMI 人才三角®（The PMI Talent Triangle®）在对项目管理人才能力需求划分的基础上重新定义了项目管理者的角色。

PMI 人才三角®中增加了数字时代六大技能：数据科学技能；创新思维模式；安全和隐私知识；法律法规知识；以数据驱动决策的能力；协作式领导能力。同时，数字化时代的学习方式必须革新，推动项目管理者以更加多元、更高效的方式学习，社交媒体、网络工具和数字化学习管理系统都是重要的学习工具。

2.8.3 数字化项目经理的要求

数字化项目管理通过敏捷方法如 Scrum、精益思想、看板拉动式管理、设计思维及新兴技术，帮助企业转型，帮助组织在复杂的数字化时代提高效率，提高成功的概率，实现基于新兴技术的企业变革。数字化时代对项目经理的要求见表 2-24。

表 2-24　数字化时代对项目经理的要求

领　域	要　求
团队领导力和充分授权	数字化时代提倡的是领导力而非管理。领导者知道如何支持和授权其团队，尊重并关心团队成员。 领导者自信且践行服务式领导或仆人式领导，是员工可以信赖的人。优秀的领导者以身作则，按时完成所有工作，欣赏其他同事，并在压力和挑战无法承受时创造积极的企业文化
技能的多样性与团队人员的多样化	成功的数字化项目经理的核心是个教练。熟悉的内容包括但不限于营销、SEO、社交媒体、分析、开发基础等一系列的技能要求。除此之外，数字化项目经理必须掌握如何使用某些软件，如文件共享、演示文稿、内容管理等。数字化项目经理应能够帮助团队成长，并指引方向

续表

领　域	要　求
沟通能力与情商	数字化项目经理必须能够有效地倾听同事的诉求，并清楚地传达他们的观点。通过口头书面或通过其他方式强化团队协作的模式。清晰地表达想法和理解跨部门的挑战是数字化项目管理高效完成项目的关键
创新与思考	数字化项目的核心是需要创新，数字化项目经理通常要同时解决多个项目难题，并引领创新；还要能够协调好计划，协调任务，有效地领导，并为团队设定最后期限

3

敏捷原则与思维模式

20 世纪 80 年代，在软件工程领域，已开始对传统的“瀑布式”开发方法有所批判，而对作为替代的“增量方法”的构想越来越多。大家越来越认识到：不存在完整和稳定的需求规格，随着软件开发项目的推进总是会有变化的需求不断出现。

20 世纪 90 年代，形容这个世界更加复杂和不确定的“VUCA 时代”的说法开始兴起，也发布了 Scrum 方法论和极限编程等软件开发方法。重构、持续集成、测试驱动、每日站会等实践被各企业、各团队在项目实践中使用和改进。

2001 年 2 月，在传统的“瀑布式”开发方法越来越不好用的情况下，由马丁·福勒（Martin Fowler）和吉姆·海史密斯（Jim Highsmith）等 17 位软件开发专家组织的一场针对当时的软件开发方法的讨论，在美国盐湖城外 25 公里的雪鸟滑雪场（Snowbird）顺利召开。他们在一起认真地讨论：“我们要找到更好的方法来开发软件，并帮助其他人做到这一点。”在几天的会议后诞生了敏捷宣言,也就是 4 条关于敏捷开发的核心价值观。大家要对这种新的理念取一个名字，最早提出的“轻量级”（Lightweight）这个名字并不能让大家都满意，最后还是由马丁·福勒提到了“敏捷”（Agile）这个词，得到了大家的认可。

所以“敏捷”并不只是一个框架，它更像是一种集合，它包含了 Scrum、极限编程（XP）和精益软件开发（Lean Development）、看板、Crystal Methods、FDD、DSDM、轻量型 RuP 等很多开发方法和管理实践，以及其他可定制和可扩展的方法。采用敏捷的组织能更快地适应市场，更迅速地交付核心价值，并让客户更满意。敏捷关注你的决策，你可能的选择，以及如何在这些选择之间取得平衡。

3.1 敏捷的起源

先把视角拉起来，不用沉浸在敏捷本身，看看这些年自然科学的进步。从宏观层面看，混沌理论、量子力学和相对论一起被誉为 20 世纪三大科学革命。量子力学的创立，揭示了微观粒子运动的随机性和不确定性；而决定论框架中的随机性研究引出了混沌动力学的发展。20 世纪 60 年代混沌理论产生于数学与物理学领域，探索非线性随机的、复杂且不确定的、自组织的客观过程。在 20 世纪 80 年代中期，科研人员日趋深入地探索复杂适应系统（Complex Adaptive Systems，CAS）的相关理念。

而从 20 世纪 90 年代中期开始，越来越多的企业管理者开始将复杂适应系统理念运用于企业的日常经营，以应对日益复杂的世界变化。从工业革命之后发展起来的科学管理的逻辑（确定性，可预测性） 在那个年代已经明显不适应，需要变革以获得更大的能量向前发展。例如，过去流水线的工人，在乎的是熟练、规模，而今天是一大批受过高等教育，从事着创造性、开拓性工作的知识分子。如何激励和释放他们的才能和热情？科学技术的大踏步发展引发了一系列的技术创新，企业如何响应？越来越多的竞争者在各个行业的上下游不停出现、成长，企业要如何建立自己的竞争优势？

在信息时代，甚至现在的智能时代，工作、生活节奏的加快，企业面临的环境变得更加复杂并充满变化，就需要一种管理模式或者一种思想，在不确定中发现机遇进而取得好的发展。但几乎没有任何经验可以借鉴，唯有保持灵活性，尝试不同的方式，不断试错并从中吸取教训，拥抱变化。

这就是敏捷出现且必然会出现的时代背景。

现在进入软件开发这个行业来看一看：最早出现的软件开发模型是 1970 年由温斯顿·罗伊斯（Winston Rovce）正式提出的瀑布模型，瀑布模型是基于科学管理的思想而来的、确定性的开发思路，把工序拆分，进行问题简化和有效的控制（经典科学管理理论的核心是假定企业领导在运用一系列强大的分析工具后，能够准确预测任何业务的前景，从而选择明确的业务发展方向）。很长一段时间大家都用瀑布模型进行软件开发。

但在 20 世纪 80 年代《人月神话》有一章“没有银弹：软件工程的本质性与附属性工作”就提到过软件是复杂的，没有什么方法是包治百病的。由此，大家在经历过一段时间对瀑布模型的适用和怀疑后，很多好的软件轻量级的开发方法和实践如雨后春笋一般破土而出：

1990 年，肯特·贝克（Kent Beck）提出极限编程（XP）方法。

1991 年，戴格瑞斯（DeGrace）和斯塔尔（Stahl）为 Scrum 方法正式命名。

1997 年，阿利斯泰尔·科伯恩（Alistair Cockburn）提出水晶方法（Crystal）。

1998 年，查夫·德卢卡（Jeff DeLuca）正式提出特征驱动开发（FDD）方法。

直到 2001 年 2 月，由马丁·福勒、吉姆·海史密斯等 17 位软件开发专家聚在一起，提出了“敏捷”（Agile）这个词。

“敏捷”或者“敏捷方法”其实就是轻量级方法，它是一组开发方法（包括极限编程、Scrum 等）的统称。随着技术的迅速发展和经济的全球化，软件开发出现了新的特点，对生产率提出了很高的要求，即在需求和技术不断变化的情况下实现快节奏的软件开发。然后敏捷从软件开发领域慢慢融入其他领域，强调的是构建高品质，保持灵活，拥抱变化。

接下来讲到的敏捷的 4 项价值观、12 条原则和各种不同的实施或者方法的关系如图

3-1 所示。

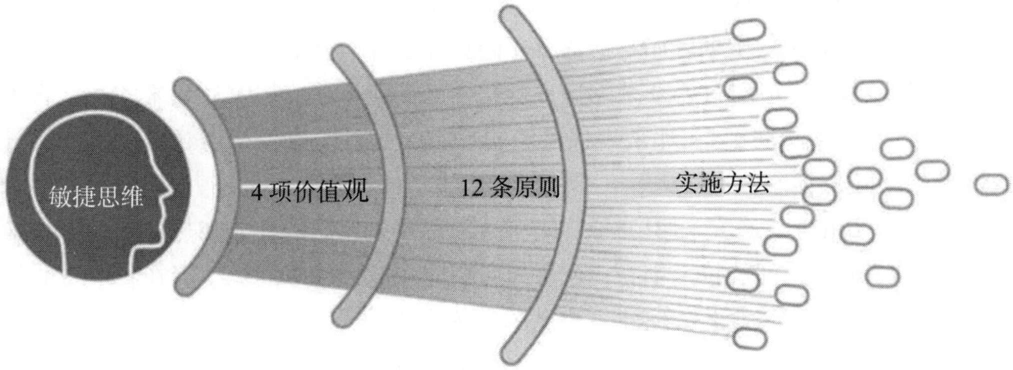

敏捷是一种以价值观为定义，以原则为指导，并通过多种实践表现出来的思维方式。敏捷实践者根据自己的需要选择实践。

图 3-1　敏捷的价值观、原则和实践的关系（来自《敏捷实践指南》）

3.2　敏捷价值观

《敏捷宣言》内容如下：

- 个体和互动**高于**流程和工具。（Individuals and interactions over processes and tools.）
- 工作的软件**高于**详尽的文档。（Working software over comprehensive documentation.）
- 客户合作**高于**合同谈判。（Customer collaboration over contract negotiation.）
- 响应变化**高于**遵循计划。（Responding to change over following a plan.）

《敏捷宣言》从表面上看，右边的内容有其价值，但敏捷更重视左边的价值。

2001 年 2 月 11—13 日，17 位软件开发领域的领军人物聚集在美国犹他州的滑雪胜地雪鸟（Snowbird）雪场。经过两天的讨论，“敏捷”一词于 2001 年 2 月的一次会议上被提出用以概括一套全新的软件开发价值观。这套价值观，通过会后一份简明扼要的《敏捷宣言》传递给世界，宣告了敏捷开发运动的开始。与会者包括来自极限编程、Scrum、DSDM、自适应软件开发、水晶系列、特征驱动开发、实效编程的代表，还包括了希望找到文档驱动、重型软件开发过程的替代品的一些推动者。“敏捷宣言”的提出是为了替代文档驱动的繁重的软件开发流程，如瀑布式方法。

《敏捷宣言》中的第 1、3 两条与人相关：①需要有能力的个人和高效持续的互动；②超越谈判并尝试提升与客户的合作。

可以从团队内部、外部这两个角度来说明敏捷方法中“人”这个主体的重要性。在科学管理时代盛行的用标准的流程和工具把人变成一颗颗螺丝钉的方式，在互联网时代不太可行。在项目中，如何更尊重、更开放地让团队发挥创造力变成了重点。简单的工具、简化的流程也一样能带来巨大的价值。

《敏捷宣言》的第 2、4 两条与事有关，从过程和可交付成果两个角度：①这个世界瞬息万变的时代日新月异，过程是变化复杂不确定的，要响应；②越是这样的环境，越需要明确可见、能带来价值的结果。

敏捷除了对人的重视外，也包含在做项目的过程中以价值为先的理念。客户和团队不能预先知道全部需求，计划是必要的，但计划必须适应变化且持续调整计划。这样做的最终目的是：客户需求做得好，团队就会增强客户的竞争优势。这也说明已集成、已测试、潜在准备发布的可用产品才是衡量项目状态的关键指标，而不是以前只能看到的进度计划。同时，更能够有效地跟踪项目进度和对发布做出决策。

趣点

从“雪鸟”会议的会议记录手稿来看，4 条宣言的排序上，17 位敏捷大师有过多次反复且一定伴随了多次的讨论，但是只有第 1 条“个体和互动高于流程和工具”是始终排在第一位没有变动过的。

3.3 敏捷原则

与敏捷相互呼应的还有 12 条敏捷原则。作为 PMI-ACP®、PMP®考试的重中之重，它指导着团队如何开展工作。为了便于读者更好地理解，现将这 12 条原则分为 3 类。

1. 与目标相关的原则

- 我们最重要的目标，是通过持续不断地及早交付有价值的软件使客户满意。
- 经常交付可工作的软件，相隔几周或一两个月交付一次。倾向于采用较短的周期。
- 可工作的软件是进度的首要度量标准。

2. 与人相关的原则

- 业务人员和开发人员必须相互合作，项目中的每一天都不例外。
- 激发个体的斗志，以他们为核心搭建项目。提供所需的环境和支援，辅以信任，从而达成目标。
- 论团队内外，传递信息效果最好、效率也最高的方式是面对面的交谈。
- 最好的架构、需求和设计出自自组织团队。

3. 与过程相关的原则

- 欣然面对需求变化，即使在开发后期也一样。为了客户的竞争优势，敏捷过程掌控变化。
- 敏捷过程倡导可持续开发。责任人、开发人员和客户要能够共同维持其步调稳定延续。
- 坚持不懈地追求技术卓越和良好设计，敏捷能力由此增强。
- 以简洁为本，它是极力减少不必要工作量的艺术。
- 团队定期地反思如何能提高成效，并依此调整自身的行为。

3.4 敏捷项目生命周期

在介绍了敏捷不同的开发论之后，再来看一看项目的生命周期。项目五花八门，种类繁多，开展项目的形式也会有不同。根据《项目管理知识体系指南》(《PMBOK®指南》)定义的，有 5 种生命周期，下面逐一介绍。

3.4.1 预测型生命周期

预测型生命周期（见图 3-2）适合在高确定性的需求、稳定的团队中开展。活动通常是顺序进行。选择此类生命周期的项目，需要有详细的计划，对成果有确认的认知。在项目结束之前不向客户交付可使用的成果。而且这类项目如果遇到变更会产生很多意外，导致成本增加，进度延迟。传统的瀑布开发模型就是此类，进行大量的计划工作，然后一次性执行；比如修建一座大楼，必须先出图纸评审后，按照要求修建。

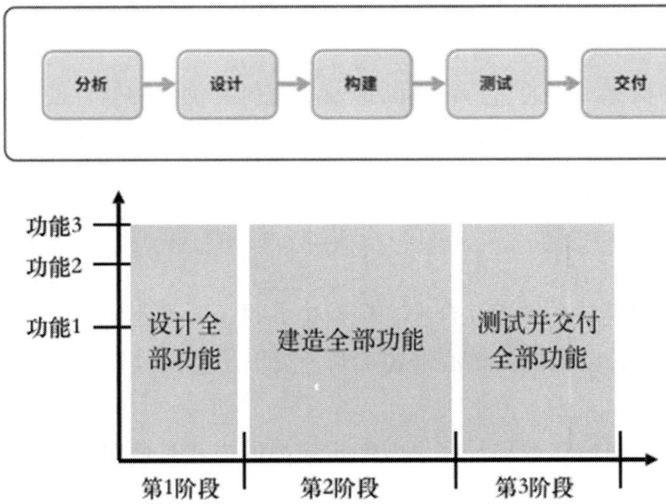

图 3-2　预测型生命周期

3.4.2 迭代型生命周期

迭代型生命周期（见图 3-3）通过连续的验证来改进产品或成果。侧重于重复开展，对可交付成果进行反馈，根据反馈持续改进。更多是时间上的体现，这样有利于识别和减少项目的不确定性。当项目复杂、变更频繁时，此类生命周期更好。比如画一幅画，先构图、画轮廓，再画细节，不停地反馈、修改。

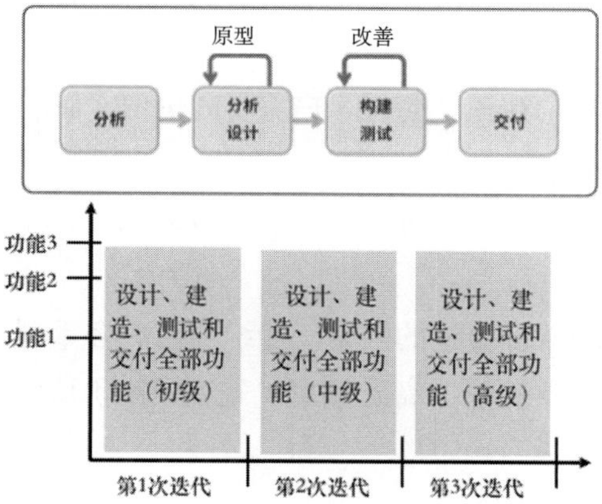

图 3-3 迭代型生命周期

3.4.3 增量型生命周期

增量型生命周期（见图 3-4）是指为了加快交付速度，不用等所有功能全部完成，客户接受先使用一部分功能。增量型生命周期侧重于少量可交付成果的频繁交付，向客户逐批提供已完成的功能（可交付成果）且是可使用的。比如一个开发一款聊天软件，先提供聊天功能，再逐渐提供发图片、发表情等功能。

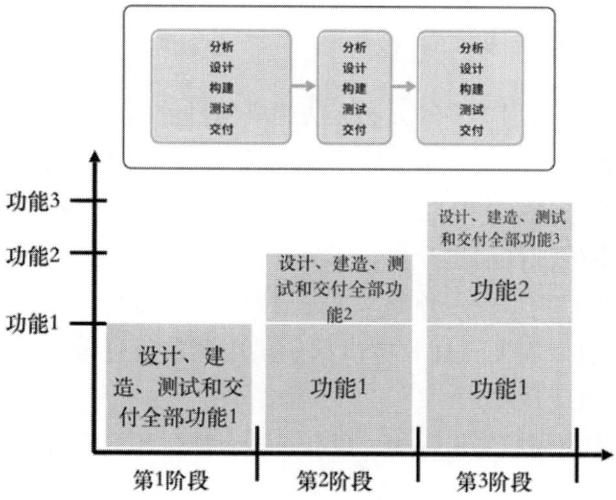

图 3-4 增量型生命周期

3.4.4 敏捷型生命周期

敏捷型生命周期是符合《敏捷宣言》原则的生命周期。它结合了迭代与增量型生命周期，提早交付可使用的可交付成果且持续增量交付可交付成果，并持续改进可交付成果，客户满意度由此提高。

当前，软件领域快速发展、用户要求不断提高、用户诉求日新月异，很难保证先期投入大量成本的项目规划是准确无误的。通过不断尝试和总结，由此产生了敏捷项目管理的三角（见图 3-5）。

价值：将目标聚焦在客户视角，交付客户需要的价值，而非站在项目角度去完成对应的待办任务。

质量：软件行业发展至今，客户对软件的依赖越来越强，要求也越来越高。这两点是项目要重点关注的内容。

约束：制约用户价值和软件质量的因素。传统项目有多重制约因素。在敏捷三角中反其道而行之，在既有的约束条件下，高质量地优先完成高价值的事情。

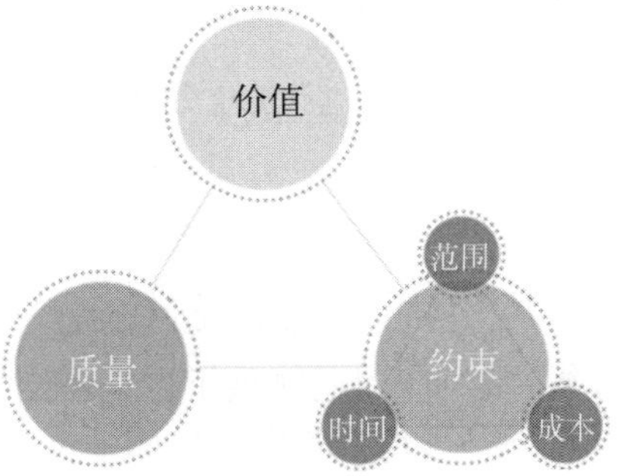

图 3-5 敏捷三角

3.4.5 混合型生命周期

现在的项目更复杂，使用单一的方法无法达成项目目标，就可以结合使用几种方法。

时间上的结合：前期用敏捷型生命周期，后期用预测型生命周期。比如，对于药品的研发前期进行药性研究时，要不停地反馈、改进；后面就严格按照注册流程进行申请注册，进行多期临床试验，并完成注册生产。

空间上的结合：项目整体使用预测型生命周期，小模块使用敏捷型生命周期。比如，建一栋楼使用预测型生命周期，而其中设计阶段用建筑信息模型（Building Information Modeling, BIM）进行敏捷开发。

总结：没有什么生命周期是最好的，只有更适合项目环境和特征的。根据自己的项目来选择合适的生命周期。

4 种生命周期的对比见表 3-1。

表 3-1 4 种生命周期的对比

生命周期类型	需　　求	特　　点	重　　点
预测型	固定	一次交付，一次执行	可预测，明确的要求
迭代型	动态	重复开展，逐渐清晰	反馈，改进
增量型	动态	针对功能，持续增加	持续交付
敏捷型	动态	结合迭代与增量型	持续交付，持续改进，价值

3.4.6 如何选择生命周期

英国组织理论家拉尔夫·D. 斯泰西（Ralph·D. Stacey）提出的模型（见图 3-6）用于对项目开发的复杂性进行分类，以方便系统（组织）选择恰当的管理行为。原本模型中 *X* 轴是确定性，*Y* 轴是认可度。而在这里把 *X* 轴替换成了技术程度，*Y* 轴替换成了需求。

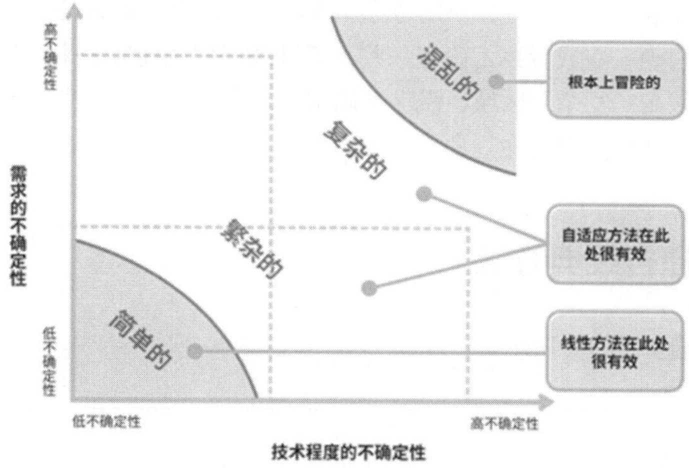

图 3-6 斯泰西模型启发的不确定性和复杂性模型（来自《敏捷实践指南》）

接下来，对照着图 3-6，用图 3-7 进行扩展说明。

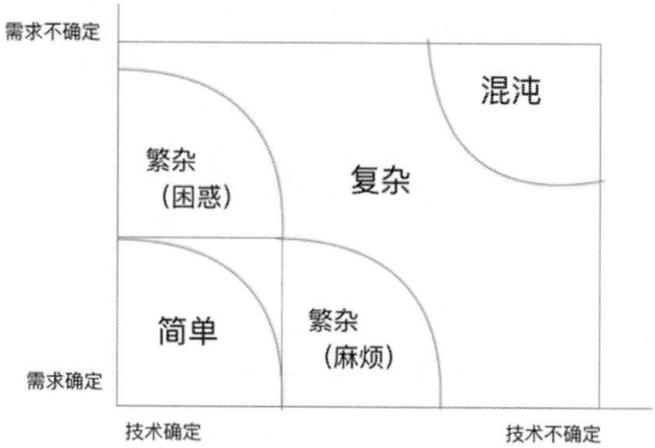

图 3-7 对斯泰西不确定性和复杂性模型的说明

（1）如果一个项目，需求很清楚，同时实现的技术也很清楚（参考图 3-7 左下角），那么就是简单的处理方法，传统的预测型生命周期可用。生活中很多这样的项目，如建筑工程，或申请开一家公司，流程清楚，按部就班执行即可。

（2）如果一个项目，需求不确定，但技术确定，就是“繁杂（困惑）”这个区域，适合采用增量型生命周期。需求是逐渐增加的。比如，一个 App 需要支付功能，但不知道使用者更常用哪种支付方式（需求不确定），可以先对接微信支付看反馈，再开通支付宝支付方式或开通银联支付方式。不管什么支付方式，技术是确定的，就采用增量型生命周期。

（3）如果一个项目，需求确定，但技术不确定，就是“繁杂（麻烦）”这个区域，适合采用迭代型生命周期。比如，有个需求是：App 的主题颜色跟随手机壳的颜色变换。但是怎么实现？是通过眼角膜分析法、脑电波扫描法、自拍采集法、硬件采集法还是动态手机壳？需要一个周期一个周期地去尝试、反馈、修改。

（4）右上角“混沌”的地方，不用考虑，无法处理。只有通过科学的发展，随着时间的推移，等需求明确一些或者技术确定一些，就继续使用敏捷方法来实现。

（5）剩下的就是“复杂”区域，需求不确定，技术也不确定，则用敏捷生命周期，结合迭代型生命周期和增量型生命周期。

3.5 敏捷各经典方法

敏捷方法集合如图 3-8 所示。

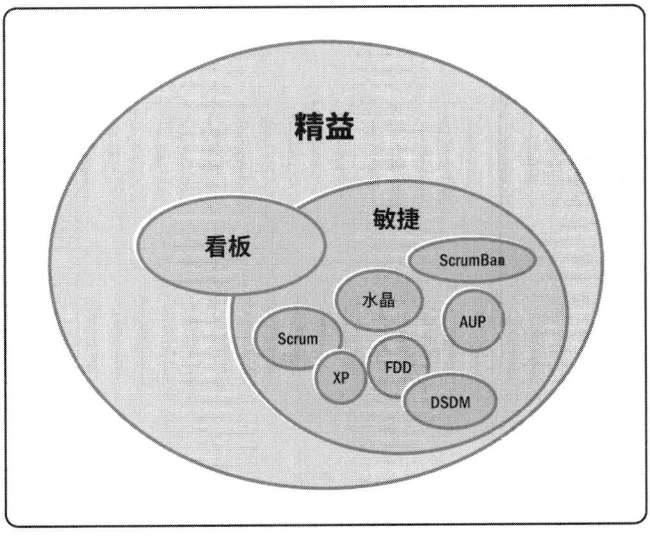

图 3-8　敏捷方法集合（来自《敏捷实践指南》）

3.5.1 Scrum 与敏捷项目管理

Scrum 框架（见图 3-9）并没有定义任何工程实践的方法（比如极限编程中要求必须测试驱动开发、重构等，但 Scrum 中这类事件没有定义），它只是提供了一个实践的框架（主要是对过程进行了定义，靠人员的自组织来进行）。这套框架基于经验方法来适应客户不断变化的需求，以其扩展性、门槛低、名字和术语更容易被项目经理接受等因素，帮助敏捷从业者快速熟悉和采用敏捷方法。

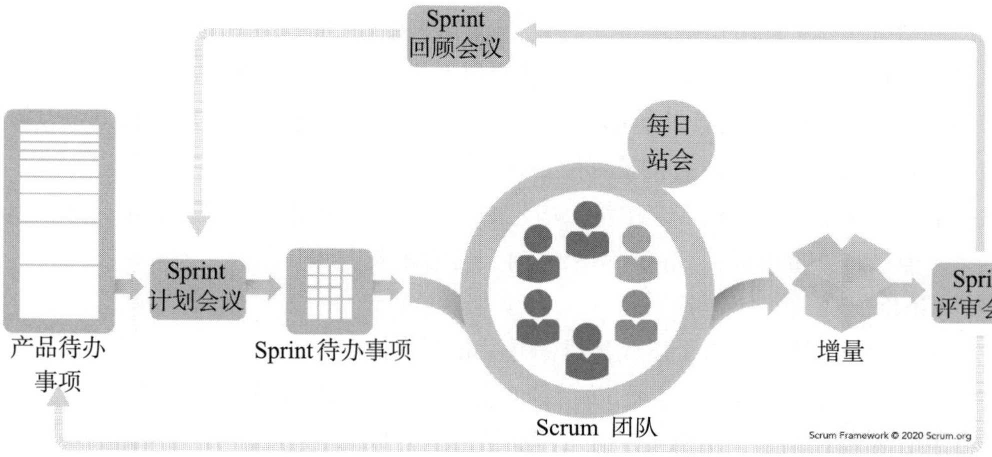

图 3-9 Scrum 2020 年新版框架（来自 Scrum 官网）

1. 支撑 Scrum 的三大支柱

Scrum 基于经验方法，经验方法意味着以事实为基础，以经验为基础，以证据为基础开展工作，特别是，进展是基于对现实的观察，而不是基于大量前期要求的虚构计划。所以，这会涉及支撑 Scrum 开展的三大支柱。

（1）透明（Transparency）。涌现的过程和工作必须对执行工作的人员和接受工作的人员都是可见的。在 Scrum 中，重要的决策是基于其 3 个正式工件的感知状态。透明度较低的工件可能导致做出降低价值并增加风险的决策。

透明使检视成为可能。没有透明的检视会产生误导和浪费。

（2）检视（Inspection）。Scrum 工件和实现商定目标的进展必须被经常地和勤勉地检视，以便发现潜在的差异或问题。为了更好地检视，Scrum 以 5 个事件的形式提供了稳定的节奏。

检视使适应成为可能。没有适应的检视是毫无意义的。Scrum 事件旨在激发改变。

（3）适应（Adaptation）。如果过程的任何方面超出可接受的范围或所得的产品不可接受，就必须对当下的过程或过程处理的内容加以调整。调整工作必须尽快执行，以尽可能减小后续可能的偏差。当所涉人员没有得到授权或不能自管理时，适应会更加困难。通过检视发现问题，Scrum 团队会进行相应调整。

2. Scrum 中的主要内容

Scrum 中最主要的内容是“3355”：3 个角色、3 个工件、5 条价值观、5 个事件。

（1）3 个角色。这 3 个角色分别是：产品负责人（Product Owner）、Scrum Master、开发团队。

（2）3 个工件。

- 产品待办事项（Product Backlog）。产品待办事项是一份涌现的和有序的清单，它列出了改进产品所需的内容，是 Scrum 团队所承担工作的唯一来源。
- 冲刺待办事项（Sprint Backlog）。冲刺待办事项由 Sprint 目标（为什么做）、为 Sprint 选择的产品待办事项（做什么），以及交付增量的可执行计划（如何做）组成。
- 增量（Increment）。每个增量都是之前所有的增量累加起来的，并经过彻底地验证，以确保整合在一起的所有增量都能工作。增量必须是可用的。

在一个 Sprint 中可以创建多个增量。增量的总和在 Sprint 评审会议中展示，从而支持经验主义。但是，增量可以在 Sprint 结束之前交付给相关方。

（3）5 条价值观。

- 承诺：Scrum 团队致力于达成其目标并且相互支持。
- 专注：专注于 Sprint 的工作，以便尽可能为达成目标获取最好的进展。
- 开放：Scrum 团队及其相关方对工作和挑战持开放态度。
- 尊重：Scrum 团队成员相互尊重，都是有能力和独立的人，并因此受到一起工作的人的尊重。
- 勇气：Scrum 团队成员有勇气做正确的事并处理棘手的问题。

（4）5 个事件。

- 冲刺（Sprint）。冲刺是 Scrum 的核心，在这里把需求转化为可交付成果，创造价值。冲刺是固定时长的事件，为期一个月或更短，以保持一致性。前一个冲刺结束后，下一个新的冲刺紧接着立即开始。

实现产品目标所需的所有工作，包括 Sprint 计划会议、每日站会、Sprint 评审会议和 Sprint 回顾会议，都发生在冲刺内。

- Sprint 计划会议（Sprint Planning Meeting）。通过安排在冲刺中要做的工作来启动冲刺。最终的计划是由整个 Scrum 团队协作创建的。
- 每日站会（Daily Scrum）。检视达成 Sprint 目标的进展，并根据需要调整适应冲刺待办事项，以调整即将进行的计划工作。
- Sprint 评审会议（Sprint Review Meeting）。检视冲刺的成果并确定未来的适应性。Scrum 团队向关键利益相关方展示工作结果，并讨论产品目标的进展情况。
- Sprint 回顾会议（Sprint Retrospective Meeting）。规划提高质量和效能的方法。识别出最有用的改变以提高其效能。最有影响力的改进将尽快得到执行。

3.5.2 精益方法与敏捷项目管理

1. 第一阶段：丰田生产方式的诞生

1950 年，日本的丰田英二考察了美国底特律福特公司的轿车厂。当时这个厂每天能生产 7000 辆轿车，比日本丰田公司一年的产量还要多。但丰田在他的考察报告中写道：“那里的生产体制还有改进的可能。”因为福特汽车公司从 20 世纪初创立第一条汽车生产流水线以来，大规模的生产流水线一直是现代工业生产的主要特征。大规模生产方式是以标准化、大批量生产来降低生产成本，提高生产效率的。

但是刚好在 1950 年这个时间点，美国此类大规模生产模式无法满足日本建立汽车工业的需求。原因如下：一是当时社会进入了一个市场需求向多样化发展的新阶段，相应地要求工业生产向多品种、小批量的方向发展，单品种、大批量的流水线生产方式的弱点日渐明显；二是日本缺少资金和外汇，无法大量购买西方的技术和设备，也没有廉价劳动力。丰田英二和他的伙伴大野耐一进行了一系列的探索和实验，根据日本的国情，提出了解决问题的方法。大野耐一先在自己负责的工厂实行一些现场管理方法，如目视管理法、一人多机、U 型设备布置法等，这是丰田生产方式的萌芽。随着大野耐一式的管理方法取得初步实效，接着开始进一步完善方法。通过对生产现场的观察和思考，提出了一系列革新，如现场改善、自动化、五问法、伙伴合作关系、拉动式生产等。这些方法不断完善，最终建立起一套适合日本的丰田生产方式。

2. 第二阶段：精益思想的提出

20 世纪七八十年代日本汽车工业的成功有目共睹。为了进一步揭开日本汽车工业成功之谜，美国麻省理工学院筹资 500 万美元从 1984 年到 1989 年，用了 5 年时间对 14 个国家的近 90 个汽车装配厂进行实地考察。他们查阅了几百份公开的简报和资料，并对西方的大量生产方式与日本的丰田生产方式进行对比分析，最后于 1990 年出版了《改变世界的机器》一书，第一次把丰田生产方式定名为“Lean Production”，即精益生产方式，自此掀起了一股学习精益生产方式的狂潮。精益生产方式的提出，把丰田生产方式从生产制造领域扩展到产品开发、协作配套、销售服务、财务管理等各个领域，贯穿于企业生产经营活动的全过程，使其内涵更加全面，更加丰富，对指导生产方式的变革更具有针对性和可操作性。

1996 年，经过 4 年的“国际汽车计划”（IMVP）第二阶段研究，詹姆斯 ·P.沃麦克（James P.Womack）和丹尼尔 · T.琼斯（Daniel T.Jones）合著了《精益思想》这本书。该书弥补了前一研究成果并没有对学习精益生产的方法提供多少指导的不足，描述了学习丰田方法的关键原则，并且通过例子讲述了各行各业均可遵从的行动步骤。精益生产方式由经验变成为理论，新的生产方式正式诞生。

3. 第三阶段：精益思想的革新

在此阶段，首先很多美国大企业将精益生产方式与本公司实际相结合，创造出了适合本企业需要的管理体系。例如，1999 年美国联合技术公司（UTC）的 ACE（Achieving Competitive Excellence，获取竞争性优势）管理、精益六西格玛管理、波音的群策群力、通用汽车 1998 年的竞争制造系统（GM Competitive MFG System）等。这些管理体系实质上应用了精益生产的思想，并将其方法具体化。

其次，精益思想跨出了它的诞生地——制造业，作为一种普遍的管理哲理在各个行业传播和应用，先后成功地在建筑设计和施工中应用，在服务行业、民航和运输业、医疗保健领域、通信和邮政管理，以及软件开发和编程等领域应用。比如将精益思想融入技术开发和 IT 运营中，诞生了精益软件开发和看板方法，使精益生产系统更加完善。

（1）精益软件开发。把精益的思想里引入软件行业，诞生了以下 7 条基本的开发原则。

- 尊重一线人员：他们最知道发生了什么，知道当前情况下的最佳应对方法。
- 消除浪费：不必要的功能、代码软件开发过程的延迟、不明确的需求、烦琐低效的内部沟通都是浪费。要不断地找出它们并消除它们。
- 增强学习：软件开发是个持续学习的过程，使用短周期的冲刺（每个冲刺都应包括重构和集成测试）可以加速学习过程。
- 延迟决定：软件开发通常有一定的不确定性，尽可能延迟决定，直到能够基于事实而不是不确定的假定和预测来做出决定。系统越复杂，其容纳变化的能力就应该越强，使其能够做出推迟重要及关键的决定。
- 嵌入质量：在开发流程的每一个阶段，都保证可交付成果的质量，最终产品的质量就能以最低的代价实现。
- 快速交付：客户更早地得到产品价值，能使产品更快地投入市场。
- 整体优化：通常的表现不好不是某一个局部的不好，而是各局部之间的协调配合不好，所以要改善时要全盘检视才能有价值。

（2）看板方法。看板方法是一种日式管理哲学，字面意思是“信号”。看板方法来自精益。看板主要推动过程中工作的可视化及对团队允许的过程中工作的数量进行限制。在一个典型的看板环境中，团队每位成员正在进行的工作都会显示在看板面板上，看板面板展示了工作及其完整的流程阶段。团队成员只有先完成手头上的工作才能承接下一项任务，此为限制过程中工作。

一个软件开发的流程可以看作是一段自来水管道，特性需求从一端进入，经过改进的软件从另一端涌现出来。这样生产线管理背后所蕴含的原理就能适用。

看板方法主要是通过使开发过程可视化（参考图 3-10），建立起拉动系统。识别并消除开发过程的瓶颈，并通过后续的持续改进，消除一个又一个新出现的瓶颈，从而让开发过程中的各个环节协同一致，提高生产效率。

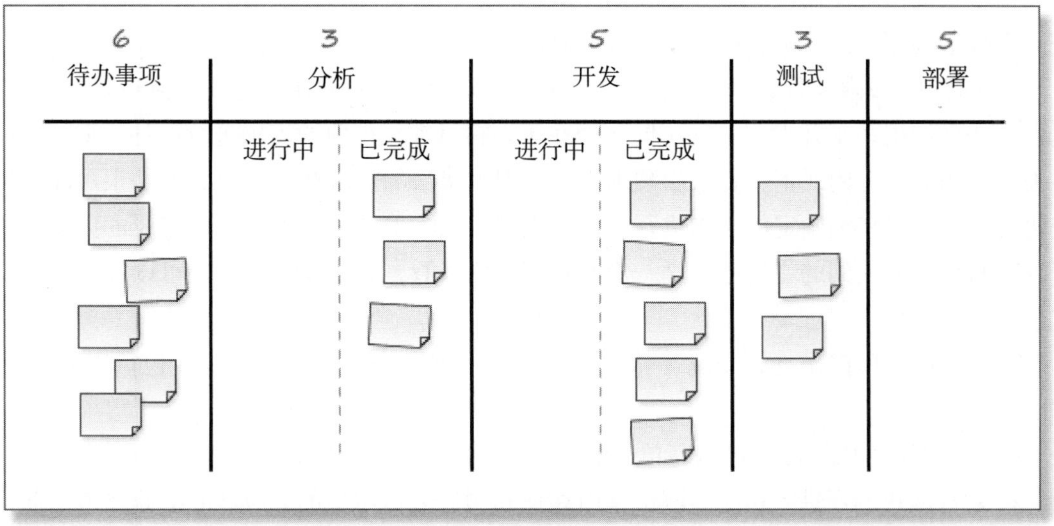

图 3-10　看板示例

看板方法有 5 个特性：可视化工作流程；限制进行中的工作（Work-in-progress）；度量和管理流动；明确过程策略；使用模型来识别改进机会。

总体来说，精益生产方式经过了 3 个阶段，从具体的方法发展为一门管理的哲学，从制造业进入各行各业，最终把它的核心思想——消除浪费、关注质量、持续改进、关注员工、可视看板体系等，融入每个行业（包括软件开发行业）的微观工作中，才真正有了敏捷方法诞生的土壤。

3.5.3　极限编程与敏捷项目管理

极限编程是肯特·贝克（Kent Beck）在 20 世纪 90 年代提出的软件开发方法。极限编程和传统方法学的本质不同在于它更强调可适应性而不是可预测性。极限编程的支持者认为软件需求的不断变化是很自然的，是软件项目开发中不可避免的，也是应该欣然接受的现象。和传统的在项目起始阶段定义好所有需求再费尽心思地控制变化的方法相比，在项目周期的任何阶段去适应变化，更加现实也更有效。极限编程最为重视工程实践，将《敏捷宣言》的第二条“工作的软件高于详尽的文档”发挥到了极致。

极限编程核心的测试驱动开发、持续集成、用户故事等具体落地的实践，给 IT 研发团队提供了明确有效的指导，使他们得以随时使软件处于可工作、可交付的状态，使冲刺交付高质量软件成为可能。

1. 极限编程的价值观

极限编程的价值观是：沟通、简单、反馈、勇气和尊重。

（1）沟通。沟通可以明确系统的具体需求。在传统的瀑布开发中，系统中具体需求是以文档形式提供的。而极限编程中提倡向所有开发人员提供共享系统的视角，这一视角又是与系统最终用户的视角相吻合。所以鼓励经常进行口头交流与反馈。

（2）简单。极限编程鼓励从最简单的解决方式入手，再通过不断重构达到更好的结果。这种方法与传统系统开发方式的不同之处在于，它只针对当前的需求进行设计、编码，而不去理会明天、下周或下个月会出现的需求。因为将来的需求在没提出之前是很可能发生变化的。为了将来不确定的需求进行设计和编码，意味着在一些可能并不需要的方面浪费资源。而与之前提到的“沟通”这一价值观相关联来看，简化设计与编码可以提高沟通的质量。

（3）反馈。反馈是与“交流”“简单”这两条价值观紧密联系的。反馈包括以下 3 个方面。

- 来自系统的反馈：通过编写单元测试，程序员能够很直观地得到修改后系统的状态。
- 来自客户的反馈：功能性测试是由客户和测试人员编写的。他们能由此知道当前系统的状态。这样的评审一般 2~3 周进行一次，客户可以非常容易地了解和掌控开发的进度。
- 来自小组的反馈：当客户带着新需求参加项目计划会议时，小组可以直接评估实现新需求所需要的时间，然后反馈给客户。

（4）勇气。极限编程的开发人员必须要有重构的勇气，有不怕未来会出现变化的勇气。勇气让开发人员工作起来更舒适，更能应对各种问题。

（5）尊重。尊重包括两方面，即团队成员间的互相尊重和团队成员对于他们工作的尊重。

- 团队成员间的互相尊重：每个人保证提交的任何改变不会导致编译无法通过，或者导致现有的测试案例失败，或者以其他方式导致工作延期。
- 团队成员对于他们工作的尊重：坚持追求高质量，坚持通过重构的手段来为手头的工作找到最好的解决设计方案。

2. 极限编程提供的 12 个核心实践

极限编程提供 12 个核心实践（见图 3-11），按照从外到内的层次递进分别为：整体实践（entire team practice）、开发团队实践（development team practice）、开发者实践（developer practice）。

（1）整体实践。整体实践包括：现场客户（On-site Customer）、策划游戏（Planning Game）、小型发布（Small Release）。

1）现场客户。极限编程项目的所有贡献者坐在一起。这个团队必须包括一个“客户”业务代表，以回答团队问题，确定优先级并在必要时解决纠纷。极限编程团队中的每个人都可以以任何方式做出贡献。最好的团队没有特殊人物。

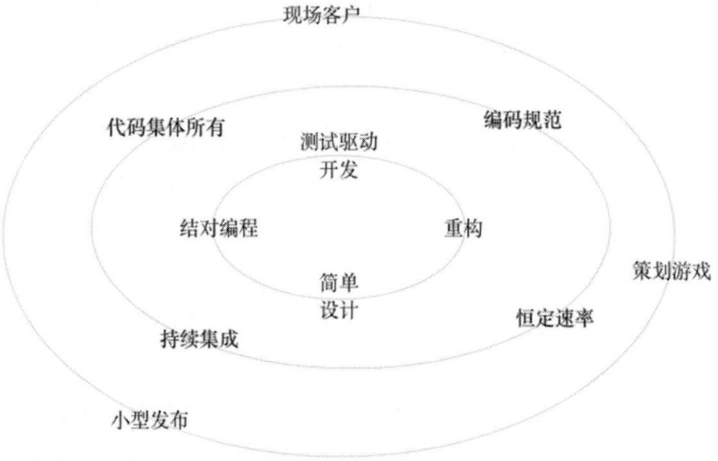

图 3-11　极限编程十二大实践

2）策划游戏。在冲刺周期开始时召开的会议。开发团队和客户聚在一起讨论并确定产品的功能。在策划游戏结束时，开发人员做计划列出即将进行的冲刺和发布，并为每个任务分配任务。

3）小型发布。每个周期开发完成的需求是用户最需要的东西。在极限编程中，每个周期完成时要发布系统。这样，软件开发不再是看不见摸不着的东西，而具有实实在在的价值。极限编程要求频繁地发布软件，这些版本的一致性和可靠性靠验收测试和测试驱动开发来保证，通过持续集成来实现。

（2）开发团队实践。开发团队实践包括：代码集体所有（Team Code Ownership）、编码标准 / 约束（Coding Standard / Convention）、恒定速率（Sustainable Pace，也称 40 小时工作周）、系统隐喻（System Metaphor）、持续集成（Continuous Integration/Build）。

1）代码集体所有。在很多项目中，开发人员只维护自己的代码，而且不喜欢其他人修改自己的代码。因此，即使有相应的比较详细的开发文档，程序员也很少甚至不太愿意去读其他程序员的代码。而且因为不清楚其他人的程序到底实现了什么功能，程序员一般也不敢随便改动其他人的代码。同时，因为自己维护自己的代码，可能因为时间紧张或技术水平的局限性，某些问题一直无法发现或比较好地解决。针对这点，极限编程提倡大家共同拥有代码，每个人都有权利和义务阅读其他代码，发现和纠正错误，重整和优化代码。这样，这些代码就是由整个项目开发团队共同完成的，错误会减少很多，最大限度提高重用性，代码质量会非常好。

2）编码标准 / 约束。极限编程开发团队中的所有人都遵循统一的编程标准，因此所有的代码看起来好像是一个人写的。因为有了统一的编程规范，每个程序员更加容易读懂其他人写的代码，这是实现集体代码所有的重要前提之一。

3）恒定速率（也称 40 小时工作周）。极限编程团队处于高效工作状态，并保持可以无限期持续下去的状态。保持工作与生活的平衡，以防止专业人员疲倦。在极限编程中，最佳工作时间数每周不得超过 45 小时。只有在下周不再加班的情况下，本周才可能加班。

4）系统隐喻。为了帮助每人一致清楚地理解要完成的客户需求、要开发的系统功能，极限编程开发团队用很多形象的比喻来描述系统或功能模块是怎样工作的。首先，设计及其结构必须是新人可以理解的。新人应该能够马上开始工作，而不必花费太多时间检查规范。其次，类和方法的命名应保持一致。开发人员应将对象命名定义为已存在，以使整个系统设计易于理解。

5）持续集成。在很多项目中，往往很晚才能把各个模块整合在一起。在整合过程中，开发人员经常发现很多问题，但不能肯定到底是谁的模块出了问题，而且只有整合完成后，开发人员才开始使用整个系统，然后马上交付客户验收。对于客户来说，即使这些系统能够通过最终验收测试，但是因为使用时间短，客户心里并没有多少把握。为了解决这些问题，极限编程提出，在整个项目开发过程中，应该频繁地、尽可能早地整合已经开发完的用户故事（User Story）。每次整合，都要进行相应的单元测试和验收测试，保证软件符合客户和开发的要求。整合后，发布一个新的应用系统。这样，在整个项目开发过程中，几乎每隔一两天，都会发布一个新系统，有时甚至会一天发布若干个版本。通过这个过程，客户能非常清楚地掌握已经完成的功能和开发进度，并基于这些情况和开发人员进行有效、及时的交流，以确保项目顺利完成。

（3）开发者实践。开发者实践包括：简单设计（Simple Design）、结对编程（Pair Programming）、测试驱动开发（Test driven Development）、重构（Refactoring）。

1）简单设计。极限编程要求用最简单的办法实现每个小需求，前提是按照简单设计所开发的软件必须通过测试。这些设计能满足系统和客户当下的需求即可，不需要任何多余的设计，而且所有这些设计都将在后续的开发过程中被不断地重整和优化。在极限编程中，没有传统开发模式中一次性的、针对所有需求的总体设计。在极限编程中，设计过程几乎贯穿着整个项目开发：从制订项目的计划，到制订每个开发周期的计划，到针对每个需求模块的简捷设计，再到设计的复核，以及一直不间断的设计重整和优化。整个设计过程是一个螺旋式的、不断前进和发展的过程。从这个角度看，极限编程把设计做到了极致。

2）结对编程。在极限编程中，所有的代码是由两个程序员在同一台机器上一起写的，这保证了所有的代码、设计和单元测试至少被另一个人复核过，代码、设计和测试的质量因此得到提高。看起来这样是在浪费人力资源，但是各种研究表明，这种工作方式极大地提高了工作强度和工作效率。在项目开发中，每个人会不断地更换合作编程的伙伴，这种结对编程不但提高了软件质量，而且增强了相互之间的知识交流和更新，增强了相互之间的沟通和理解，不但有利于个人，也有利于整个项目、开发团队和公司。

3）测试驱动开发（TDD）。在软件开发中，只有经过充分的测试才能获得充分的反馈。极限编程要求在代码发布之前编写一个自动化的单元测试。按照这种方法，每段代码都必须通过测试才能发布。因此，软件工程师专注于编写能够完成所需功能的代码。这就是 TDD 允许程序员使用即时反馈来生成可靠软件的方式的原因。

4）重构。极限编程强调简单的设计，但简单的设计并不是没有设计的流水账式的程序，也不是没有结构、缺乏重用性的设计。开发人员虽然对每个用户故事都进行简单设计，但同时也在不断地对设计进行改进，这个过程叫设计的重构。重构的目标是不断改进代码。重构涉及消除冗余，消除不必要的功能，提高代码一致性，以及解耦元素。重构使代码保持简洁明了，以便任何极限编程团队成员都可以根据需要轻松理解和修改代码。

总之，极限编程实施原则是：**快速反馈；假设简单；包容变化**。

3.5.4　其他敏捷方法与敏捷项目管理

1．动态系统开发方法（DSDM）

动态系统开发方法是一个敏捷项目开发交付框架，主要作为一种软件开发方法使用。这个框架包含了许多当前有关项目管理的主要知识。DSDM 基于软件开发团体，软件开发和工程进度是相交的，因此商业开发项目让 DSDM 成为一种解决复杂问题的常见解决方案。DSDM 框架能够同时实现敏捷和传统开发过程。

它在许多方面类似于 Scrum 和极限编程，但它的最佳用途在于有固定的时间要求的项目。在传统开发方法中，功能是固定的，时间和人力资源是可变的；而在 DSDM 中，时间是固定的，功能和资源是可变的。

2．水晶方法

水晶方法（Crystal）是由阿利斯泰尔·科伯恩和吉姆·海史密斯建立的敏捷方法系列。强调软件开发的灵活和轻便。水晶架构也是通过迭代来运作，并且有 3 个基本过程：章程、交付迭代、项目总结。

水晶纲领包括：建设团队→做探索性的 360→为团队定义实践标准→建立初始项目计划。

水晶系列与极限编程一样，都有以人为中心的理念，也包括协作性事件，比如每日站会和反思提高研讨会。在完成时，团队总结项目并举行完成仪式，在此团队反思整个项目。但在实践上会有所不同。

水晶方法有 7 个特征：①经常交付；②反思改进；③渗透式沟通；④个人安全；⑤焦点；⑥与专家、用户建立方便的联系；⑦配有自动测试、配置管理和经常集成功能的技术环境。

3．特征驱动开发（FDD）

特征驱动开发来源于新加坡的一个大型软件开发项目，由软件专家杰夫·德·卢卡（Jeff de Luca）、埃里克·勒菲布夫尔（Eric Lefebvre）、彼得·考德（Peter Coad）共同提出。它强调特征驱动，快速迭代，既能保证快速开发，又能保证适当文档和质量。

FDD 方法包括 5 个过程：①开发整体模型；②构建功能列表；③计划功能开发；④按

照功能设计；⑤按照功能构建。

其中，步骤④和⑤是反复的迭代过程。

3.5.5 各主流敏捷方法对比

上述各小节介绍了目前比较主流，同时也是 PMI-ACP®认证考试中，最常出现的一些敏捷方法，其中尤其以 Scrum、极限编程的内容出现最多。需要注意的是，Scrum 里的 Sprint（冲刺）与极限编程中的 Iteration（迭代）意思类似，都是指通过时间上的重复以进行增量开发的过程，本书使用 Sprint（冲刺）。这些方法的对比见表 3-2。

表 3-2 敏捷方法对比

条目	Scrum	看板	极限编程	精益方法	DevOps	LeSS
角色	Product Owner、Scrum Master、开发团队	无规定	极限编程教练、现场客户、开发团队	Process Owner	DevOps Master、Product Owner、流水线工程师	区域产品负责人、教练
特点	小规模的、跨功能的自组织团队	将流程可视化，每一列显示单件流，度量生产周期	轻量级的、灵巧的软件开发方法	最小可交付产品，讲究减少浪费并追求客户利益最大化	敏捷 2.0 企业级敏捷框架，基于精益、DAD 等方法构建持续交付流水线	基于 Scrum 规模化敏捷的方法之一
重要内容	3355	5 个特性	12 核心实践	7 条原则	CLAMS 原则	不要异地、不要外包
迭代	2～4 周	无规定	1～2 周	无规定	按客户需求进行价值交付	2～4 周
可视化	一块 Scrum 板	看板不强制要求跨功能团队	大白板 用户故事、CRC 卡都贴在上面	个人看板、团队看板、改进看板	DevOps 看板	多块 Scrum 板
相关名词	冲刺、时间盒、DoD（完成的定义）	信息辐射源、拉动生产、WIP（限制在制品）、累积流量图、价值流图、前置时间、瓶颈、每日站会	Iteration（迭代）、Spike（刺探）、用户故事、发布计划、团队速率、TDD、持续集成、持续发布、结对编程、重构、测试、每日站会	延迟决定	持续集成、持续交付、持续部署、排队理论	追求完美的持续改进、组件开发、特性开发、精益思考、系统思考、经验过程控制、排队理论

续表

条　　目	Scrum	看　　板	极限编程	精益方法	DevOps	LeSS
价值观与特性	承诺、专注、开放、尊重、勇气	看板的原则是“一件出去，一件进来”（由 WIP 驱动）	沟通、简单、反馈、勇气、尊重	价值观、价值流、流动、拉动、尽善尽美	人和流程比解决业务问题的任何技术“银弹”更重要	原则越少，框架就越少

3.6　本章练习题

1. 下列选项中，最恰当地说明了敏捷欢迎需求变更原因的是（　　）。

A. 拥抱变更的观念可能会减少需求变更

B. 给客户带来竞争优势

C. 自我组织的团队能立刻适应变化

D. 持续改善

2. Scrum 团队理想的团队规模是（　　）。

A. 4 ~ 12 人　　B. 取决于团队初始规模

C. 5 ~ 9 人　　D. 传递最大价值给客户的任意人数

3. 下列观点中，产生了测试驱动开发的是（　　）。

A. 先创建测试用例将节省项目时间

B. 软件应该按照会被接受的前提而编写

C. 开发人员应该创建肯定能通过测试的软件

D. 如果构造适当的测试用例，并为了正确运行这些测试用例而严格编写代码，无差错的软件是可以实现的

4. 周先生已经提交了技术上具有挑战性的模块代码。这段代码只有他一个人能理解，但是他没有写任何文档去解释这段代码的功能。这导致一个团队成员抱怨难以看懂。但是周先生却忽视这些抱怨并开始开发下一个模块。下列选项正确的是（　　）。

A. 只有在有充足文档存在的情况下才能提交代码

B. 所有代码由全体成员共同拥有和维护

C. 周先生只有在现在的模块代码和功能被确认后才能继续开发下一个模块

D. 团队存在冲突应立即处理

5. 在敏捷项目中，除非另有说明，文档应该（　　）。

A. 不存在

B. 刚好够

C. 全面但不详尽

D. 足够到当你临时离开团队时新人能胜任你的工作

6. 关于时间盒叙述错误的是（　　）。

A. 使用时间盒的项目仍然使用迭代完成工作

B. 时间盒帮助团队保持一种紧迫感

C. 时间盒使风险从客户价值转移到技术难度上

D. 只有在规定时间内能完成的功能才包含在时间盒内

7. 下列关于极限编程的叙述错误的是（　　）。

A. 极限编程编程人员结对工作

B. 极限编程鼓励编程人员承担略微比上次更多的故事点

C. 极限编程实行相比别的方法更短周期的迭代

D. 极限编程鼓励团队只做一次

8. 精益追求（　　）。

A. 最大化未开展的工作　　B. 最大化可持续性

C. 最大化故事的进度　　D. 最大化价值交付速度

9. 测试驱动开发的特点是（　　）。

A. 测试、编码、重构、交付　　B. 编码、测试、重构、交付

C. 编码、重构、测试、交付　　D. 测试、编码、交付、重构

10. 一个组织刚刚开始拥抱敏捷的准则，他们期望看到的将是（　　）。

A. 项目的风险下降　　B. 更多的需求变更

C. 成交量下降　　D. 最初更多地投诉高级管理人员

11. 下列中，可以找到结对编程的程序员的是（　　）。

A. Scrum　　B. 精益

C. 瀑布式开发　　D. 极限编程

12. 在敏捷宣言中没有提及的是（　　）。

A. 全面的文档　　B. 持续的改善

C. 合同谈判　　D. 过程和工具

13. 下列选项中，反映了敏捷的原则的是（　　）。

A. 围绕被激励起来的个体来构建项目

B. 围绕从高层需求中捕捉的用户故事来构建项目

C. 围绕项目进度而不是产品来构建项目

D. 围绕项目产品而不是进度来构建项目

14. 执行机构的高级管理人员要求敏捷团队提供详细的项目计划。最好的回应是（　　）。

A. 同高级管理人员提供产品路线

B. 借此机会向高级管理人员灌输敏捷原则

C. 让团队编写缩略版的只包含关键内容的项目计划

D. 为高级管理者开发一个信息发射源

15. 一个组织的 PMO 有 3 个敏捷项目，每个项目实现的敏捷原则都不相同。PMO 应该（　　）。

A. 关注挣值管理和客观指标，不应该关心团队怎样执行工作

B. 定义敏捷项目如何在组织内运行

C. 接受敏捷在不同项目的实施方式不同

D. 配置所有的敏捷项目，从而允许团队进行自我组织

16. 敏捷项目管理和瀑布式项目管理的相似点是（　　）。

A. 两者都欢迎需求变更　　B. 两者都实行短周期或迭代

C. 两者都把项目分成阶段　　D. 两者都进行分析和规划

17. 最好地表达了 Scrum 价值的是（　　）。

A. 集中、自省、适应　　B. 沟通、持续、适应

C. 现实、持续、适应　　D. 可视、检查、适应

18. 敏捷项目管理和传统项目管理主要的不同点是（　　）。

A. 敏捷项目管理主张适应，传统项目管理主张预期

B. 敏捷项目管理主张共识，传统项目管理主张 PDCA

C 敏捷项目管理聚焦产品，传统项目管理聚焦过程

D. 敏捷项目管理主张团队合作，传统项目管理主张组织控制

19. 你正在向一个组织介绍敏捷准则。一个高级经理问了在敏捷中规划的重要性，最能够帮助解释这一点的是（　　）。

A. 敏捷项目重视客户协助作多于遵循计划

B. 敏捷项目主张计划接近实际工作

C. 敏捷项目计划少于传统项目

D. 敏捷项目不重视计划

20. 下列不属于精益原则的是（　　）。

A. 尽早测试　　B. 全盘检视

C. 延迟决策　　D. 构建完整性

21. 敏捷团队提高客户参与度的方法是（　　）。

A. 在团队与客户之间确保定期沟通

B. 用奖励和回扣鼓励客户对已完成特征的认同

C. 运用缺陷信息发射器展示客户会议缺席

D. 每两周进行一次团队与客户的沟通

22. 精益软件开发的重点原则是（　　）

A. 设计子系统，尽早决策并及时交付

B. 设计全系统（通观全程），延迟决策并迅速交付

C. 设计全系统，延迟决策并一次交付

D. 设计全面，尽早决策并及时交付

23. 对一个组织而言，下列哪个迹象表明敏捷作为一个新的项目方法是合适的是（　　）。

A. 为了增加收入，该组织重视竞争、非合作的环境

B. 该组织会在产品满足客户要求的最后时期再一次评审产品

C. 该组织重视严格的、不易更改的项目管理技巧

D. 该组织会把客户代表协作进项目，归属于项目成果

24. 价值流程图对于识别流程中存在的浪费区域相当重要，而 WIDETOM 则用来记录浪费的不同形式。W 在 WIDETOM 中代表（　　）。

A. 缺乏　　B. 观察

C. 等待　　D. 进行中

25. 海史密斯敏捷项目管理和传统项目管理共有的阶段是（　　）。

A. 推测　　B. 结束

C. 适应　　D. 执行

26. 并非所有的敏捷工作在首次便获得成功，那么常见的失败原因是（　　）。

A. 缺乏支持严格的自上而下决策方式的文化

B. 缺乏支持瀑布式开发方法的文化

C. 缺乏支持变化的文化

D. 缺乏支持严格的需求管理的定义的文化

27. 一名关键人员为获得更多的知名度和赞誉，在不同项目之间转换。然而，他所负责的项目工作越来越多，已经超出了他可以承受的范围。敏捷项目践行者应该（　　）。

A. 允许该人员继续在项目之间转换，以提高客户价值

B. 要求管理层确保该人员一次只能在一个项目中可用

C. 为项目添加更多的人员，以确保工作分享

D. 鼓励该人员进行时间管理培训

28. 能够最好地应用敏捷的项目环境是（　　）。

A. 一个混乱的环境

B. 一个需要相对复杂决策的环境

C. 一个相对接近一致和确定的环境

D. 一个相当不一致和不确定的环境

29. 要在敏捷开发中避免固定价合同的原因是（　　）。

A. 固定价格表明时间和材料成本不会超过一定的临界，这将导致敏捷实施中形成过大的压力

B. 固定价格表明规划也是固定的，敏捷开发成果会被限制

C. 固定价格表明收入结构也固定在某个对开发补偿存有问题的点上

D. 固定价格表明范围也是固定的，阻碍了客户在范围之外开拓可能有助于产品增值的创新思想

30. 某公司着手一项厨房用具制造的项目，旨在生产现代烤箱。这个项目对该公司和周先生的职业生涯都非常重要。为了向高层管理人员阐释敏捷最佳实践，周先生会强调的敏捷三角中的 3 个参数是（　　）。

A. 价值、成本、约束　　B. 进度、范围、约束

C. 价值、质量、约束　　D. 成本、质量、价值

1	2	3	4	5	6	7	8	9	10
B	C	B	B	B	D	B	A	A	B
11	12	13	14	15	16	17	18	19	20
D	B	A	B	C	D	D	A	B	A
21	22	23	24	25	26	27	28	29	30
A	B	D	C	A	C	B	B	D	C

1.【解析】答案 B。考点“敏捷基础知识：《敏捷宣言》”。《敏捷宣言》背后的原则第二条写明：“欢迎对需求提出变更，即使是在项目开发后期。要善于利用需求变更，帮助客户获得竞争优势。”扩展考点：《敏捷宣言》背后的 12 条原则。

2.【解析】答案 C。考点“敏捷基础知识：Scrum”。根据由施瓦伯（Schwaber）和萨瑟兰（Sutherland）共同编写的《Scrum 指南》中的内容，最合适的团队规模是 7±2 人。扩展考点：两个披萨原则。

3.【解析】答案 B。考点“敏捷基础知识：极限编程实践”。测试驱动开发是先定义验收测试，然后围绕这些测试设计模块、等级和功能，软件根据怎样会被接受这一前提而编写。当按此正确完成后，软件肯定能通过测试并通过验收。扩展考点：测试驱动开发的管理过程。

4.【解析】答案 B。考点“敏捷基础知识：极限编程实践”。敏捷的一个宗旨就是软件由集体共同维护，由团队负责。扩展考点：极限编程的 12 个核心实践。

5.【解析】答案 B。考点“敏捷原则与思维方式”。工作的软件高于详尽的文档，在敏捷项目中对文档的期望水平经常描述为刚好足够。

6.【解析】答案 D。考点“敏捷基础知识”。时间盒是管理某个时间被限定的项目的一种方法。“完成”的说法有问题，应该是只有在规定时间内通过验收的功能包含在时间盒内。A 不是最佳选项，因为时间盒和别的方法一样仍然使用迭代。扩展考点：敏捷相关会议的时间应随迭代变化而变化。

7.【解析】答案 B。考点“敏捷基础知识：极限编程实践”。编程开发人员结对可以不

用提交比以前完成的迭代版本更多的故事点。这个题目问哪个选项是错误的，因此 B 是最好的选项。选项 A 没有错误，因为极限编程的确是结对编程的。选项 C 的描述没有错误，因为迭代比其他开发方法时间要短（一般是一周）。扩展考点：极限编程鼓励团队只做一次。

8.【解析】答案 A。考点“敏捷基础知识：精益”。精益支持减少浪费。达到此目的的一种方式是将未开展的工作最大化。这其实就是精益原则之一“延迟决策”的另一个说法。对流程而言，等到真正需要做改变的时候再做决策，提前的变更只会增加无形的成本。对人而言，等到做决策所需要的信息较充分后，再做判断会比较正确。扩展考点：精益五原则。

9.【解析】答案 A。考点“敏捷知识：极限编程”。正确的测试驱动开发是测试、编码、重构和交付。如果感觉不可能在编码之前测试，考虑先创建测试用例，然后在编写代码之前把它们构造进模块，编写模块，通过测试，最后通过重构交付给客户。扩展考点：测试驱动开发的流程或重构的定义与特点。

10.【解析】答案 B。考点“敏捷原则与思维模式”。一个拥抱敏捷的组织应该期望更多变更请求，因为敏捷欢迎需求变更，即使在项目后期才提出变更。扩展考点：拥抱变化。

11.【解析】答案 D。考点“敏捷知识：极限编程”。在极限编程项目中，程序员是结对工作的。扩展考点：结对编程的相互学习方法与模式。

12.【解析】答案 B。考点“敏捷宣言”。持续改善是一个非常敏捷的概念，但在敏捷宣言中没有提及。扩展考点：考纲原文。

13.【解析】答案 A。考点“敏捷原则和思维方式”。选项 B、D 不符合敏捷的原则。敏捷是自组织团队来开展工作的。扩展考点：考纲原文。

14.【解析】答案 B。考点“敏捷原则和思维方式”。敏捷团队不会制订详细的项目计划，所以最好告诉高级经理团队将交付有用的、产生价值的软件来代替提及详细计划。扩展考点：考纲原文。

15.【解析】答案 C。考点“敏捷原则和思维方式”。不是所有项目的敏捷都看起来完全相同。授权团队可以自己设置。选项 A 将导致沟通问题，根本没必要这么做。选项 B 是一个愚蠢的方法，也许会导致更多的问题。选项 D 也是错误的，因为这更像一种命令和控制方法。扩展考点：规模化敏捷的管理模式。

16.【解析】答案 D。考点“敏捷方法”。这两种方法都进行规划和分析。扩展考点：瀑布式项目管理的不足。

17.【解析】答案 D。考点“敏捷基础知识：Scrum”。Scrum 的三大支柱：可视性、检验和适应性。扩展考点：极限编程的价值观。

18.【解析】答案 A。考点“敏捷基础知识”。敏捷项目和传统项目有很多不同点，其中之一就是敏捷项目主张能够适应环境和做改变，而传统项目喜欢预判请求和变化。

19.【解析】答案 B。考点“敏捷原则与思维方式”。敏捷项目也需要计划。扩展考点：

敏捷渐进式规划、敏捷渐进明细。

20.【解析】答案 A。考点“精益思想”。精益有几个核心原则，包括选项 B、C、D。“尽早测试”不是精益的核心。

21.【解析】答案 A。考点“相关方参与”。敏捷方法特别强调客户直接参与，以保证产品的质量和价值。提高客户的参与度，其中一个方法便是在团队与客户之间确保定期沟通。扩展考点：相关方参与考纲。

22.【解析】答案 B。考点“敏捷基础知识：精益”。精益软件开发的原则是：①清除浪费；②强化学习；③延迟决策；④尽早交付；⑤授权团队；⑥构建完整性；⑦全盘检视。

23.【解析】答案 D。考点“相关方参与”。敏捷最适合于协作的、强调信任、适应性和集体所有权的团队。外部客户重视参与是积极协作的一种体现。选项 A 不对，因为敏捷非常强调合作。扩展考点：相关方参与。

24.【解析】答案 C。考点“敏捷基础知识：精益”。价值流图是敏捷采用的精益生产分析技能。一张价值流图可能用于分析信息或者材料的流动，从它们的源地到重点，以此来识别浪费区域。识别出的区域成为流程可完善的地方。浪费的形式可用 WIDETOM 来记忆：

W——Waiting，等待；

I——Inventory，库存；

D——Defects，缺陷；

E——Extra Processing，额外流程；

T——Transportation，运输；

O——Over-production，过度生产；

M——Motion，动态。

25.【解析】答案 A。考点“敏捷基础知识”。吉姆·海史密斯敏捷项目管理模型包括以下 5 个阶段：构想，推测，探索，适应和结束阶段。

26.【解析】答案 C。考点“敏捷基础知识”。根据亚伦·桑德斯（Aaron Saunders）所说，敏捷失败（失败模式）的前 12 条如下。

（1）核算承诺没有自动产生组织变化或支持。

（2）文化不支持变化。

（3）文化没有反思，或者执行反思不足。

（4）在项目关闭过程中丢失标准和质量。

（5）计划中缺乏协作。

（6）缺乏或者过多产品负责人。

（7）项目领导力不足，或者 Scrum 导师不信任团队并允许团队自主管理和自我约束。

（8）没有现场的敏捷支持者或者教练。

（9）缺乏一支完善、高绩效的团队。

（10）不维持严格的测试标准的情况下，技术债务会增加。

（11）文化维持传统的绩效评估，即推崇个人时丢失团队方面的绩效。

（12）因为变化难以进行，所以传统或“旧式”的项目管理方式出现。

27.【解析】答案 B。考点“团队绩效”。敏捷团队强调的是一个全职的团队。

28.【解析】答案 B。敏捷方法在需要复杂决策的环境下应用得最好。选项 A 不正确，因为角色和目标是很难定义的。选项 C 不适合，因为瀑布式方法更适合相对接近一致和确定的环境。

29.【解析】答案 D。考点“敏捷原则与思维模式”。扩展考点：动荡的环境应用敏捷。

30.【解析】答案 C。考点“敏捷原则与思维模式”。传统的“铁三角”包括的参数是范围、进度和成本，而价值、质量和约束是“敏捷三角”的参数。

4

敏捷项目管理解析

在数字化时代，流程也许不如信息或者人重要，但绝非不重要。任何时候，做事的逻辑条理性非常重要。本章所介绍的敏捷项目的全景模型，参考了 PMBOK®第 6 版中定义的项目通用生命周期，以及《敏捷项目管理》（第 2 版）中定义的敏捷项目管理模型的结构（见图 4-1）：构想—推测—探测—适应—结束。

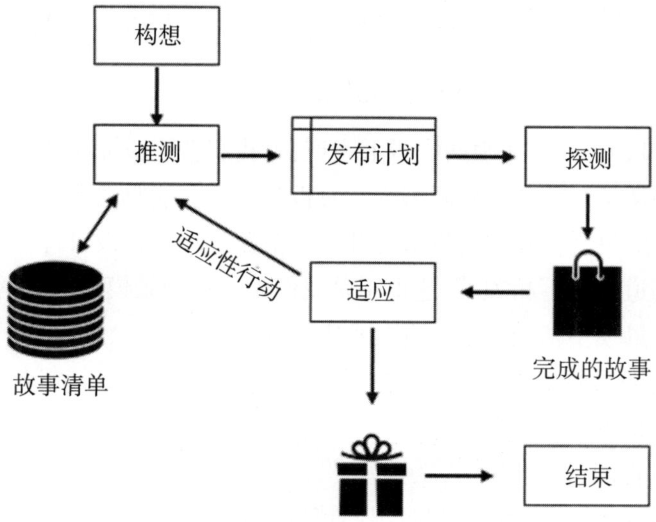

图 4-1 敏捷项目管理模型 [来自《敏捷项目管理》（第 2 版）]

本书介绍的敏捷项目的全景模型（也可以称为敏捷项目管理的全景图，如图 4-2 所示），以时间顺序为主线，展示了敏捷项目从开始到结束的所有步骤，并划分成了通用管理阶段（这个阶段所有工作贯穿项目始终）、构思阶段、启动阶段、规划阶段、迭代开发阶段、交付和收尾阶段。每一个阶段的具体内容都将展开细讲（全景图中每个步骤的编号对应的是在本书中的章节号），便于读者全面把握敏捷项目的每一步。其中的内容包含了极限编程、Scrum、精益开发、看板等方法论中的工具与技术。

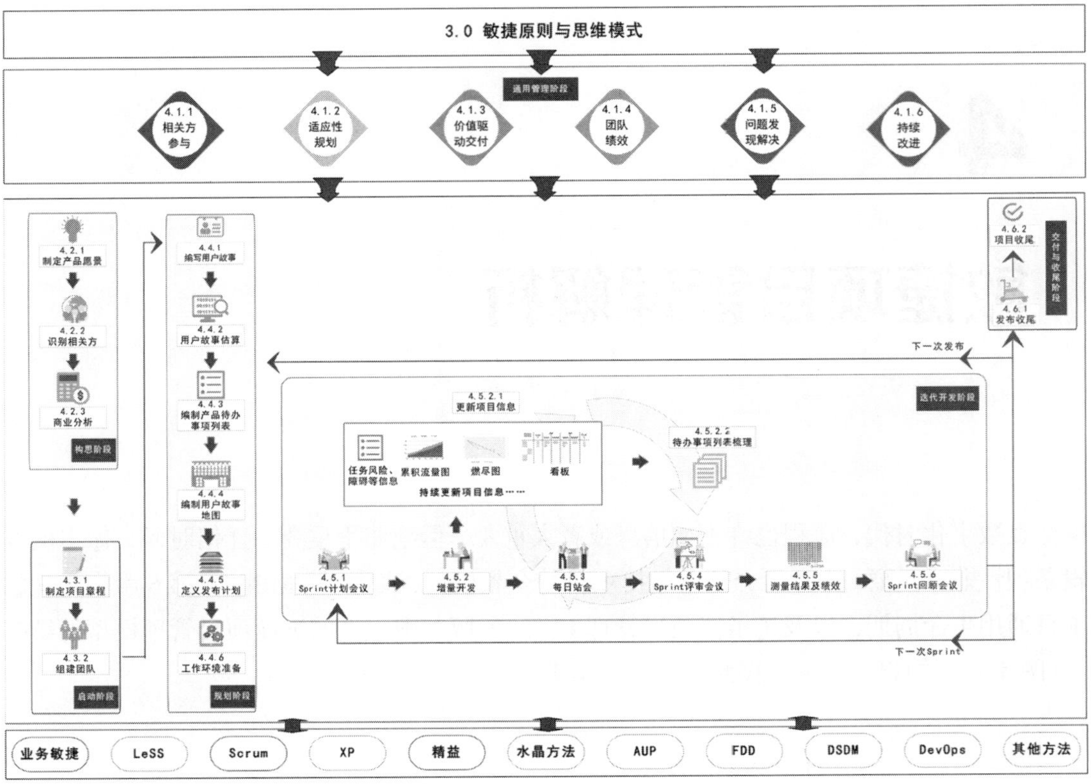

图 4-2 敏捷项目全景

迈克·科恩（Mike Cohn）在敏捷联盟上说道：“我们希望敏捷团队的思路扩展到敏捷框架以外，体验我们从精益活动、极限编程、看板管理、功能驱动开发、弹性方式中汇总而来的许多出类拔萃的灵感。我们要将敏捷开发、精益运动、看板管理等领域的工作整合起来，防止其各行其道，互不相关。”这也正是我们做这个全景模型的目的。

在敏捷项目的全景模型基础之上，有几点需要注意：

- 全景模型的目的是便于大家上手，在开展具体敏捷项目时，一定要保持灵活和易于适应，这是敏捷的基本原则。
- 一定要支持流程的透明化。
- 根据不同项目的不确定程度，尽量提高可靠性和连贯性。
- 合并知识，并提供管理检查点。
- 任何企业环境中的敏捷项目的开展，离不开企业文化的支持。
- 敏捷项目，特别是 IT 项目，离不开 IT 系统的支持。

4.1 通用管理阶段

在图 4-2 里列出了 6 个过程（见图 4-3），这 6 个过程是 PMI-ACP®考试中的六大知识域，贯串项目始终，任何项目的任何阶段都需关注。

- 任何时候只要有人，一定会涉及相关方管理。
- 任何时候只要做事，一定会涉及问题发现与解决。
- 由于不确定性和适应性，要持续关注项目可交付成果、项目过程的价值驱动交付和适应性规划。
- 由于团队的独特性，需要特别关注团队绩效，使用新兴的领导力，激励团队提高效率，鼓励团队成长，通过赋权来促进团队的自组织，应对工作的复杂性。
- 为了提高团队、项目和组织的有效性，使得团队、项目和组织将来能更有效率地交付价值，任何时候都要考虑持续改进，消除浪费。

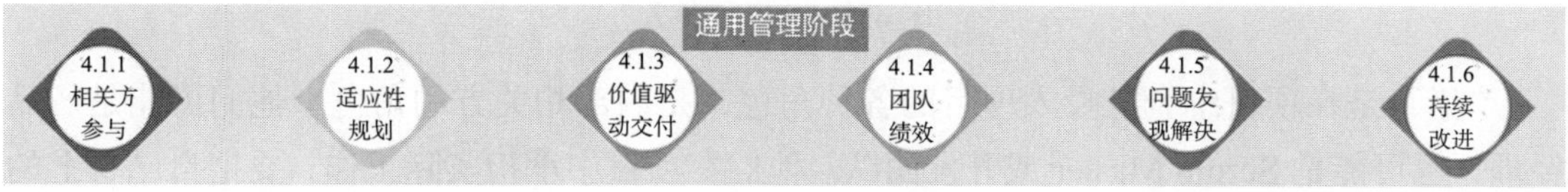

图 4-3　通用管理阶段

4.1.1　相关方参与

1. 相关方定义

相关方是能影响项目、项目集或项目组合的决策、活动或结果的个人、小组或组织，以及会受或自认为会受它们的决策、活动或结果影响的个人、小组或组织（PMBOK®第 6 版）。在第 7 版中也叫干系人。不管叫法如何，代表的都是与项目相关的人，包括了项目中的所有个人和团体，包括但不限于项目经理、客户、执行组织中的团队成员，以及项目发起人，或任何与项目利益相关的人，无论他们对项目的影响是积极的还是消极的。

2. 敏捷方法的相关方

在敏捷项目管理的不同方法论中，对相关方的角色有不同的定义和说明。比如：Scrum 和极限编程对各类角色有特别说明，而精益、水晶方法对团队的组成没有特别说明。但不管是否有说明，工作始终围绕着相关方展开。从图 4-4 中不难发现，任何项目的相关方都包括内部和外部两大类别，内部团队（灰色部分）主要是做事的，外部相关方（白色部分）主要是提需求和资源的。

有一个敏捷项目管理中非常经典关于相关方的故事。故事是这样的：

一头猪和一只鸡在路上散步。鸡对猪说：“嗨，我们合伙开一家餐馆怎么样？”猪回头看了一下鸡说：“好主意，那你准备给餐馆起什么名字呢？”鸡想了想说：“叫‘火腿和鸡蛋’怎么样？”“那可不行”，猪说：“我要割肉，把自己全搭进去了，而你只需要下蛋，参与而已。”

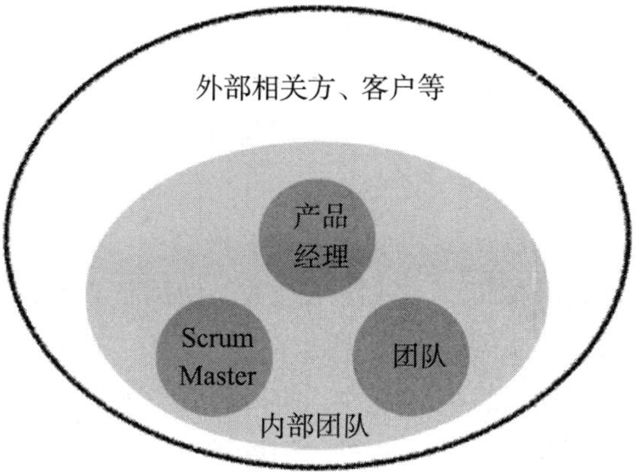

图 4-4　项目相关方

“猪”是在项目中全身投入项目的各种角色，是内部相关方的角色。他们可能是产品经理，也可能是 Scrum Master 或开发团队。他们在项目中承担实际工作，要把自己身上的“肉”贡献出来。

“鸡”是项目外部相关方，他们不会全程参与，但项目与他们利益相关，必须考虑他们的相关要求。

所以“猪”才是团队的核心，拥有较大的话语权；而“鸡”仅仅为部分参与者或关联者，拥有较少的话语权，并明确规定在每日站会中“鸡”这一类角色不讲话、不评论。

3．内部团队

不同敏捷方法的团队构成见表 4-1。

表 4-1　不同敏捷方法的团队构成

对 比 项	Scrum 2020	极限编程	看板方法	DevOps 方法
项目业务代表	产品负责人（Product Owner）	客户	服务交付经理（SDM）	业务
敏捷项目经理	Scrum Master	教练	服务交付经理（SDM）	DevOps Master/教练
赋能的跨职能团队	开发团队（Developers）	团队	团队	团队（其中 DevSecOps 模式需要加入安全人员）

Scrum 和极限编程对内部团队的定义不太一样。Scrum 团队由一名产品负责人、开发团队和一名 Scrum Master 组成；极限编程的团队则由现场客户、教练和团队（开发人员、测试人员）等多个角色组成。虽然是不同的方法，但是都由类似的人员构成：一个关注价值从而更好地决定需求优先级的人，一个服务型的教练，以及一个做事的团队。

接下来，以 Scrum 的三类角色为例，来看看不同角色的职责。

（1）产品负责人。产品负责人是价值的守护者、需求的维护者，负责产品的盈利、投资回报率等，对产品的成功与否负最大责任。

产品负责人创建并维护产品待办事项列表（可看作需求列表，第 4.3.3 节会详细说明），确保每个成员清楚地知道哪些待办事项具有最高优先级，最能体现价值，并定义验收标准，以保证每条待办事项的完成都是有标准的。

产品负责人与开发团队和 Scrum Master 紧密合作，完成每一个冲刺的计划和验收。

产品负责人不干涉开发团队的工作。意思就是："做什么"由产品负责人决定，"怎么做"由开发团队决定。

（2）Scrum Master。Scrum Master 是敏捷理念的实施者，是流程的平衡者，是团队的守护者。

- 敏捷理念的实施者。Scrum Master 帮助所有的相关方理解如何应用敏捷的价值观、原则和实践，促成组织内部人员转变思维，迎接敏捷开发方式。

Scrum Master 不能要求团队去做什么，而是应该问团队，如何可以帮助他们使工作更高效。

- 流程的平衡者。Scrum Master 是过程上的权威，核心工作是仆人式的领导。工作如何能遵守 Scrum 的流程，Scrum Master 说了算。Scrum Master 组织每一次会议，并用尽各种办法让会议达到预期的效果。
- 团队的守护者。Scrum Master 代表团队给管理层汇报，有原则地把管理层的信息传达到团队。

Scrum Master 确保团队集中精力完成每一次冲刺（当领导安排额外工作时，产品负责人随便加任务时，Scrum Master 需要帮助开发团队把这些干扰屏蔽。）

当团队遇到问题，需要外部资源时，Scrum Master 对外沟通。他们还要建设好团队，使团队成员处于一个愉悦的工作氛围中。

（3）开发团队。开发团队是产品的开发者，是敏捷项目中真正为产品带来价值增量的人。他们是自组织的、跨职能的。他们以正确的方式开发产品。

针对角色而言，每个人都会在角色中有不同的表现。这是因为每个人的智慧、经验和理解都不同。所以在具体的职责描述之外，角色应该具有灵活性，应该根据担任该角色的人做出适当的调整。强迫人们按照固定的角色描述工作是违背敏捷原则的。角色有限，而人的潜力无限。

4．服务式领导

不管哪一类相关方，敏捷方法都强调服务式领导（Servant-Leadership，考试题中也会翻译为仆人式领导）。这是一种通过为团队服务来领导团队的实践方法。它注重理解和关注团队成员的需要和发展，旨在使团队尽可能达到最高绩效。服务式领导的特征包括：**提升自我意识；倾听；为团队服务；帮助他人成长；引导与控制；促进安全、尊重与信任；促进他人精力和才智提升。**

传统的项目经理成为服务式领导时，工作重点就会从“管理协调”转向“促进合作”。促进者鼓励团队参与、理解，并对团队的交付共同承担责任。促进者还鼓励内部团队和外部相关方通过交互式会议、非正式对话和知识共享展开协作。

服务式领导者要帮助团队消除那些阻碍实施敏捷的过程。比如一个部门需要大量文档，服务式领导就要发挥作用，与部门合作来审查所需要的文档是否合理，对所需要的文档进行评估，从而使团队将更多的时间用于提供有价值的产品，而不是创建文档。这也正好符合敏捷第一条价值观。

服务式领导可能有很多头衔，但最重要的还是他们所做的工作。以下是一些服务式领导的职责。

- 教育相关方，使其了解为什么要敏捷，以及如何敏捷。根据优先级说明商业价值的好处，对被赋权团队加强问责，提高工作效率，并通过更频繁的评审改进质量。
- 通过指导、鼓励和帮助为团队提供支持。倡导团队成员的培训和职业发展。“我们通过支持的方式领导团队”，这句话说的是领导在发展其团队成员时所扮演的角色。通过支持、鼓励和向专业方向发展，使团队成员获得信心，承担更多的职责，并在组织中做出更大的贡献。服务式领导的一个关键作用是，培养和发展团队成员，帮助他们超越自身当前的角色，即使团队将来失去他们也在所不惜。
- 通过项目管理活动，如量化风险分析来帮助团队。有时团队成员可能并不具备在某些角色或功能方面的知识或经验。对相关技能有更多接触或者接受过相关培训的服务式领导可以通过提供培训或开展这些活动来为团队提供支持。
- 庆祝团队的成功，为团队与外部团队合作提供支持，并起到桥梁作用。创造相互欣赏的积极氛围，建立加强合作的良好意愿。

5. 外部相关方

外部相关方种类繁多、形式多样，以下是一些外部相关方的例子。

- 供应商：提供服务或者产品零部件的外部公司或个人。
- 政府：要求信息、认证等的管理机构。
- 职能部门：提供资源，但不直接领导项目的其他部门参与人员。
- 商业分析人员：帮助企业分析当前的商业问题或机会的人员。

项目的参与者越多，项目管理就越复杂。项目团队在管理期望、做关键项目决策、使团队不被太多外部环境影响这些方面所花费的时间就越多。

从项目的一开始，当产品负责人和商业分析师完成产品愿景和商业分析时，相关方的参与就已经开始了。更别说规划阶段与相关方一起定义需求，分解用户故事；在开发阶段一起工作，管理期望。只要有人就会有相关方参与，而敏捷项目管理是人与人的合作，更看重人与人的积极互动、有效协作、知识共享、信息透明和彼此信任。要达到这样的要求，离不开服务式领导。

4.1.2 适应性规划

参考图 4-5，项目通过滚动式计划和渐进明细来平衡结果与机会的把握能力。未来很长，当下变化很快，不确定性很高。通过长期的规划（比如愿景、路线图级别）、中期的发布计划、短期的迭代计划和每日计划，更好地与相关方达成共识，共同推进项目的可见性和价值性。

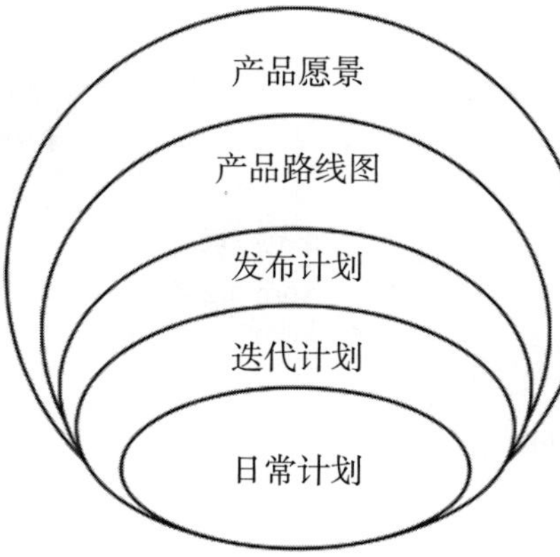

图 4-5 洋葱圈（参考《敏捷估计与规划》）

4.1.3 价值驱动交付

在项目中，可交付成果一定要完成相对最有价值的，过程要消除浪费做增加价值的。这就是价值驱动交付的两条核心要素。在项目中，从构思阶段开始，一直到每次迭代的结束，要紧紧地抓住这两条核心要素。在项目中，及时获得相关方反馈，及时进行质量和风险检查，不停确认需求的优先级，做最好的、最具价值的选择。

4.1.4 团队绩效

敏捷团队需要灵活性、适应性和高效协作。从项目一开始建立团队，就要朝这个方向前进与努力。塔克曼五阶段理论模型（见图 4-6），是一种关于团队发展的模型，其中包括团队建设通常要经过的 5 个阶段。尽管这些阶段通常按顺序进行，然而团队停滞在某个阶段或退回到较早阶段的情况也不少见；如果团队成员曾经共事过，项目团队建设也可跳过某个阶段。

- 形成阶段。在本阶段，团队成员相互认识，并了解项目情况及他们在项目中的正式角色与职责。在这一阶段，团队成员倾向于相互独立，不一定开诚布公。
- 震荡阶段。在本阶段，团队开始从事项目工作、制定技术决策、讨论项目管理方法。如果团队成员不能用合作和开放的态度对待不同观点和意见，团队合作可能变得事与愿违。

- 规范阶段。在本阶段，团队成员开始协同工作，并调整各自的工作习惯和行为来支持团队，团队成员会学习相互信任。
- 成熟阶段。进入这一阶段后，团队就像一个组织有序的单位那样工作，团队成员之间相互依靠，平稳高效地解决问题。
- 解散阶段。在解散阶段，团队完成所有工作，团队成员离开项目。通常在项目可交付成果完成之后，或者在结束项目或阶段过程中，释放人员，解散团队。

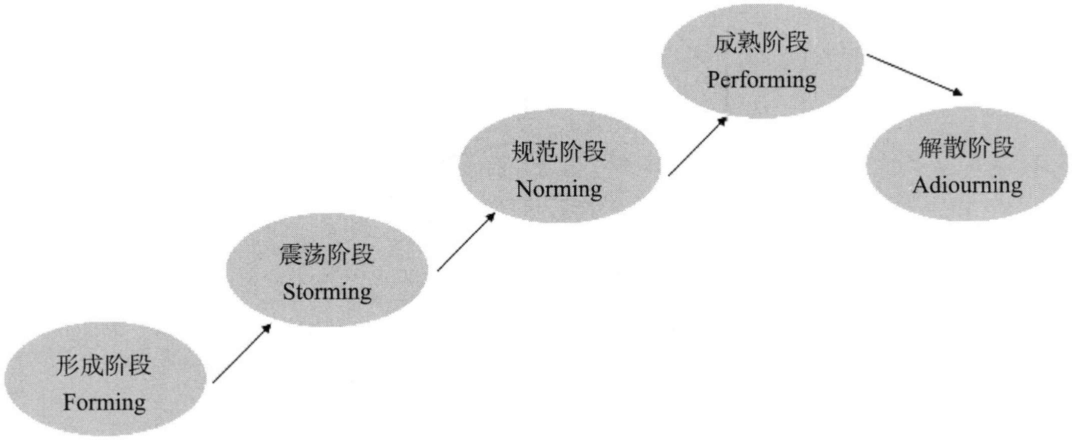

图 4-6 塔克曼五阶段理论模型

项目团队形成之初，团队成员需要彼此了解、互相熟悉。应该从分析整个团队成员的工作方式和个性开始，确定个人的优势和劣势，以帮助创建能够满足项目目标和范围的平衡团队。在此阶段，需要为团队提供足够的支持和反馈。但是这很难，大家都不太开放自己融入团队，这时可以明确指出风险和学习机会的规则和做法。

采用敏捷的工作环境不会在一夜之间发生。它需要日常工作的关注、知识的学习分享和文化的转变。

4.1.5 发现问题与解决问题

常言说“小洞不补，大洞吃苦”，在敏捷中特别强调及早发现和解决问题。其中最重要的是：**风险与技术债务的管理、问题分析、简单设计、持续集成、持续重构，刺探、测试驱动开发（TDD）等。**

1. 风险管理

应对敏捷项目风险的方法与《PMBOK®指南》中的风险管理是相同的，包括规划风险管理、识别风险、实施定性风险分析、实施定量风险分析、规划风险应对、实施风险应对、监督风险 7 个过程。

- 规划风险管理——定义如何实施项目风险管理活动。

- 识别风险——识别单个项目风险与整体项目风险的来源，并记录风险特征。
- 实施定性风险分析——通过评估单个项目风险发生的概率和影响，以及其他特征，对风险进行优先级排序，从而为后续分析或行动提供基础。
- 实施定量风险分析——就已识别的单个项目风险和其他不确定性的来源对整体项目目标的综合影响进行定量分析。
- 规划风险应对——为处理整体项目风险敞口，以及应对单个项目风险，制订可选方案、选择应对策略并商定应对行动。
- 实施风险应对——执行商定的风险应对计划。
- 监督风险——在整个项目期间，监督商定的风险应对计划的实施、跟踪已识别风险、识别和分析新风险，以及评估风险管理的有效性。

2. 技术债务

产生技术债务的原因有很多，如期完工的压力、减少测试、技术不熟练、业务不熟悉等。通常为了实现快速收益，会产生一些不合适的，有缺陷的代码，但以后会花费更多的时间来处理这些代码带来的问题。另外，技术债务就像一个垃圾堆一样，长时间不处理，周围慢慢就会产生更多的垃圾，由此产生的“破窗效应”会对未来的项目环境造成很大的影响，大家也会逐渐丧失对项目、对团队的信心。所以，最好是在发现技术债务的时候马上处理，不要让干净的房间出现垃圾堆，只有在干净的环境下才能持续高效地去创造。一个需求捏着鼻子做，两个需求捏着鼻子做，久而久之代码中就散发出臭味，对于大家的工作体验和项目质量都会产生巨大的影响。通常的实践是团队在每个冲刺都会留一些任务用于专门解决技术债务。

3. 问题分析

当真的风险或者问题发生，需要一定的方法对其进行分析，以便找到解决之道，而敏捷项目管理中最常见的方法包括：5 问（5 Why）法、根因分析、价值流图。

- 5 问（5 Why）法。也就是对一个问题点连续以 5 个“为什么”来自问，以追究其根本原因。虽为 5 个为什么，但使用时不限定只做“5 次为什么的探讨”，主要是必须找到根本原因为止。
- 根因分析（Root Cause Analysis）。又称为鱼骨分析法或因果分析法，是一种发现问题“根本原因”的方法。
- 价值流图（Value Stream Mapping，VSM）。价值流图是丰田精益制造生产系统框架下的一种用来描述物流和信息流的形象化工具，以发现浪费、寻找浪费根源的起点。

4. 简单设计

极限编程中有一条著名的懒汉原则——KISS（Keep It Simple and Stupid）原则。简略地说，就是设计尽量保持简单。从复杂的业务领域中抽取简单的场景，注重实效的设计，就是简单设计。从一开始，敏捷开发思想就是以拥抱变化、追求简单设计来解决软件复杂性，构建合理、适宜的结构，具有良好的可测试性、可复用性和可扩展性架构。简单地说，要开发的系统软件使用敏捷开发：一方面，既要保持简单的设计，不做无谓的功能预测；另一方面，又要拥抱变化，在尽量减少改变结构与代码的情况下，满足未来的需求。

5．持续集成

持续集成是一种软件开发实践，即团队开发成员经常集成他们的工作。通常每个成员每天至少集成一次，也就意味着每天可能会发生多次集成。每次集成都通过自动化的构建（包括编译，发布，自动化测试）来验证，从而尽快地发现集成错误。许多团队发现这个过程可以大大减少集成的问题，让团队能够更快地开发内聚的软件。持续集成可以有效减少风险，随时随地生产可发布的软件，增强项目的可见性，建立起团队对产品的信心。持续集成的原则包括：

- 所有的开发人员需要在本地机器上做本地构建，然后再提交到版本控制库中，从而确保他们的变更不会导致持续集成失败。
- 开发人员每天至少向版本控制库中提交一次代码。
- 开发人员每天至少需要从版本控制库中更新一次代码到本地机器。
- 需要有专门的集成服务器来执行集成构建，每天要执行多次构建。
- 每次构建都要 100%通过。
- 每次构建都可以生成可发布的产品。
- 修复失败的构建是优先级最高的事情。

6．持续重构

重构（Refactoring）就是通过调整程序代码改善软件的质量和性能，使程序的设计模式和架构更趋合理，提高软件的扩展性和可维护性。

软件产品最初制造出来，是经过精心的设计，具有良好架构的。但是随着时间的推移，需求不断发生变化，软件产品也需要不断修改原有的功能、追加新的功能，同时也要修复缺陷。这些修改和变更，不可避免地要局部违反最初的设计构架。经过一段时间以后，软件的架构就千疮百孔了。bug 越来越多，越来越难维护，新的需求越来越难实现，软件的架构对新的需求渐渐失去支持能力，反而成为一种制约。重构能够最大限度地避免这种现象。系统发展到一定阶段后，使用重构的方式，不改变系统的外部功能，只对内部的结构进行重新整理。降低项目的耦合度，使项目更加模块化，有利于保证项目的开发效率和后期的维护。其实重构就是对框架的一种维护，让项目主框架突出鲜明，给人一种思路清晰、一目了然的感觉。

重构可以发生在项目中开发的任何时候，但建议在添加新功能、修改 bug 和复审代码时进行重构。

7．刺探

刺探（Spike）这个术语来自极限编程。刺探并不交付具体的产品，它只是一个用来探索/寻找潜在的解决方案的活动。对于棘手的技术或设计问题，可以为它创建一个刺探。所谓刺探方案，是指一个非常简单的程序，专门用于探寻潜在的解决方案，如冲刺前工作量不好估计，敏捷开发造成技术方案出不来，冲刺中方案变化大。在 PMI-ACP®考试中，很多不确定的问题，都用这个方法来解决。

8．测试驱动开发（TDD）

极限编程的实践提供了一种创新思维。与传统的开发模式相比，测试驱动开发倡导在开发之前先通过一个轻量级的测试来获得反馈。测试驱动开发倡导的理念是要在开发之前编写测试代码，因为开发人员在实际开发功能之前要清楚该功能应如何被测试。测试驱动开发中的流程主要包括测试、编码和重构。首先，编写测试代码，运行测试用例，此时因为还没有编写任何实际代码，测试用例必然失败。然后，按照通过测试的标准编写代码，直至所有测试用例全部通过。接着继续完善测试用例。重复这个过程，直到测试用例覆盖全部需求。

4.1.6 持续改进

持续改进（Kaizen）方法最初是一个管理概念，是精益中非常重要的内容。由休哈特（Shewhart）提出并经戴明完善的“计划—实施—检查—行动”（PDCA）循环是持续改进的基础。持续改进，涉及每一个人、每一环节的连续不断的改进。相比传统的瀑布模式而言，敏捷强调不同层次的高频次反馈，以便持续改进。

讲敏捷时都会提到一个词：拥抱变化。如何拥抱？就是不断持续改进敏捷流程、方法、技术手段、团队素质等，从而可以更好地、更快地解决变化所带来的问题。

在敏捷项目中，每天工作时的结对编程、每一次站会、每一次沟通协调、每一次 Sprint 回顾会议，都是在进行持续改进。应该借助各种图表（信息发射器）与项目相关方分享指标和预测，以便沟通进展情况、共同面对问题、推动持续改进，以及管理相关方期望。

持续改进，除了过程改进，产品改进也在项目中不断反复地进行。不断演进产品是为了给客户交付更有竞争优势的价值。所以，当获得反馈时，距离客户的真实业务需求更近了一步，为产品的持续改进提供了一个更好的选择。持续改进是质量管理的核心和关键所在，是推动项目方法和产品不断完善的过程，贯穿于项目的始终。在敏捷项目中，多维度、高频次的反馈推进了项目持续改进活动的展开。

4.2 构思阶段

根据海史密斯（Highsmith）所著《敏捷项目管理》（第 2 版）的定义，敏捷交付架构第一步为构想。任何一个项目的开始一定是基于某个想法，可能是企业要开发一个产品、可能是提高一种能力。确定要把想法变成现实的时候，项目就随之而开始了。想法是否可以变成现实，就是本节的内容：构思阶段。

一个项目的构思阶段，需要思考4个问题：提供什么产品或服务？值得做吗？参与者都有谁？如何一起共同工作？

前两个问题是关于“事”的，通过制定产品愿景和商业价值分析来回答。后两个问题是关于“人”的，通过识别项目相关方并组织项目团队来回答。参考图 4-7 构思阶段要完成的 3 个步骤。

图 4-7 构思阶段

4.2.1 制定产品愿景

愿景（Vision）一词最早由台湾中山大学的杨硕英教授于 1994 年所创，原意为表达公司未来 10~30 年的远大目标。企业愿景的两大部分是核心信仰（Core Ideology）和未来前景（Envisioned Future）。对于任何一个想要成长起来的公司，不可能没有愿景。

为什么传统项目管理需要做项目愿景，而敏捷项目管理需要做产品愿景？项目愿景与产品愿景的异同见表 4-2。

表 4-2 项目愿景与产品愿景的异同

条 目	项目愿景	产品愿景
对象	项目	产品
管理者	项目经理	产品负责人
战略相关性	执行战略	战略的一部分
目的	激励行动的基本起点	开发产品
特点	简单、可操作、吸引、协作	卖点、特色、理想

产品愿景或产品愿景声明，描述了产品的总体长期使命。愿景陈述简明地传达了产品希望走向哪里，以及它希望在长期实现的目的。例如，谷歌的愿景是“一键访问世界信息”。产品愿景来自组织的战略，来自组织的目标，来自组织的产品（见图 4-8）。

产品愿景有以下 5 个特点。

- 实现企业战略：产品愿景是企业战略的一部分，通过产品的实现，进而实现了企业战略。
- 帮助做战略决策：可以把产品愿景作为一个指南针，当团队面临优先级冲突或缺乏方向时，可以帮助做战略决策。
- 改善开发过程中的战略决策：通过选择不同的产品组合，支持战略的实现。

- 帮助企业更好地开发产品路线图：可以让团队自上而下地开发产品，可以把愿景转化为一个战略的行动指南，即产品路线图，根据路线图定义战术开发计划。
- 协调团队和相关方的关系：产品愿景可以让团队更容易清晰地表达驱动产品开发的高级目标来增加价值。帮助协调公司中致力于产品的不同团队和部门。

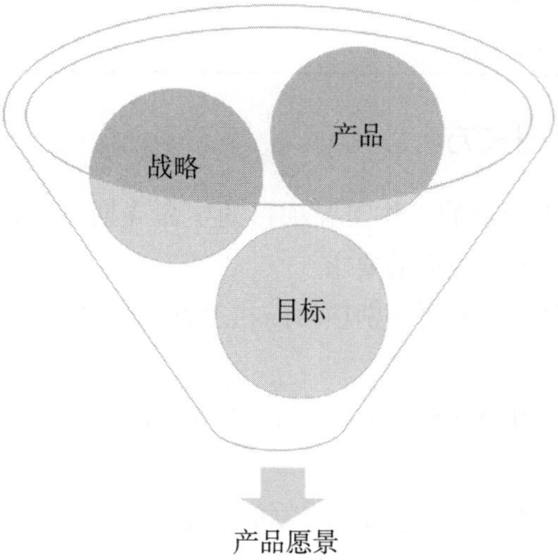

图 4-8　产品愿景来源

有了共同的愿景，每个人都有一个可以参照的方向，这有助于提醒他们为什么要做其正在做的事情。

产品愿景描述了提供什么产品或服务。在理清产品思路的过程中，需要确定产品的目标、用户和卖点等，统称为制定产品愿景。同时也是确定产品价值目标、质量目标和约束目标的过程。

在制定产品愿景时，要激励产品团队成员、客户等角色，对产品的不同观点集中成简练的、直观的简短文字。为后续的工作人员和管理者提供高度概括的产品信息。

梳理这些产品愿景信息，得到一个产品愿景的初步方案，就是 PMI-ACP®考试中谈到的“电梯演讲”（Elevator Pitch）。此方法来自麦肯锡，也叫电梯法则。其核心是在极短时间内，把产品思路清晰地表述完整。此方法的由来是一个重要大客户的董事长在电梯里问项目负责人，说一下项目的结果。负责人未能在短时间内进行说明，最终公司失去了一个大客户。这一方法说明短时间内可以把项目的重点抓住是很重要的工作。其方法见表 4-3。

表 4-3　电梯演讲思路

关 键 词	内　　容	思　　考
对于	客户	我们需要思考谁用?
由于	需求描述	他们有什么问题?
我们提供	产品	什么样的产品?

续表

关 键 词	内　　容	思　　考
它能够	满足需求	怎么解决问题?
不同于	其他产品	竞争的产品是谁? 有哪些?
我们的产品	核心卖点	有什么优势?
而且符合	公司战略	公司为什么要做?

4.2.2　识别项目相关方

在敏捷项目中相关方管理的工作贯穿项目的生命周期，应让相关方知晓项目最新进展，与相关方进行沟通并满足他们的要求。

在一开始的构思阶段，就需要识别项目的相关方，以便了解所有人的角色，了解大家的期望和目标。

传统预测型项目由项目经理负责协调相关方。项目经理必须保证团队获得资源并提供不断的支持。

在敏捷项目中，如果相关方提出需求相关的内容，主要是产品负责人对接。其他障碍和问题，需要 Scrum Master 从中协调处理。让团队远离相关方，专注于工作之中。

不管哪类项目，都应正确识别相关方，并加强相关方的参与。同时利用相关方的专长和精力为项目服务。比如持续的识别并重点影响决定项目需求的客户，提供资金并对项目承担责任的高级管理层，以及致力于交付产品的核心项目团队等。

通用与相关方打交道的方法，可以参考《PMBOK®指南》中相关方管理的内容（见表 4-4）。

表 4-4　识别项目相关方

过　　程	主要内容
识别相关方	识别相关方是定期识别项目相关方，分析和记录他们的利益、参与度、相互依赖性、影响力和对项目成功的潜在影响的过程
规划相关方参与	规划相关方参与是根据相关方的需求、期望、利益和对项目的潜在影响，制定项目相关方参与项目的方法的过程
管理相关方参与	管理相关方参与是与相关方进行沟通和协作，以满足其需求与期望，处理问题，并促进相关方合理参与的过程
监督相关方参与	监督项目相关方关系，并通过修订参与策略和计划来引导相关方合理参与项目的过程

4.2.3 商业分析

1. 商业分析概述

商业分析（Business Analysis，BA）也叫业务分析，根据 PMI 的《商业分析实践指南》中对商业分析的定义，商业分析是识别商业需求，推荐相关解决方案，并启发、文档化和管理需求的一系列活动的集合。很多企业的商业分析师由项目经理来担任，促进识别涉及的问题或机会，了解商业环境和约束条件，分析、验证需求，帮助确定项目的结果，以确保它们交付业务利益。

商业分析就是从所有相关方引导出需求，供项目内部使用，并将其转化为对组织及相关方价值最大化的解决方案。最终验证便是通过项目的可交付成果来交付商业分析的机会，也就是验证价值。商业分析的核心价值模型如图 4-9 所示。

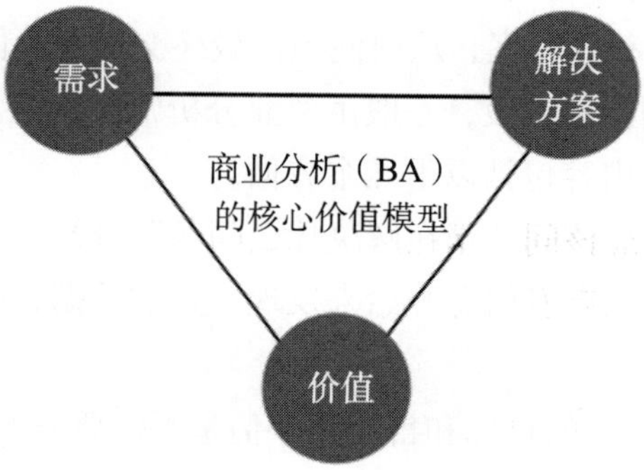

图 4-9　商业分析价值模型

另外，需要区分一下项目管理与商业分析的不同（见图 4-10）。

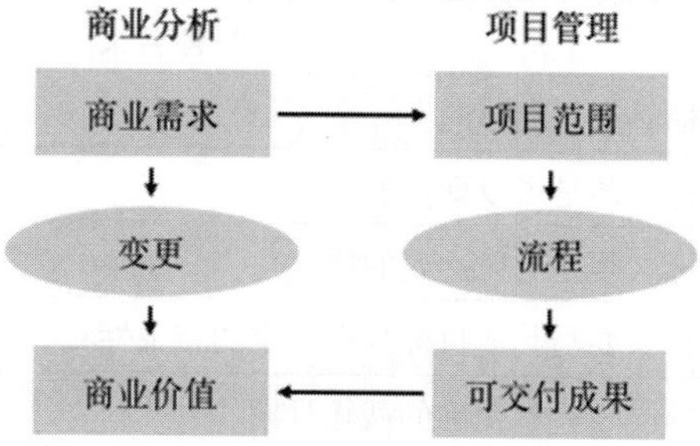

图 4-10　商业分析与项目管理的异同

项目管理：是在有限的资源约束下，运用系统的观点、方法和理论，对项目涉及的全部工作进行有效的管理，最终实现项目的目标。关注点在于项目的流程可控，输出符合要求的可交付成果。

商业分析：项目的启动依赖于商业需求，而商业需求会决定项目的范围，且在项目过程中，会随着环境、时间的不同而变更。最终通过项目输出的可交付成果对比商业需求来验证价值。

两者的工作会有重叠，特别是关于需求的部分。所以在敏捷项目中，主要是产品负责人负责价值，也就是需求的实现；而项目主要是项目内部团队用自组织的方式高效自我管理。

在第 4.2.1 节确定了产品的愿景之后，还需要确定产品是否值得做，是否有投资的价值。这就需要对产品进行商业分析。

本节的内容所涉及的知识与 PMI 推出的另一个认证 PMI-PBA®（商业分析专业人士）的内容重叠，在第 7 版 PMP®考试和 PMI-ACP®考试中会出现 5 ~ 8 道涉及此类知识的题目。

2. 商业分析工作与商业分析师

商业分析工作，分析了组织当前的商业问题或机会，评估了当前的内外部环境，了解了为达到项目产品的期望需要发生什么。同时，需要了解组织的目标和目的，识别能力差距，进行商业论证，提出可行性方案，从而使项目最终交付的价值可以满足组织的商业目标。这部分工作，在项目的构思阶段，一般由商业分析师来承担。

商业分析师具体的工作内容包括以下几个方面。

（1）识别问题或机会。应该问“正在解决什么问题”“现在是否是最好的时机”“为什么要做这件事情”等问题，从启发信息开始来发现必要的数据，以全面识别项目为何而做的问题和机会。

（2）评估当前的状态。组织的目标和目的是评估是否需要开始一个新项目的重要输入。项目的价值必须符合组织的目标和目的，才有启动的意义和必要。一般会建议用“SMART”方法（见表 4-5）来记录目标。

表 4-5　SMART 方法

英文全称	具体含义
Specific	绩效指标必须是具体的
Measurable	绩效指标必须是可以衡量的
Attainable	绩效指标必须是可以达到的
Relevant	绩效指标是要与其他目标具有一定的相关性
Time-bound	绩效指标必须具有明确的截止日期

（3）可行性分析。一般不是某一因素如成本或时间来决定某个选项可行与否。可行性分析最好是根据多种重要因素分析。这些因素包括以下几个方面。

- 运营可行性。看看项目在多大程度上符合商业需求，同时包含组织对于变化的承受能力，以及实施之后变化是否会持续。比如项目在多大程度上满足组织的商业需求？项目的产品如何融入组织，包括对组织会有哪些方面的影响？是否有资源能撑住这个项目成果的落地？可持续吗？好维护吗？

- 技术/系统可行性。组织是否有实现这个项目所必需的技术？组织是否有相应技术专家能完成这个项目相应的技术和任务？如果没有，外部能否采购？等等。
- 成本效益可行性。也就是成本效益分析，对财务可行性的高层级评估是必要的，比如：项目的前期费用，持续费用是多少？项目多久能获得回报？投资期是多久？回报率是多高？参考表 4-6。

表 4-6 成本效益可行性分析的相关指标

指　　标	说　　明
净现值（NPV）	预期收益的未来价值，体现在投资其收益的价值上。NPV 考虑了当前和未来的收益、通货膨胀及收益率因素。通过 NPV 可以洞察投资是否会提供价值；NPV 越高，预期提供的价值就越大
投资回收期（PBP）	收回项目投资所需要的时间，通常在数月或数年内。PBP 越长，风险越大。组织一般会设定一个阈值
投资回报率（ROI）	初始投资的回报率。ROI 的计算方法是将总预期净收益除以投资成本。成本可以是直接成本，也可以是包括直接成本和间接成本的总成本。如果使用总成本，将能得到更准确的 ROI 值。ROI 值越高，回报越好
内部报酬率（IRR）	项目投资的预计年收益率，包含了初始成本和持续成本。该值表示当所有现金流的净现值等于零时的利率。IRR 是测量成本回报的指标。因此，IRR 值越高，回报就越高

其他指标包括但不限于时间可行性。时间可行性指：能否在规定时间内完成？项目的时间表是否合理？是否能分阶段满足商业需求？等等。

在完成了商业分析后，组织认可项目符合目标和目的，就会签出商业论证，正式认可项目。商业论证中包含以下内容。

- 项目的目的和目标是什么？参考项目一开始制定目标的 SMART 目标原则。
- 关键绩效指标有哪些？一般包括客户满意度指标、销售和市场指标、运营指标、功能指标等。
- 评价验收标准是什么？这一部分就需要成果测量和收益的财务核算。当一些财务指标还没有得到时，可以先用推测的方式进行。同时要在公司架构中，保持对项目商业论证中关键指标的持续绩效跟踪和监测。

4.2.4 本节练习题

1. 下列选项中相关方的最佳定义是（　　）。

A. 工作会影响项目产品的人

B. 不仅只是参与项目还要致力于项目的人

C. 对项目成果感兴趣的人

D. 以任何方式从事该项目的人

2. 产品风险的主要负责是（　　）。

A. Scrum Master　　B. 产品负责人

C. 团队　　D. 项目管理办公室（PMO）

3. 一个相关方只是很浅层地参与项目，去问 Scrum Master 她是否能参加项目的每日站会。Scrum Master 应该的回应是（　　）。

A. 邀请这个相关方出席和参与讨论

B. 邀请这个相关方出席但不参与会议讨论

C. 邀请这个相关方参与 Sprint 回顾会议来代替

D. 让团队投票决定是否接受这个请求

4. 产品愿景声明包含以下所有属性，除了（　　）。

A. 产品是什么　　B. 为什么需要这个

C. 为什么敏捷是这个项目正确的方法　　D. 为什么有人会购买

5. 敏捷团队中最希望招聘的人才是（　　）。

A. 通才　　B. 专家

C. 可自我指导的人　　D. 可避免冲突的人

6. 李女士作为项目的领导者，一直在和她的团队讨论相关方管理的重要性。相关方管理如此重要的原因是（　　）。

A. 因为没有了相关方的参与，项目成功的机会是最优化的

B. 因为没有了相关方的参与，团队可以专注于提供有价值的产品和坚持最初的项目计划

C. 因为没有了相关方管理，相关方必然会妨碍必要的产品开发

D. 由于没有了相关方的积极参与，项目成功的机会会减少

7. 作为项目领导，贝拉努力尝试建立一支高绩效的团队，那么她可采用的实践或技能是（　　）。

A. 为团队做出一切决策

B. 拥有一个自我组织和自律的团队

C. 促进竞争

D. 分配更多的能够在一次迭代中完成的工作来建立紧迫感

8. 维克托最近开展了一项敏捷项目。作为敏捷领导人，维克托应立志成为（　　）。

A. 不断批评团队成员来使他们意识到其缺陷，从而可以提高其表现的人

B. 带动团队以最大化和不可持续的执行水平来超越客户期望的人

C. 一个与可能不熟悉敏捷的相关方进行沟通和赞同敏捷项目管理原则和价值观的人

D. 支持敏捷项目管理是最好的，因此只有正确运用敏捷管理方法才能在当今动荡的市场成功的人

9. 在考虑对项目的影响时，在相关方名单中敏捷项目经理应给予最高优先级的是（　　）。

A. 能够妨碍项目实现目标的相关方

B. 能够延迟项目的相关方

C. 能够妨碍项目按预算的相关方

D. 能够像朋友一样工作并帮助准备相关方名单的相关方

10. 一个项目将由9名现有成员，以及9名新成员组成的团队完成。Scrum Master觉得团队太大了，想将其分解成三个团队。Scrum Master设定了一个制约因素，每个团队都拥有相同数量的现有团队成员，以便进行知识和经验分享。要完成这项工作，Scrum Master应该（　　）。

A. 向团队成员的职能经理寻求如何给团队成员分组方面的指导

B. 观察哪些团队成员在一起感觉比较舒服，然后进行相应的分配

C. 确保成员开始自我组织为具有有效技能分布的小团队

D. 根据Scrum Master所了解的技能，将团队成员分配给各自的团队

1	2	3	4	5	6	7	8	9	10
C	B	B	C	A	D	B	C	A	C

1.【解析】答案C。考点“相关方的定义”。相关方是任何对项目感兴趣的人。扩展考点：相关方定义。

2.【解析】答案B。考点“产品负责人的责任”。产品负责人负责承担产品的大部分风险，其他角色则不同程度地承担项目中的风险。产品负责人负责定义价值和说明客户的要求。扩展考点：产品负责人也叫PO，也可以叫产品经理，还负责ROI。

3.【解析】答案B。考点“相关方参与”。出席旁听没问题，不需要参与太多（比如说话），记住猪与鸡的故事。

4.【解析】答案C。考点“敏捷基础知识”。产品愿景声明是一个重要文档，指出产品是什么，为什么需要及为什么有人会购买，但它没有说明为什么敏捷是正确的方法。

5.【解析】答案A。考点“团队绩效”。这4个答案都不是特别完整。敏捷团队需要通才，需要能够通过自驱完成工作的人。扩展考点：通才型专家。

6.【解析】答案D。考点“相关方参与”。只有相关方的积极参与，项目才更容易成功。扩展考点：相关方参与。

7.【解析】答案B。考点“团队绩效”。建立一支高绩效的团队对于任何项目的成功都是至关重要的。一支高绩效的团队表现为：授权正确的成员建立信任；以可持续的节奏工作；保持稳定的速度/生产率开发，有固定时间回顾和反思工作；有团队领导负责移除任何障碍并提供指导、教练自主管理和自我约束协作。

8.【解析】答案C。考点“Scrum Master”。虽然“自主管理”的敏捷团队授权拥有产品的所有权并承担责任，同时可自行决策，但它仍需要一个领导者，来帮助提供指导，提

供咨询、训练、解决问题和进行决策。这个领导者的主要工作为：授权团队成员决定敏捷实践和方法的标准；允许团队进行自主管理和自我约束；授权团队成员和客户合作决策。扩展考点：教练的作用。

9.【解析】答案 A。考点“相关方参与”。最高优先级一定是对“项目目标”有影响的人。扩展考点：权力影响矩阵。

10.【解析】答案 C。考点“团队绩效”。敏捷原则：最好的架构、需求和设计出自自组织团队。

4.3 启动阶段

构思阶段之后，当组织认为产品有开发的必要，就会启动这个项目。每个项目的开始都有必要的形式，以确定项目在组织中的正式地位。首先是制定项目章程，项目章程在项目执行组织与需求组织之间建立起伙伴关系。项目章程一旦被批准，就标志着项目的正式启动。其次是组织项目团队，敏捷项目一定要尽早组建团队，甚至可以在构思阶段就可以组建，以保证与相关方的沟通与协调。如图 4-11 所示就是启动阶段的两个步骤。

图 4-11　启动阶段

4.3.1　制定项目章程

PMBOK®中，任何项目的启动，都以项目章程作为开始的标志。而制定项目章程是编写一份组织正式批准项目的文件的过程。本过程的主要作用是，明确项目与组织战略目标之间的直接联系，确立团队前进的方向和项目的目标。

敏捷项目一样会有项目章程，只是这个章程由于针对的是敏捷项目（因为此类项目多为需求频繁变更），所以会与传统瀑布式项目的章程有些不同，敏捷项目的项目章程主要是对以下内容进行定义。

（1）为什么要做这个项目？这个问题的答案就是产品的愿景。即项目的目的和目标是什么？这部分的内容都已经在构思阶段中进行了分析和解答。

（2）谁会从中受益？如何受益？同第一个问题一样，答案在构思阶段中有提到，这也是项目的目标的一部分，即客户是谁？能帮客户带来什么方面的收益？（电梯演讲同样可以解答这个问题。）

（3）达到什么条件意味着项目完成？敏捷项目的成功有3个目标：价值目标、质量目标和约束目标。

价值目标是指可交付的、能为客户带来价值的产品。

质量目标是指可靠的、适应性强的产品。

约束目标是指在可接受的约束内（比如成本约束、进度约束），实现价值和质量目标。

产品团队为产品确立了基线。虽然产品构思阶段对产品的目标没有限制，但对于一个项目来说，需要有目标和限制。项目需要有明确的价值目标（不同于产品的愿景）、质量目标和一套明确定义性能从而界定出可交付产品的范围。这些内容都可以记录在项目章程中。

（4）如何合作？工作流程如何定义？是用传统的等级分明的、命令控制式的管理哲学，还是让团队重心放在自我组织上，让团队将精力用在相互交流上？相信敏捷项目的团队都会愿意选择后者。团队应确定一套自己的工作逻辑，让彼此可以更好地沟通、协调、决策。

在流程架构上如何调整？如何平衡组织结构的灵活性？可以让流程的元素减少，决策的数量、文档的形式都减少，这样透明性、适应性提高，敏捷度就会更好。

（5）项目的估算。组织和项目都需要做好准备，包括对资源的准备，对复杂情况的准备，所以需要对项目进行两个估算：一是项目规模的估算，比如从时间和成本的角度看项目规模；二是项目复杂度的估算，比如团队成员是否有经验，相关方是否很多，相关方的利益是否冲突等。

（6）资源。根据前面对项目规模的估算，可以准备设备、人员/角色、技能组合和能力、协作支持和工具的一些计划。虽然还没有项目团队，但应该提前了解需要哪些资源。

（7）假设和约束。适用于团队、流程、产品和/或时间表的限制和界限。

（8）风险和问题。一些概要的风险信息，主要风险类别、风险、问题和影响准备情况的相关组织历史、不确定的特定点，以及每个风险的潜在应对计划。

项目章程示例见表4-7。

表4-7 项目章程示例

项目章程要素	关注的重点内容
愿景	项目的“原因”。要一个引人注目的、清晰的愿景
目标	项目要完成的量化的可交付成果，并最终交付的价值
项目规模估算	基于对资源和组织对敏捷的准备情况的评估，对交付该服务所需资源的多少进行评估

续表

项目章程要素	关注的重点内容
项目复杂性估计	对交付该服务的复杂程度的评估将基于对敏捷的范围和组织准备情况的评估
范围	预期的功能性和非功能性需求
组织	执行者/相关方，项目团队组织结构图（特别是当有多个团队同时运作时），组织治理结构
资源	人员、角色、财务情况、技能要求、能力水平、协作支持模式、工具等方面的内容
方法	团队将遵循的策略、方法、过程、工具和技术
成功的标准	项目成功的重要指标是什么，以对应项目愿景及项目目标，重点定义输出成果与输出物的质量与要求

4.3.2 组建团队

虽然有些项目团队成员会在商业分析时就开始与相关方一起工作，但彼时不应该算是项目团队，因为项目章程给项目授权，有了项目才会有项目团队。项目团队在项目启动后才算正式形成。

1. 团队构成

敏捷团队注重快速开发产品，以便能获得反馈。在实践中，最有效的敏捷团队往往由3~9名成员组成，有一些互联网公司的实践可能人员更多达到十几名，但核心没有变化，就是敏捷化、扁平化、服务化。

理想情况下，敏捷团队应该集中在一个团队工作场所工作。团队成员100%为专职成员。敏捷鼓励自我管理团队，由团队成员决定谁执行下一阶段定义的范围内的工作。敏捷团队与服务式领导一起茁壮成长。领导支持团队的工作方法。要善于激励项目人员，为他们提供所需的环境和支持，信任他们能够完成工作。

如果团队实在不能在同一地点办公，只能使用虚拟团队的方式合作时，就要考虑文档共享、视频会议和其他虚拟协作工具等技术帮助实现远程协作。另外，要考虑让团队成员定期聚会，以便建立信任，学习怎样开展合作。

分散式团队管理沟通的一些技术包括鱼缸窗口和远程结对。

通过在团队分布的各个地点之间建立长期视频会议链接，创建一个鱼缸窗口。每天工作开始时打开链接，工作结束时关闭链接。通过这种方式，人员可以自然地看到彼此并互动，减少了身处不同地点工作所固有的协作滞后问题。

通过使用虚拟会议工具来共享屏幕，包括语音和视频链接，建立远程结对。只要考虑了时差因素，这种方法几乎和面对面的结对一样有效。

敏捷团队的角色和职责见第4.1.1节。

2．制定团队章程

敏捷宣言提到了“个体和互动高于流程和工具”，说明人与人之间的互动，是非常重要的，那么他们在一起工作的规则、方法、价值观等就至关重要。同时这也是一个团队是否是高绩效团队的特征之一。

由于在项目的构思阶段就已经有项目相关方和团队一起构思产品的愿景，一起进行商业分析。在项目正式启动后，关于项目中的团队，特别是执行团队，就需要一起正式地开展工作和互动，因此需要提前定义规则，这些信息可汇总记录在团队章程（Team Charter）中。

团队章程是提供指导原则、规则并指导团队成员行为的方针政策，也可以理解为团队开展工作的规则，可以包括预期的行为、价值观、工作规则、做事的方式。

团队章程相比较于项目章程，是一个全新的概念。此章程应由团队成员共同完成，并为所有成员服务。在团队章程中，团队成员可以约定相互的权利和义务，制定团队行事的基本原则，并设计面临突发事件时的应对措施。且最终需要团队就这些内容达成一致，并实际应用。团队章程主要包括以下内容。

- 团队愿景：团队的愿望或最想达到的目标。团队建设时，讨论的内容包括名称、口号、使命和价值观等。
- 团队共识：包括缺陷率、交付频率、性能、价值、DoD（Definition of Done，完成的定义）等。
- 团队分工：说明团队分工大方向，以及角色分工。首先的硬性指标是团队规模，敏捷鼓励采用跨职能的小团队，典型的为 5~9 人，一般不超过 12 人。
- 实践（管理与工程）：管理实践是指与代码不紧密相关的偏管理类实践，如各类会议、估算度量、风险管理和白板看板等。
- 工程实践：是指与代码紧密相关的偏技术类实践，如持续集成、测试驱动开发、用户故事等。在敏捷开发进行中，随着每次回顾来选择合适的实践，逐步建成。

团队章程示例见表 4-8。

表 4-8　团队章程示例

团队基本信息	名称： 使命： 口号： 价值观：
团队共识	（1）优先快速响应客户需要。 （2）两周为一次冲刺。 （3）每次回顾会对团队章程进行回顾。 （4）物理看板每天更新，电子看板每周更新。

续表

团队共识	（5）发布 DoD（完成的定义）：通过发布的回归测试，回归测试范围是全范围，回归比率不低于 60%；修复所有等级为 1、2 的缺陷，3 级及 3 级以下缺陷不超过 10 个。 （6）迭代 DoD（完成的定义）：所有完成的用户故事得到产品负责人的验证。 （7）用户故事 DoD（完成的定义）：用户故事得到对应的自动化测试用例；所有用户故事经过产品负责人确认、测试，走完全部流程。 （8）每日 DoD（完成的定义）：每天下班前必须检查当天书写的代码，每周至少两次把进行中的分支合并到主干分支；采用测试驱动开发，凡是检入的功能代码必须要有对应的单元测试（严格采用测试驱动开发），当天的代码必须在当天或者第二天邀请同伴进行代码评审
团队构成	跨职能的全职团队 产品经理 1 位，Scrum Master 1 位，测试经理 1 位，开发工程师 4 位，测试工程师 2 位，一共 9 人
团队角色	Scrum Master 提供帮助，测试工程师向测试经理和产品经理双头汇报，开发工程师向产品经理汇报。Scrum Master、测试经理和产品经理向上级领导汇报
实践（管理与工程）	（1）管理实践以 Scrum 方法为主；看板以物理看板指导工作（每天更新），电子看板用于知识沉淀（每周更新）。 （2）工程实践以极限编程方法为主，能保证每天的代码集成和自动化测试： 配置管理：GIT 原型设计：Axure 项目跟踪：JIRA IDE：Myeclipse、IDEA 代码扫描：SonarQube 测试：JUnit、Selenium 持续集成：Jenkins

敏捷团队章程不在于开始一定要面面俱到，只要能指导当前工作就是有帮助的。每次团队回顾都应该回顾与团队相关的内容，并把值得改进的内容加入或者修改到敏捷团队章程。在具体工作中有争议时，应当首先考虑团队章程是否对此有说明：如果有说明，按章程办；如果原说明不合适，考虑如何修改；如果没有说明，考虑是否值得加入。

4.3.3 本节练习题

1. 有关项目章程的陈述，错误的是（　　）。

A. 相比敏捷项目，它更适用于传统项目

B. 它授权项目团队从事该项目

C. 它授权项目的预算

D. 它提供项目团队需要考虑的里程碑

2. Scrum Master 在项目中的主要作用是（　　）。

A. 管理项目　　B. 客户的主要联络人

C. 度量并向高级管理人员汇报进度　　D. 保持团队专注于敏捷原则

3. 关于团队基本准则，错误的是（　　）。

A. 它可以涉及项目的任何方面　　B. 它由教练制定并由项目组批准

C. 它适用于团队任何成员　　D. 它表明了团队的期望

4. 敏捷项目中最重要的文档是（　　）。

A. 进度管理计划　　B. 成本管理计划

C. 工作分解结构　　D. 项目章程

5. 张女士正在查看一份重要的敏捷文件，里面包含了项目的前景和成功的标准，那么她最有可能是在看（　　）。

A. 任务说明　　B. 项目章程

C. 团队虚拟页　　D. 工作说明

6. 在敏捷项目中，用户故事通常存放在（　　）。

A. 看板　　B. 迭代待办事项

C. 产品待办事项　　D. Sprint 待办事项

7. 一个新的敏捷产品开发团队拥有相同数量的专家和非专家。对于一次项目迭代，大部分任务需要专家参与。敏捷项目经理应该（　　）。

A. 确定非专家团队成员的培训并减少孤岛

B. 鼓励团队成员成为通才，创造高绩效团队，减少孤岛

C. 让团队成员决定如何为团队处理任务

D. 请一名专家与其他团队成员合作开发培养一支通才团队

8. 一名新的敏捷项目实践者从支持角度习惯性地参加工作，并使用信息发射源来确保所有行动，清除团队可见的障碍，敏捷项目实践者正在（　　）。

A. 采用接受反馈的做法，促进团队改进

B. 实行与敏捷团队合作的仆人式领导风格

C. 建立协作式团队工作文化

D. 邀请参与性决策模型

9. 敏捷团队需要在很短的时间内完成新产品。因此，需要在整个项目周期内保持高昂的斗志。项目领导要保持团队士气，应该（　　）。

A. 召开团队会议制订开展冲刺的基本规划

B. 与每个团队成员单独会谈，了解他们的项目目标

C. 使用燃尽图来沟通进展情况

D. 与团队开会，回顾项目愿景，并发布产品进展计划

10. 一个敏捷项目人员不足，需要补充团队成员来完成可交付成果。在选择新的团队成员时，项目领导应该（　　）。

A. 选择全心投入项目的全职团队成员

B. 从相同职能领域选出具备类似技能的团队成员，以确保团队凝聚力

C. 选择具备专业技能的兼职团队成员

D. 使用职能经理挑选的团队成员

1	2	3	4	5	6	7	8	9	10
A	D	B	D	B	C	B	B	D	A

1.【解析】答案 A。考点“适应性规划”。其他每个选项都是正确的；不管怎样，项目章程同样适用于传统项目和敏捷项目。不论采用什么样的方法论，绕过项目章程运作的项目比遵守项目章程的项目存在更高的取消风险或会存在更多的问题。

2.【解析】答案 D。考点“团队绩效”。Scrum Master 的主要作用是帮助团队围绕敏捷准则开展工作。选项 A 是 4 个选项中最不合适的，因为 Scrum Master 并不管理整个团队或项目。选项 B 不正确，因为产品负责人更适合这个角色。选项 C 不完整，Scrum Master 可能被要求度量和报告进度并向高层报告，但并不是每个项目都是这样，因此不是最好的选项。

3.【解析】答案 B。考点“团队绩效”。基本准则不是由 Scrum Master 编写，而是团队共同编写认可的，它是适用于所有项目成员的。选项 A、C、D 都适用（题目是问哪一项是错误的）

4.【解析】答案 D。考点“项目基础知识”。章程在敏捷项目中是必备的文档，所以它是 4 个选项中最重要的。

5.【解析】答案 B。考点“项目章程”。项目章程是重要的管理文件，需要所有相关方的参与。虽然专家建议章程应不超过一页，但是因为所有的相关方必须参与并且达成一致意见，所以创建项目章程是非常具有挑战性的。项目章程中应包含 3 个关键信息：前景，任务和成功标准。

6.【解析】答案 C。考点“敏捷基础知识”。在敏捷项目，产品待办事项通常有所有用户故事的内容。

7.【解析】答案 B。考点“团队绩效”。鼓励大家成为通才。

8.【解析】答案 B。考点“团队绩效”。本题描述的是典型“仆人式领导力”。

9.【解析】答案 D。考点“团队绩效”。激励大家，项目初期通过项目愿景来描述。

10.【解析】答案 A。考点“敏捷原则与思维模式”。敏捷项目人员要全职工作。

4.4 规划阶段

规划阶段是完成如定义需求、编制计划、准备工作环境等在开发阶段之前必须要完成的事情（见图 4-12），结合洋葱圈规划（见图 4-5）为开发做好准备。此阶段所花时间不需太长，牢记敏捷原则，要尽早开发出用户需要的功能。此阶段工作会在增量开发时不断重复。

传统的项目管理，在项目启动之后，会从收集需求开始，定义项目的范围、成本、进度和质量等基本属性的标准。敏捷项目中，同样要收集需求，不过需求的表现形式上有了不同，使用的是“用户故事”的方式。

整个敏捷项目，通过敏捷洋葱圈（见图 4-5）进行战略计划，制定战略计划和执行节奏，应每半年以内进行一次。洋葱圈规划从层级上来看，有 5 个层级。

- 产品愿景：长期规划，确保产品符合公司战略层面的需求。
- 产品路线图：1~2 年的规划，是产品需求的总体视图，是规划和组织产品开发之旅的宝贵工具。路线图用于对需求进行分类，确定需求的优先级，并确定其发布的时间表。
- 发布计划：3~6 个月，一组需求的增量，而且是优先级最高的需求。在创建用户故事地图之后创建，会随着需求的涌现、产品的完成情况随时调整。
- 冲刺计划：2~4 周，每一个冲刺都需要完成的需求的增量。在每次冲刺开始的时候进行。产品所有者根据每次冲刺完成的工作，确定本次冲刺要完成的高优先级的工作。
- 每日计划：每天要完成的工作的增量，是每日站会的时候，团队成员承诺的每天要完成的工作。

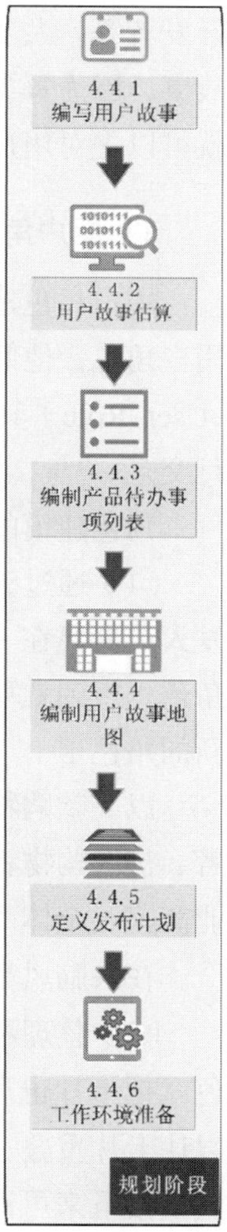

图 4-12　规划阶段

所有计划的基础都是需求，需求是项目成败的关键点，让相关方积极参与需求的探索和分解工作（分解成项目和产品需求），并仔细确定、记录和管理对产品、服务或成果的需求，能直接促进项目成功。

从项目的一开始，开发人员和客户就会尽量整理出所有真正重要的用户需求，但不会确定所有的用户需求（也确定不了），随着项目的进展，会不断加入已确定的用户需求，所以用户需求的收集和整理会一直持续到项目结束。

4.4.1 编写用户故事

上文中提到，在敏捷项目中的需求，是用“用户故事”的表现形式，所以收集需求，就是不停编写用户故事（Writing User Stories）的过程（用户故事的概念是极限编程创始人肯特·贝克提出的）。基于此，就需要站在各式各样的使用者的角度，来提出需求。以一个手机上的聊天 App 为例，使用者会有很多人，有用户（用户也分多种，他们的需求也不尽相同，有喜欢打字的，有喜欢手写的，有喜欢语音录入的）、后台管理员、企业管理者、开发者等。大多数时候，相关方只能站在一个角度来提出需求，这样就有可能会忽略一些故事，因为每类角色的需求是不同的。于是为了尽可能得到各类用户或者使用者的需求，就可以先对用户角色进行建模。

1. 用户角色建模

用户角色建模是为了尽可能地还原客户使用场景而进行的建模工作。列举一些不同的用户角色，他们有着不同的背景，有不同的目标。但可以对他们进行分组，这些用户角色（User Role）其实是一组属性的集合。这些属性是一类使用者的特征及他们如何与系统进行交互。

角色建模的步骤如下。

（1）通过头脑风暴，列出初始的用户角色集合。理想情况是在项目启动时，客户和开发人员聚集在一起。为了便于粘贴卡片，一般聚集在一面墙或一个大桌子前。大家一起想角色，想到就写上名字，不用讨论，直接写在卡片上，展示出来。直到大家都很难再想到新的角色了。

以一款购物类 App 为例，可以购建的角色包括卖货的商家、平台管理员、冲动型购物者、初次购物者、只看打折商品的购物者、普通购物者、喜欢到处比价格的购物者、大企业商家、个体商户等用户角色。

在头脑风暴过程中，坚持“一类用户角色是单一用户”的原则。

（2）整理和整合角色。把之前写出的卡片进行移动，表明角色之间的关系。重叠的角色就把卡片也重叠到一起。比如“初次购物者”和“普通购物者”，就是有部分重叠，可以让卡片重叠一点点。

接下来可以对角色进行整合，没有价值的用户角色可以丢弃。例如，“喜欢到处比价格的购物者”对于一个购物 App 而言，透明且具有竞争力的价格是非常重要的价值，不需要再多加设计。这也是购物者的一类。

所以整理后的角色，大类有购物者、商家，小类有只看打折商品的购物者、初次购物者等。

（3）提炼角色。整理和整合好角色后，对角色之间的关系有了一个基本的了解，就可以给角色定义一些基本特征来建立角色的模型了。特征是这一类用户的事实或有用信息，例如：用户使用 App 的频率；在这个领域的知识水平；使用手机的情况；用户比较关注的 App 的目标（界面清爽、物品丰富等）。

例如：

用户角色：初次购物者

不经常购物，使用强度不大，对价格敏感。注册简单且希望价格便宜，但更重要的是……

以下提供的两个方法把用户角色具体化，帮助项目团队更具体、更深入地理解和揣摩用户行为。但要注意，事先做好充分的市场和目标用户群调查，要确保虚构人物能够真正代表产品的目标用户，且这类角色比较重要。

1）虚构人物。在用户角色的基础上加名字，并对人物予以具体描述，再给人物找张照片。从他们的角度描述需求会使需求更为生动。以前面"初次购物者"的用户角色举例：

姓名：王国庆　　　　年龄：62　　　性别：男

国有企业退休人员，每天早起，喜欢散步。特别享受每次去菜市场买菜，善于砍价。由于市场嘈杂混乱，自家孩子建议以后直接在购物 App 中买各种食品和日用品。

2）极端人物。考虑极端人物是为了找出原本可能会遗漏的需求，比如想一想一个毒贩需要使用购物 App，他可能会隐藏地址或者人名。

使用极端人物导致新的需求发生，要事先确定是否需要这些需求，而且在极端人物上投入大量时间是不值得的。

2. 编写用户故事

用户故事（User Story）通常写在索引卡片或便利贴上，并放在墙壁或桌子上，以便于规划和讨论。它的标准格式是：

作为……（用户角色），

我想要……（实现功能），

以便于……（完成价值）。

正面是这 3 段话，背面就是验收标准（Acceptance Criteria,AC）。

验收标准，比如好的写法是：提供（Given）……当（When）……就（Then）……。

这种描述方式有别于传统的需求描述方式，站在用户的角度理解需要开发的功能，所以要用业务语言而不是技术语言来写。

示例：

用户故事：

作为未开通会员的普通用户（用户角色），

希望登录时有 5 折以下的折扣活动才提醒我（实现功能），

以便于我省钱（完成价值）。

验收标准：

- 提供一个未开通会员账号 A，当用户登录之后，并且有促销活动时，就在主界面打开 5 折海报动画，并显示 3 秒。

- 提供一个未开通会员账号 A，当用户登录之后，并且无促销活动时，就进入程序主界面，无任何海报动画。

由于用户故事的描述信息以传统的手写方式写在纸质卡片上，所以罗恩·杰弗里斯（Ron Jeffries）（2001）将这 3 个方面称为用户故事的 3C：卡片（Card）、对话（Conversation）和确认（Confirmation）。

- 卡片：用传统的手写方式写在纸质卡片上，包括简短描述，规则和完成标准。
- 对话：用户故事背后的细节来源于和客户或者产品负责人的交流沟通；确保各方对故事的理解正确。
- 确认：通过验收测试确认用户故事已正确完成。

另外，在 2004 年，迈克·科恩在他的用户故事经典之作《应用于敏捷软件开发的用户故事》（*User Stories Applied For Agile Software Development*）就提出，每一个用户故事都应该具备 INVEST 的属性特点（见表 4-9）。

表 4-9　用户故事的 INVEST 属性特点

英　　文	具体含义
Independent（独立的）	尽可能让一个用户故事独立于其他用户故事，解除相互之间的依赖性，便于确定优先级、评估工作量
Negotiable（可协商的）	这个用户故事的内容可以协商，是一个简短的描述，而具体细节在沟通阶段产出，避免过多的细节限制了与用户的沟通
Valuable（有价值的）	必须对客户具有价值，因此应该站在用户的角度去编写，描述的是一个一个的功能，而非一个一个的任务
Estimable（可评估的）	用户故事的优先级、工作量、安排计划都是可行的，以减少评估上的不确定性
Small（小的）	一个好的用户故事，可评估的工作量要尽量短小，确保在一个冲刺（Sprint）周期内可完成
Testable（可测试的）	这个用户故事可以测试，以确认是可以完成的，所以必须在定义了验收测试通过的标准后，才能认为故事划分完毕

为什么敏捷项目中的需求，是以用户故事的形式，而不是传统项目的需求列表的形式呈现呢？原因如下。

- 用户故事是真正站在用户或客户的角度来理解功能，是真正的价值导向。
- 用户故事是讲的，是需要对话、需要讨论的，而不是着重在编写。所以这真正提高了相关方之间的沟通与互动。事实上，这些讨论比任何文字都要重要。
- 因为用户故事加强了沟通与互动，所以能传递更多的隐性知识。特别是很多用户知道但开发者不知道的内容。

另外，敏捷用户故事的一个好处是它们可以以不同的细节级别编写。可以编写用户故事来涵盖大量功能。在编写用户故事的过程中，提到的需求可以分为三大类（见表 4-10）：史诗故事（Epic）、主题故事（Theme）和用户故事（User Story）。用户故事的大小并没有标准的界限。不管什么故事，术语只是术语，主要是帮助简化团队交流描述。用户故事最重要的还是能促进交流。

表 4-10　三大类用户故事

类　别	具体描述
史诗故事	大用户故事的标签，可以再拆分的故事。这一类故事可以直接体现业务价值和业务目标，比较直观地体现用户工作流。比如在一个出行类 App 中，“作为消费者，可以订酒店”这样的故事范围比较大而细节描述较少，团队需要再拆分下去才能更好地指导具体工作，如“根据最近的位置订酒店”“根据价格订酒店”等
主题故事	一组相关的用户故事的集合，比如在一个出行类 App 中，“订酒店”“订机票”“订出租车”这一类与“订单”相关的故事可以作为主题故事
用户故事	比较独立的可编码和测试的需求，是在冲刺（Sprint）阶段可以实实在在完成的内容

3. 用户故事分解

史诗故事和主题故事需要更细致地再分解。在分解时，一定要考虑：

- 用户故事之间的关联关系。比如，如果先做完 A，B 会更容易，那就应该先拆解并完成 A。
- 先拆解功能本身的相关用户故事，而不要把重点放在非功能上。功能本身提供价值。

当从大故事分解出小的用户故事时，分解的方法有：

- 按照处理的数据。
- 按照 CRUD，即增加（Create）、读取（Retrieve）、更新（Update）和删除（Delete）。
- 按照实现步骤。
- 按照角色。
- 按照功能非功能。
- 按照所花费工作量。
- 其他可行的方法。

4. 使用线框图

有时团队在编写用户故事时，需要很多文字才能提供用户故事的详细信息，但“字不如图”，可以把文字简化成图形，以提供交流所需要的信息。

线框图类似 App 中一个个界面的低保真设计图（见图 4-13），展示出一个页面的内容及概念，勾勒结构和布局，表达用户交互界面的主视觉和描述。

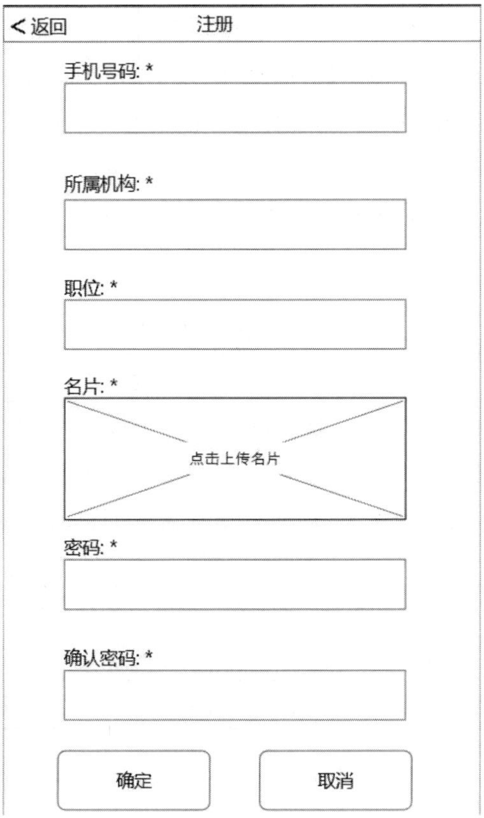

图 4-13　线框图示例

4.4.2　用户故事估算

伴随着任何一个需求的提出，不管是大还是小，每个团队成员或相关方都想知道完成这个需求的具体时间是多久。

由于敏捷项目中的需求已经不同于传统项目的描述方式，是用一个又一个的用户故事来表示，那工作量的估计也就不再是传统的“人/天或者人/周”这样的计量单位。用到的度量值是：故事点或理想时间。这是一个相对规模的度量，而不是绝对规模的度量。一个故事点就是一个数字，透过这个数字告诉整个团队用户故事的复杂度。复杂度包括功能实现的难易程度、风险和花多大的功夫。一个理想日就是一天不被任何干扰，没有电话没有会议，全部时间投入工作的度量。

1．估算单位

（1）估算单位：故事点。给每个用户故事、功能或者其他工作分配一个点值，这个点值就是故事点。只要定义一个基本参考值就可以完成所有功能的估算，而且不同能力的人也能认可。一个估算值为 2 的用户故事的复杂度应该是估算值为 1 的用户故事的 2 倍。而它的复杂度也应该是另一个估算值为 3 的用户故事的 2/3。例如，软件开发中，如果以登录模块为 5 个故事点（不用去考虑新手要做 10 天，而熟练的人只需要 2 天这样的不同能力），那么比登录模块复杂一倍的模块就需要 10 个故事点。故事点的估计是对所需的工作量、开发工作的复杂性和蕴藏的风险等方面的综合考量。故事点的取值要遵循斐波那契数列（1、2、3、5、8、13、21、34…），不过为了方便记忆，在实际的操作中，很多团队将 21 换成 20，34 换成 40。

随着故事点的定义，在后续增量开发阶段要非常关注的一个指标是：速率（Velocity），即一次固定冲刺（Sprint）中团队可以交付的用户故事点数。团队通过对每个冲刺中实际完成的用户故事的故事点数的跟踪，实现对团队速率的计算，比如连续 3 次冲刺团队都完成了 40 个故事点，那么 40 个故事点就是目前团队的速率。而且可以用这个数值来作为下一次冲刺的基准，只需要拿 40 个故事点的用户故事即可，毕竟拿多了也做不完。所以，团队速率反映了实际的生产力。

（2）估算单位：理想时间。理想时间和耗用时间是不同的。在正常工作的 8 小时内，一个开发人员可能会只花 5 小时在编程工作上，其他的时间被会议、培训、电话、邮件、修复 bug 等事情打断。所以要估算理想时间，这个开发人员一天只能算 5 个小时的理想时间。对于更高技能的专家而言，理想时间会更少。

故事点与理想时间的区别见表 4-11。

表 4-11 故事点与理想时间的区别

故 事 点	理想时间
相对抽象	更容易理解，容易上手
只是对规模进行测量，不会“过期”（与能力提升与否无关）	团队中不同人的理想时间不同
有助于驱动跨职能行为	迫使公司面对浪费时间的活动

在 PMI-ACP®考试的推荐书目《用户故事与敏捷方法》中，作者推荐一个故事点最好能对应一个理想日，这样比较简单，便于团队快速上手。不管哪种方式，如果一开始只能给出一些大的故事，如史诗级故事，可以直接赋予一个很大的值，如 100。因为这类故事还需要进一步拆分，才可以进入后续的冲刺进行开发。

2. 估算方式

团队中的成员有着不同的知识和背景，对同一个故事可能有不同的看法，那要如何得到一个团队认可的数值呢？以下是常用的几种估算方式。

（1）亲和估算（Affinity Estimating）。亲和估算是用来估算大规模用户故事的故事点的技术，适用于创建用户故事地图后要快速对用户故事估算以考虑发布计划的用户故事数，包括咖啡杯容量、T 恤号码、斐波那契数列等。

方法：将一大堆用户故事写在卡片上，从中抽取一个中等难度的故事，贴在墙中央，然后随机抽取下一张卡片，并与刚开始的那一张的难度做比较，如果更容易则贴在前一张的左边，否则贴在右边。接下来继续抽取逐一抽取其他的用户故事并与墙上已有卡片的难度作相对的比较，排列顺序，直到全部排完，就会得到所有用户故事根据难度顺序的排列。最终的结果如图 4-14 所示。

好处：快速简单；决策制定过程透明可见；创造了一种积极合作而非对抗的体验。

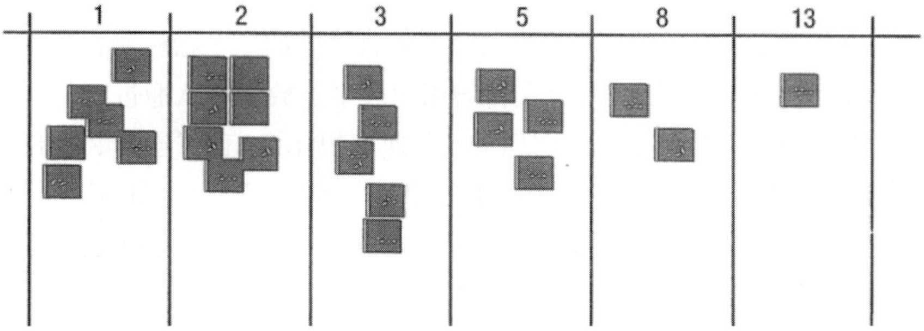

图 4-14　亲和估算示例

（2）宽带德尔菲（Wide band Delphi）。

方法：宽带德尔菲估计法建立在传统德尔菲技术基础上。团队成员聚在一起演示用户故事，讨论面临的挑战，然后私下进行估算，通过多轮调查/投票的方式整合主题专家的匿名输入（见图 4-15）。每一轮都汇集所有的估计，并在图表中画出来，展示故事点的分布，但每个估计都不写估计者的名字。然后团队再讨论存在估算差异的情况，主持人再组织下一轮，团队成员提供新的预测。多轮之后估算会越来越近。

好处：匿名，不用看领导脸色，也有效避免了光环效应。

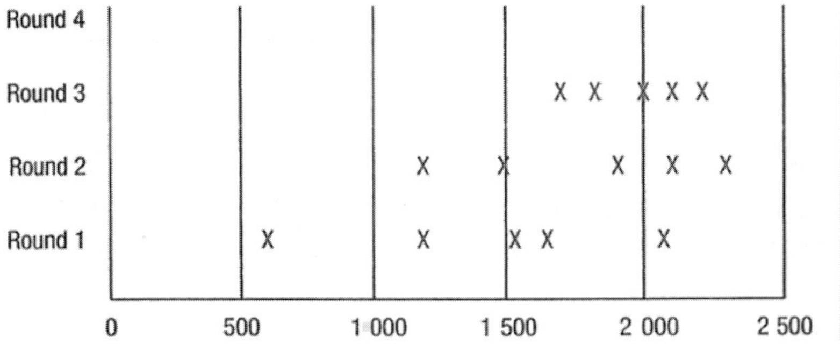

图 4-15　宽带德尔菲示例

（3）计划扑克（Planning Poker）。计划扑克把专家意见、类比和分解结合到一种令人愉快的估算方法中，可以产生快速而可靠的估算。估算的目的在于合理性，而不是准确性。

方法：产品所有者或客户阅读敏捷用户故事并简单解释功能。团队成员通过将编号的纸牌面朝下放在桌子上而不透露他们故事点的估算值（斐波那契数列：1、2、3、5、8、13、20、40）来进行估算。一起亮出卡片（见图 4-16），然后讨论估算值，并解释最高估算值和最低估算值产生的原因。根据需要重复，直到结果趋同为止。如果不清楚或者想休息，都有相应的卡片。

好处：避免“锚定”的认知偏差。

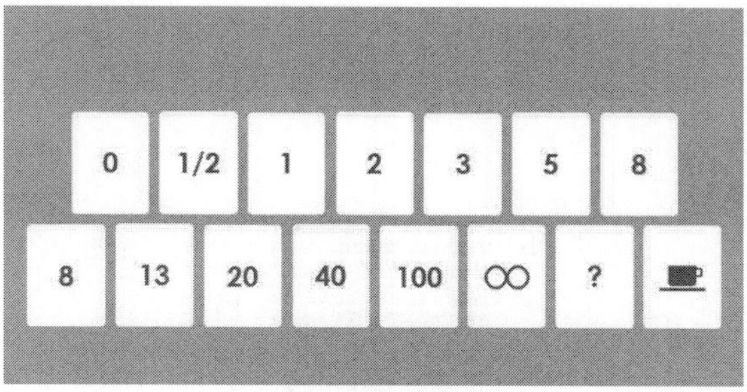

图 4-16　计划扑克

趣点

为什么用斐波那契数列？

答：区分 1 千克和 2 千克的物品容易，但分辨出 20 千克和 21 千克的物品比较难。因为 20 和 21 两者之间的百分比差异太小，只有 5%，而 1 和 2 的百分比差异是 100%。斐波那契数列中后面的每个数字都比前一个数字大 60%左右，符合黄金比例（除了前两位），便于区分差异。

一个比较大的故事，如果觉得规模是 50，那么用 40+13 或者 40+8 都可以表示，因为还会再拆分成更小的故事才可以指导工作。

4.4.3　编制产品待办事项

当项目在规划阶段，团队了解到越来越多的需求，编写出越来越多的用户故事（需求），有史诗级的大故事，也有比较小的可直接开发的小故事，还包括一些主题故事等。这些用户故事集合起来，依据优先级从上往下排列，并在后续被分配到每次发布中的一份用户故事列表，这就是在敏捷开发中，也是 PMI-ACP®、PMP®考试中非常重要的知识点：产品待办事项（Product Backlog，考试中偶尔可能会翻译成产品积压项）。这是一份团队对整个产品或整个特性达成共识的列表，且会在后续开发过程中不停地对这个列表进行补充（补充新的用户故事）和拆分（拆分大的用户故事）。

产品待办事项由产品负责人拥有、创建和维护。产品负责人还监督待办事项细化。开发团队和/或 Scrum Master 帮助产品负责人定义产品待办事项并估算它们。

产品待办事项完成后，需要由产品负责人评定需求的优先级，按优先级从高到低的顺序依次排列。最有价值、最重要的用户故事显示在产品待办事项的顶部，确保团队知道这是要优先交付的成果。当然，除了价值之外，还有其他一些决定优先级的指标，比如能有效地减轻风险，依赖关系等也会影响用户故事的优先级排序。对于一些比较大的如史诗级故事等无法估算时间成本的用户故事，需要细化拆解到便于估算为止。在产品待办事项中，越是马上将要开展的用户故事，越应该接近积压的顶部，尺寸很小，而且非常详细，以便它们可以在短期冲刺中工作。近期无法工作的用户故事，应该是靠近产品待办事项的底部，更大、更不详细。如图 4-17 所示，每个灰色的格子都代表着用户故事，越大的用户故事的尺寸越大，优先级越低。

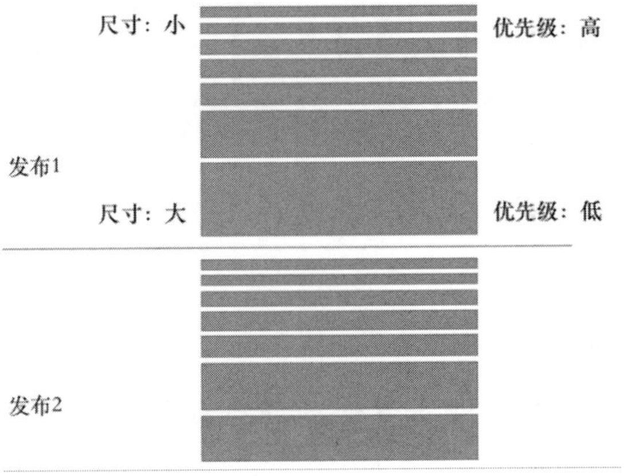

图 4-17　产品待办事项

如何判断一个用户故事是最重要、最有价值的，应该显示在产品待办事项的顶部？答案是进行用户故事的优先级排列。近些年针对软件开发的研究表明：软件中有 50%以上的功能很少使用甚至是不用的。这也是常谈到的二八原则，只需要用到非常少量的 20%功能就解决了 80%的使用需求。所以，应该使用工具来判断用户故事的优先级。

1．MoSCoW 排序方法

MoSCoW 是 4 个首字母的缩写，代表着要为每一个用户故事定义它们在项目中的重要性。MoSCoW 排序方法是来自 DSDM（Dynamic Systems Development Method，动态系统开发方法）的一种优先化技术，目的是使开发人员、产品经理、客户对每个需求交付的重要性达成共识。

- Mo（Must have）：必须有。如果不包含，则产品不可行。“必须有”的功能通常就是系统的基本功能。
- S（Should have）：应该有。这些功能很重要，但不是必需的。虽然“应该有”的要求与“必须有”一样重要，但它们通常可以用另一种方式来代替，去满足客户要求。
- Co（Could have）：可以有。这些要求是客户期望的，但不是必需的。可以提高用户体验或提高客户满意度。如果时间充足，资源允许，通常会包括这些功能。但如果交货时间紧张，通常现阶段不会做，会挪到下一阶段做。
- W（Won't have）：不需要有。最不重要、最低回报的项目，或在当下是不适合的要求。不会放到当前交货计划中。“不需要有”会被要求删除，或重新考虑。

2. Kano 模型

Kano 模型是日本东京理工大学教授狩野纪昭（Noriaki Kano）发明的对用户需求分类和优先级排序的有用工具（见图 4-18），以分析用户需求对用户满意度的影响为基础，体现了产品性能和用户满意度之间的非线性关系。

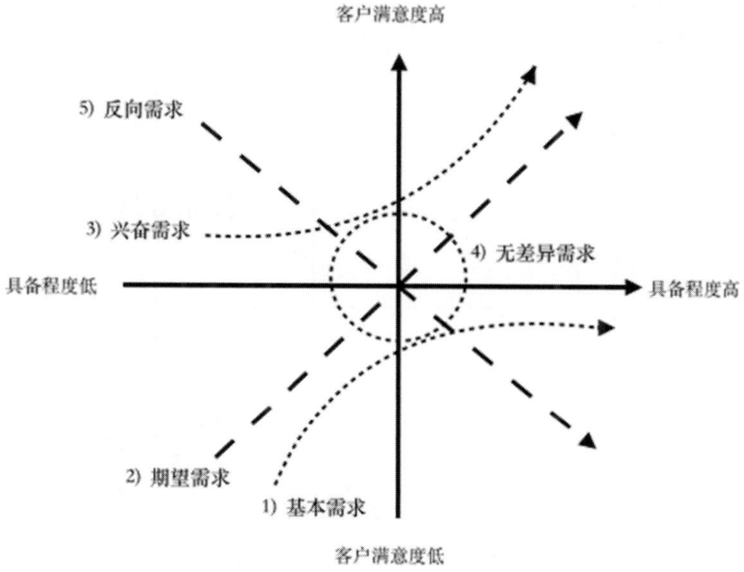

图 4-18 Kano 模型

狩野教授将产品服务的质量特性分为 5 类（见表 4-12）。

表 4-12 Kano 模型的需求分类

需求分类	特 性
基本（必备）型需求	产品“必须有”的属性或功能。当其特性不充足（不满足客户需求）时，客户很不满意；当其特性充足（满足客户需求）时，客户也可能不会因而满意
期望（意愿）型需求	是指客户的满意状况与需求的满足程度成比例关系的需求。此类需求得到满足或表现良好，客户满意度会显著提升
兴奋（魅力）型需求	不会被客户过分期望的需求。对于兴奋型需求，随着满足顾客户期望程度的增加，客户满意度也会急剧上升，但一旦得到满足，即使表现并不完善，客户表现出的满意状况则也是非常高的
无差异型需求	不论提供与否，对客户体验无影响。是质量中既不好也不坏的方面，它们不会导致客户满意或不满意
反向（逆向）型需求	客户根本都没有此需求，提供后客户满意度反而会下降，而且提供的程度与客户满意度成反比

3．风险价值矩阵

风险价值矩阵用于确定功能的正确开发顺序。综合考虑商业、技术、进度、成本、质量等风险并量化后，对于高风险、高价值的功能要首先开发。这些功能有高价值，处理之后能消除风险，不会在后期因为风险过大导致项目出现大问题。其次是低风险、高价值的功能。最后是低风险、低价值的功能。对于低价值、高风险的功能，最好是避免开发。按照图 4-19 中编号 1、2、3 的顺序进行开发。

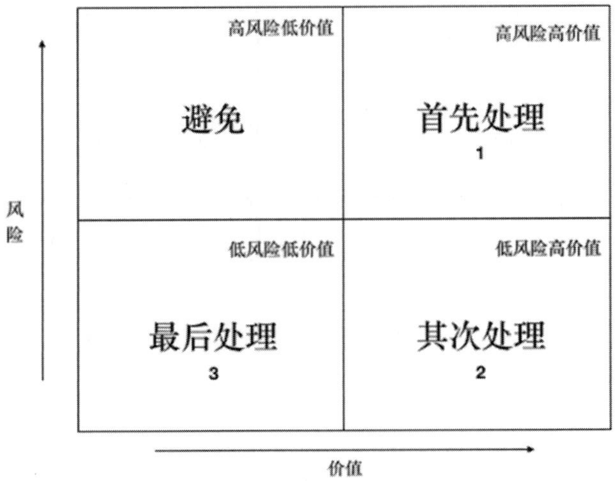

图 4-19　风险价值矩阵

这种排列先后顺序的方式，在项目实操中不是单单考虑一个维度，而是多个维度综合考虑，在项目中会随着需求的涌现会不停地进行。

在工作过程中也会不断对大尺寸的用户故事进行细化。最后开发团队根据产品待办事项中的优先顺序推进工作，通过看板的持续改善或 Scrum 的冲刺来完成这些项目。

健康的产品待办事项就像一个健康的人那样：整洁有序、组织合理、公开透明。

4.4.4　创建用户故事地图

用户故事地图（User Story Map）是一个模式，是把产品待办事项中的用户故事进行逻辑分类。按照顺序、按照大小进行分类归纳。如果只是简单地按照组织单个用户故事、排列优先级、讨论、开发这样的一个过程，就会让团队更容易关注到开发细节，忽略整体的愿景。这是种“只见树木，不见森林”的做法。

所以应该先关注整体，先走一遍整个故事线（产品的使用线），再下沉到细节。用户故事地图有两个原则：从左到右讲故事（主干），从上到下拆故事（细节）。具体如图 4-20 所示。

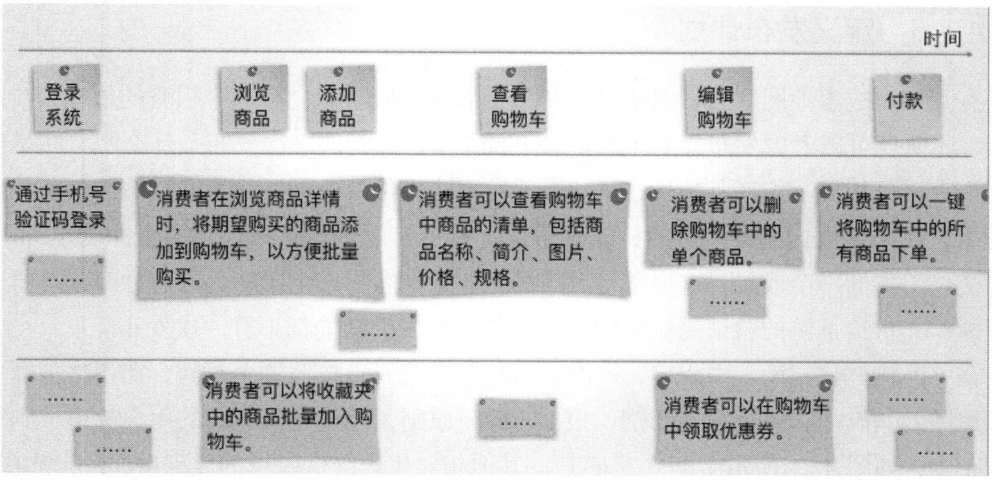

图 4-20　用户故事地图示例

在编写用户故事的时候，可以先把系统的主干建立起来（从左到右），让团队在便笺纸上写下“用户会如何使用这个系统？”等问题。基本上每张便笺都会以一个动词开头，如发送邮件、创建联系人、添加用户等。例如，下面是一个购物 App 的用户故事地图，首先写出最上面一行便笺中的用户行为，先登录系统，之后浏览商品，再到添加、付款等行为。接下来根据这些用户行为从上到下进行分解，产生具体的用户故事（其他便笺），第三步按照 MVP（Minimum Viable Product，最小可行性产品）原则排列用户故事，并规划到每一次发布中（参考第 4.4.5 节）。

用户故事地图详细步骤（以购物 App 为例）：

1）让团队在便笺纸上写下“用户会如何使用这个系统？”：登录系统、浏览商品、添加商品、查看购物车、编辑购物车、付款。对用户而言，这就是一个完整的购物流程。

2）把每个行为细化，从上到下拆解为更具体的用户故事。以“编辑购物车”为例，有如下用户故事：

- 消费者可以修改购物车中单个商品的规格。
- 消费者可以删除购物车中的单个商品。
- 消费者可以批量删除商品。
- 消费者可以将购物车中的商品移入收藏夹。
- 消费者可以在购物车中领取优惠券。

3）根据 MVP 原则对每个用户故事进行优先级的排列（根据第 4.3.3 节中的优先级排列技术），比如在编辑购物车的多个用户故事中，第一个版本只需要完成修改规格、删除单个商品就可以组成必要功能。而把商品移入收藏夹，或者领取优惠券可以在后期的发布中考虑。（发布 MVP 背后的整个理念是要获得早期的用户反馈——通过提供一个最小产品而非完整产品，才能更早地得到反馈，并输出更贴近用户的好产品。）

4.4.5 定义发布计划

有了用户故事地图之后，团队对于产品全局和大概时间会有一个粗略的估计。在这基础上，团队就可以考虑发布计划（Release Plan）了。那到底一次发布是什么呢？它是指发布客户直接可用的一组产品特性，是一个开发团队交付一个可以工作的软件给团队外部的人使用，以满足他们的某个目的，实现价值。一个有效的发布一般是多个冲刺（Sprint）集中交付工作的一个成果，这通常是对市场、业务和客户产生影响的标志性时刻。所以也能判断：交付给下游的验证团队来做测试、集成开发的功能都不算一次发布。

在《PMBOK®指南》中规定，一次发布是3~6个月。按照这个时间，在粗略估算用户故事地图的基础上，进行水平切割，根据MVP原则，把优先级最高的用户故事放到第一个发布中，如图4-21所示中的“发布1”。其他相对优先级低一点的放到后面的发布中去。

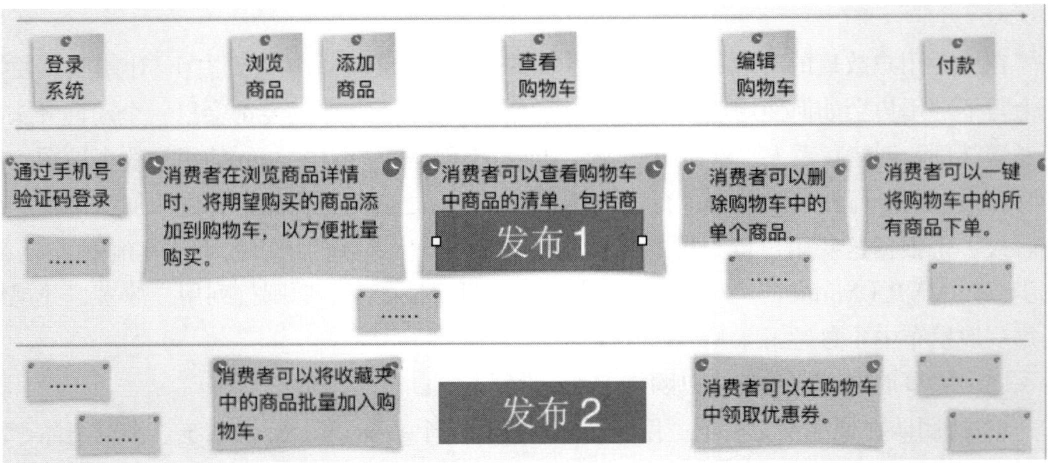

图4-21　划分发布阶段后用户故事地图示例

根据初始的项目信息，项目团队大致了解每一个发布的大概内容之后，就需要制定每一次发布计划的详细内容，包括本次发布的目标是什么、需要发布哪些特性（来自用户故事地图）、需要花多长时间，预计用多少成本、发布的DoD（Definition of Done，完成的定义）、迭代的完成标准、每日的完成标准等。再将用户故事按照优先级和价值进行排序并放到每个迭代中。最后，确保团队对发布日期和发布目标取得共识。

除了上述的工作，还包括：确定冲刺长度，《Scrum官方指南》的建议是1~4周为宜；估算团队的速率。此时还未开始工作，只需提供一个估计值即可，便于每个冲刺估计完成多少用户故事。这个数值会随着团队合作的日趋成熟而越来越准确。在项目还未正式开发之前，应该如何提供这个初始的估计值呢？用原型法开发一两个用户故事来了解就行。这样一个原型化的过程称为刺探。

发布计划建立后，根据风险、涌现的需求或客户的要求，保持对项目产品待办事项的监控。随着项目的进行，可根据团队的速率的改变来调整用户故事的优先顺序和产品增量，以及发布目标。

图 4-22 所示是一次定义发布计划的流程。

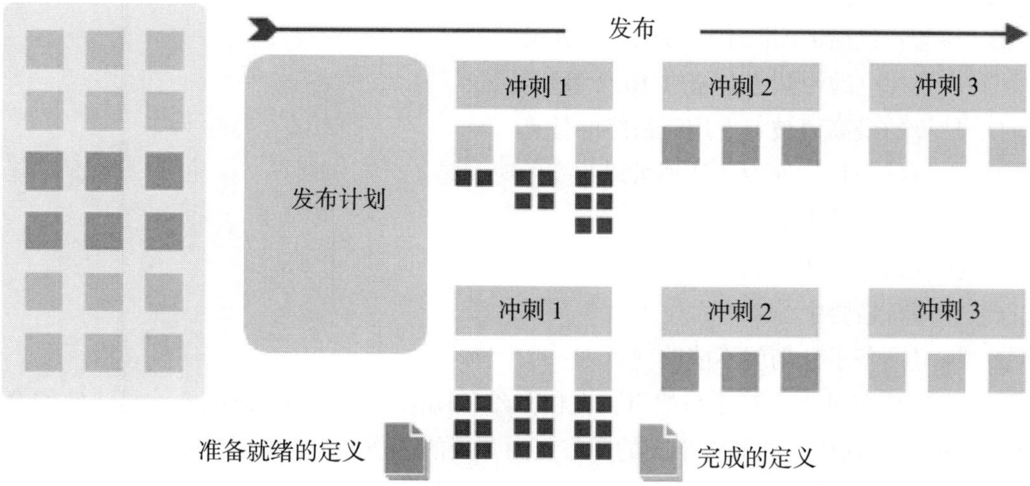

图 4-22 定义发布计划流程

4.4.6 工作环境准备

当发布计划定义清楚后，激动人心的产品开发阶段即将拉开帷幕。但“工欲善其事，必先利其器”，在正式开始产品开发的阶段前，需要一个工作环境准备的过程。

这个过程里的工作包括：

- 基本系统架构和设计、评审。
- 总体规划、基础系统架构、基础设计、版本控制和持续集成设置。
- 建立基础系统架构和设计，安装版本控制和持续集成设置。
- 全员敏捷基础知识培训，包括敏捷仪式辅导。
- 准备工作环境，建立物理看板和电子看板。

这些工作不产生任何关于产品的功能（价值），但又是必不可少的。目前行业内也有争议是否该把这些内容当作冲刺 0（Sprint 0）完成。笔者认为不可，理由是：每次冲刺应该是进行产品的增量开发，都必须提供某些功能，无论它是多还是少，是大还是小。而创建工作环境并不提供可用的功能，所以单独叫作环境准备，不归于冲刺且没有冲刺 0。

4.4.7 本节练习题

1. 在一个项目中计划有 13 个迭代，每个迭代 2 周。团队的速率是每个迭代 20 个故事点，项目中总共故事点的数量是（　　）。

A. 13　　B. 20

C. 260　　D. 200

2. 敏捷团队使用规划扑克进行估算。关于规划扑克，下面说法不正确的是（　　）。

A. 合并专家观点、类比和裂解成为一种合适的方法，以尽可能快的方式进行估算，但是是可靠的估算

B. 参与者包括了团队中所有的开发人员

C. 规划扑克的团队不会超过 10 个参与者

D. 估算的最高值被考虑用于最终的估算

3. 在敏捷项目管理中，计划可以改变的时间是（　　）。

A. 每个迭代结束的时候

B. 接收到了一些新事物

C. 在每日站会中

D. 一旦准备了计划就不能改变计划

4. 有时故事过小。对于小故事，在极限编程团队中好的和普遍的方式是将它们合并进入大的故事，这样就能够将半天的工作变为几天的工作。为合并的故事起一个名字，并像其他故事一样为其制订进度计划。下面不属于小故事的是（　　）。

A. 缺陷报告　　B. 缺陷

C. 用户接口变更　　D. A 和 C

5. 宽带德尔菲是一个重复的过程，被用于（　　）。

A. 生成估算　　B. 创建故事

C. 实施的目的　　D. 激励团队

6. 在你当前的敏捷项目中，团队无法跟踪正在进行的工作（WIP），因为它与项目中的故事数量有关。之前所有试图控制这种情况的努力都失败了，你的赞助商要求你控制这种情况。你能补救这种情况的措施是（　　）。

A. 看板（Kanban）　　B. 预算消耗速度

C. Scrum　　D. 精益

7. 下面的文档中，定义了功能和非功能性的需求以使系统满足交付的愿景、优先级和估算的是（　　）。

A. 冲刺的优先级　　B. 愿景盒子

C. 产品待办事项　　D. Sprint 评审会议

8. 估算的一个故事点实际花费 2 天完成。在每一个迭代结束的时候进行计算时，1 个速率贡献了（　　）故事点。

A. 1 个　　B. 3 个

C. 2 个　　D. 不能计算

9. 团队正在考虑不同的群体与他们的产品交互会怎样。最合适在这种情况下使用的技术是（　　）。

A. 相关方分析　　B. 创建人物（用户角色建模）

C. 根本原因分析　　　　　　　　　　D. 线框图

10. 团队正在估算软件工作量，他们按照工作量从大到小的顺序把故事贴贴在墙上，这是（　　）方法。

A. 斐波那契数列　　　　　　　　　　B. 计划扑克

C. 相对规模估计　　　　　　　　　　D. 宽带德尔菲

11. 一个组织有两个敏捷团队，团队 A 有 15 的速度，团队 B 有 20 的速度。管理层已经注意到并且希望团队 A 采取措施来加快速度并和团队 B 匹配性能。以下选项正确的是（　　）。

A. 让 Scrum Master 交叉出席每日站会，使最佳实践在两个团队间传播

B. 采用挣值测量作为第二个度量指标

C. 在这两个团队之间重新分配团队成员

D. 向高级管理者解释为什么请求没有任何意义

12. 一次刺探（Spike）被称为（　　）。

A. 一个小的实验，帮助团队决定行动计划

B. 在一个发布或迭代中增加的用户故事数量

C. 一种激励团队的技术

D. 一种划分方法，用来在获取需求过程中帮助客户

13. 下列选项关于工作环境准备阶段的说法，正确的是（　　）。

A. 团队选择对客户具有最高价值的选项

B. 团队试图更新产品范围

C. 团队此时不传递价值给客户

D. 团队讨论版本中的后续迭代内容

14. 团队对一个潜在新功能可能提供的价值存在分歧。解决这一问题的是（　　）。

A. 团队　　　　　　　　　　　　　　B. 用户

C. 产品负责人　　　　　　　　　　　D. 教练

15. 产品负责人（　　）。

A. 排列产品待办事项顺序，作为客户的唯一发言人，接受工作成果

B. 排列迭代待办事项顺序，和教练或敏捷专家协调团队活动

C. 促进每日站会，写用户故事的接受标准，评审完成的用户故事

D. 帮助团队自我组织，向团队解释用户故事，帮助分解史诗故事

16. 项目团队的开发速度为 5，下表列出了产品订单列表的优先级，最佳组合是（　　）。

用户故事	估 计 值
A	2
B	3

续表

用户故事	估 计 值
C	1
D	1
E	3
F	5

A. 迭代 1：A、B；迭代 2：C、D、E；迭代 3：F

B. 迭代上 A、E；迭代 2：B、C、D、E；迭代 3：F

C. 迭代 1：A、E；迭代 2：B、C、D、E；迭代 3：F

D. 迭代 1：A；迭代 2：B、C、D；迭代 3：E；迭代 4：F

17. 团队过去两天在项目中使用了虚拟人物。在第三天，有人建议切换到极端人物。这样做的意义是（　　）。

A. 极端人物有助于消除浪费

B. 极端人物有助于引出正常人物可能丢失的需求

C. 极端人物有助于消除团队的冲突

D. 极端人物有助于为团队引入有益的冲突

18. 在产品未完项中，有望找到史诗故事的地方是（　　）。

A. 分解池中　　B. 史诗故事不应该出现在产品未完项中

C. 处于或接近顶部　　D. 处于或接近底部

19. 团队开始一个 Sprint 计划会议，但产品负责人没有出席，这有问题吗？（　　）

A. 有，产品负责人作为团队的一员应该出席所有团队会议

B. 没有，团队是自我组织型的，应该有能力自己解决任何问题

C. 没有，产品负责人不应该出席 Sprint 计划会议

D. 有，产品负责人要利用 Sprint 计划会议的一部分时间给团队讲解用户故事

20. 在开发过程中，教练提醒他的团队“Be DRY today”，他在鼓励同事（　　）。

A. 不要太早发布代码　　B. 在提交新工作前做回归测试

C. 不要重做已经完成的工作　　D. 记录代码

21. 下面缩写词中，描述了产品未完项的是（　　）。

A. INVEST　　B. SURE

C. GROOM　　D. DEEP

22. 在其他条件都相同的情况下，速度最快的估算方法是（　　）。

A. 计划扑克　　B. 亲和估计

C. 宽带德尔菲　　D. 分散

23. 在敏捷项目管理方法中，计划的一个等级是发布计划。发布计划的重要之处在于（　　）。

A. 它有助于确保客户和敏捷团队了解产品的前景、验收标准和高层次的产品发布计划

B. 它有助于团队了解客户的投资组合的风险

C. 它有助于客户具体化对将发布产品的要求

D. 它有助于敏捷团队将用户故事分解成任务

24. 一个风险—价值图表可用于帮助优先处理产品待办事项中的用户故事，那么以下用户故事中，具有高优先级的是（　　）。

A. 低价值、低风险　　B. 高价值、低风险

C. 高价值、高风险　　D. 低价值、高风险

25. 定义项目和质量标准的最佳时间是在（　　）。

A. 一项工作的开始　　B. 首次迭代后

C. 首次回顾期间　　D. 首次发布后

26. 敏捷开发团队正进行一项计划活动，需要估算一大型产品待办事项中开发用户故事的相对工作量。团队计划将用户故事赋值为不同的 T 恤尺码（小、中、大、加大）来表示开发的工作量。这个计划活动高效提升且迅速估算了用户故事。最有可能的计划活动是（　　）。

A. T 恤估算　　B. 无穷估算

C. 亲和估算　　D. 相对估算

27. 在用户优先级技能 MoSCoW 中 Mo 代表（　　）。

A. 确保含有　　B. 必须含有

C. 可能含有　　D. 可以含有

28. 小桂和她的敏捷团队将用户故事分解成更小的可管理的任务，这一过程被称为（　　）。

A. 任务评估　　B. 反思　　C. 解聚　　D. 增量设计

29. 包先生和李女士在计划扑克会议，当预测包先生将要开发的用户故事时，两人分别重新计算了它的最大价值和最小价值。在接下来的计划扑克中将要发生的是（　　）。

A. 因为包先生是开发者，团队应该利用他的预测值

B. 把两个值的平均数看作估计工作成果，完成用户故事

C. 允许包先生和李女士进行自我分析并讨论，团队通过投票表决，直至全队达成共识

D. 随机挑选作为用户故事工作成果估计

30. 敏捷故事地图本质上等同于传统项目管理中的（　　）。

A. 产品清单　　B. 产品需求

C. 项目计划　　　　　　　　　　　　D. 项目进度安排

31. 敏捷团队估算完成一个用户故事的相对规模时，使用的是（　　）。

A. 故事点　　　　　　　　　　　　　B. 分解

C. 速度　　　　　　　　　　　　　　D. 聚合

32. 敏捷团队正在创建一个项目的发布计划。发布计划层应包含（　　）。

A. 为完成每个任务或故事而将执行的一系列详细活动

B. 开发人员的概要任务，指出他们需要工作的用户故事

C. 需要在特定版本中开发的故事详细视图、估算和验收标准

D. 对可能开发什么，以及在什么时间范围开发的粗略视图和期望

33. 一个项目有几个功能可以立即为客户提供价值。产品经理需要确定在即将到来的迭代中包含哪些功能。产品经理需要客户审查和批准（　　）。

A. 立即可交付成果的综合进度计划　　B. 所有特征的功能描述和成本估算

C. 所需特征和功能的优先级列表　　　D. 工作分解结构（WBS）

34. 一名团队成员是团队中唯一掌握必要技能的成员，很快就要休假了。由于团队中没有人可以替代完成这名成员的工作，因此项目速度会受到影响。若要填补团队的技能差距，敏捷管理实践者应该（　　）。

A. 与每名团队成员定期单独会谈，讨论他们在项目中的独特技能

B. 召集具备不同技能的团队成员，举办知识分享会议

C. 鼓励团队成员在协作前获得不同技能的认证

D. 要求直线经理交叉培训全体团队成员，使之掌握所有必要技能

35. 某个项目迭代存在多个问题，项目团队不确定应该由哪些成员负责，敏捷管理实践者应该（　　）。

A. 督促项目领导将问题指派给适宜的团队成员

B. 主动帮助团队通过透明度和协作来提高效率

C. 要求产品负责人对问题进行优先级排序并指示团队予以解决

D. 针对每个问题创建任务，并分配给适宜的团队成员

36. 高级管理层反复要求敏捷团队提供状态更新信息，其中有些管理层没有和团队处在同个工作地点。若要解决这个问题，团队应该（　　）。

A. 向高级管理层提供访问团队在线看板的权限

B. 要求 Scrum Master 与高级管理层对话

C. 邀请高级管理层参加下次 Sprint 计划会议

D. 准确及时回复高级管理层的所有要求

37. 客户想要在未完项中添加一项大工作，并希望在下次迭代时交付，这会严重拖延项目进度。团队要想在承诺预期交付日期之前，确保关注相关需求，应该（　　）。

A. 将这项大工作添加进下次迭代的未完项，进行优先级排序，并通知客户

B. 将这项大工作分解成较小的故事，明确验收标准，并再次确定其在今后迭代中的优先级

C. 向客户搜集这项大工作的验收标准，确保在下次迭代中包含这些特性

D. 内部讨论这项大工作的价值，再次确定其在今后迭代中的优先级，并告知客户最新动态

38. 开始新项目工作的敏捷团队需要对需求进行优先级排序。该敏捷团队应该(　　)。

A. 提出并对能够给相关方增加价值的功能与非功能需求进行优先级排序

B. 获得并对能够给项目发起人增加价值的功能需求进行优先级排序

C. 在迭代代理规划过程中使用 5 个技巧的第一个技巧后，作为一个团队对需求进行优先级排序

D. 要求产品发起人对非功能需求进行优先级排序

39. 一家公司接手了一个存在大量技术债务的项目，虽然相关方知道这一点，但他们未能了解到其对交付和产品质量的影响。若要处理这个问题，敏捷管理专业人士应该(　　)。

A. 创建一个重构计划供相关方审查

B. 提高所有故事点的价值，以说明重构的原因

C. 在下次迭代中为技术债务事项分配最高优先级

D. 确保所有技术债务问题均已添加进产品未完项

40. 项目领导鼓励新创建的项目团队采用敏捷原则。在会议中，有几名经验丰富的团队成员一直在进行有关创建项目计划的对话，导致新成员难以参与对话。项目领导应该(　　)。

A. 允许经验丰富的团队成员主导对话，以便能够尽快开始项目

B. 单独与新团队成员开会，收集和评估他们的意见，以便在计划中予以考虑接纳

C. 邀请新团队成员提出想法，并要求经验丰富的团队成员聆听所有意见

D. 停止对话，要求每个人将各自的想法写下来，放在待办事项列表中

1	2	3	4	5	6	7	8	9	10
C	D	B	B	A	A	C	A	B	C
11	12	13	14	15	16	17	18	19	20
D	A	C	C	A	A	B	D	D	C
21	22	23	24	25	26	27	28	28	30
D	B	A	C	A	C	B	C	C	C
31	32	33	34	35	36	37	38	39	40
A	D	C	B	B	A	B	A	D	C

1.【解析】答案 C。考点“敏捷原则基础知识”。13 个迭代，每个迭代能完成 20，那么就是 13 乘以 20，即 260 个。故事点数量跟迭代的天数没关系。

2.【解析】答案 D。考点“敏捷原则基础知识”。最高值和最低值都算异常值，需要说出他们估算的原因。最终取大家达成共识的值。

3.【解析】答案 B。考点“适应性规划”。当有环境的变化等输入，根据优先级排序计划可以改变。

4.【解析】答案 B。考点“敏捷原则之基础知识”。敏捷项目中，可以把报告和变更都当成故事（也就是需求去完成它），但缺陷却不可以。扩展考点：精益浪费识别。

5.【解析】答案 A。考点“适应性规划”。宽带德尔菲是专家匿名提供估算，这样可以有效地避免光环效应。

6.【解析】答案 A。考点“敏捷方法”。看板是一个在制品管理工具。参考《敏捷实践指南》第 103 页。

7.【解析】答案 C。考点“适应性规划”。愿景只说产品，定义功能和非功能需求是 Product Backlog（产品待办事项）的内容。

8.【解析】答案 A。考点“团队绩效”。一般讲到的速率是指一个迭代完成了多少个故事点。但这里说一个速率，一般是指的一个故事点。扩展考点：速率也叫速度。

9.【解析】答案 B。考点“适应性规划”。这里最好的方法是创造人物，这些人物用来模拟与系统的交互，以便收集需求。选项 A 不是最佳选项，因为相关方解决问题的方式和人物不一样。D 也不对，虽然接近于选项，但不是最佳选项，因为线框图是在你了解用户会如何使用你的系统之后而创建的，而实际上你还没有到达这一步。

10.【解析】答案 C。考点“适应性规划”。相对规模估计是估算某件事相比其他事情需要多少工作量的方法。A 是另一种工具，不适合此处描述的情况。选项 B 不对，因为团队把故事贴在墙上，计划扑克中常用索引卡。扩展考点：计划扑克、宽带德尔菲等。

11.【解析】答案 D。考点“适应性规划”。不能在团队之间比较开发速度，因为开发速度是基于故事点的，故事点可能随着每个团队而不同。最好的选项是将此事向高级经理解释。

12.【解析】答案 A。考点“问题发现与解决”。探测是在遇到前进方向的问题时用一个小的实验来决定如何行动。扩展考点：探测也叫试验、尝试。

13.【解析】答案 C。考点“问题发现与解决”。团队做工作环境准备时，没有可用的软件交付客户。在敏捷中只有可用的软件才能转化为价值。

14.【解析】答案 C。考点“团队绩效”。产品负责人或客户最终决定价值功能是否提供。扩展考点：产品负责人也叫产品经理。

15.【解析】答案 A。考点“团队绩效”中产品负责人的角色。

16.【解析】答案 A。考点“团队绩效”。理解的关键是看开发速度。将其保持在 5 的速度，迭代 1 的组合是 AB，迭代 2 的组合是 CDE，迭代 3 的组合是 F，这样就是完美的，这个例子中，没有必要重排迭代顺序和更改迭代长度。

17.【解析】答案 B。考点“问题发现与解决”。极端人物是使用系统的夸张虚拟角色（通常以极端方法）。他能帮助团队获取可能遗漏的需求。

18.【解析】答案 D。考点“价值驱动交付”。史诗故事是需要分解的大型故事，这些基本上可以在产品未完成项的底部找到。它们被进一步分解后，价值越来越高，会逐渐移向顶部。

19.【解析】答案 D。考点“Scrum 知识：产品经理的责任”。产品负责人利用这个会议前半部分时间从功能角度向团队解释用户故事。

20.【解析】答案 C。考点“敏捷基础知识”。术语 DRY 是 Don't Repeat Yourself（不要重复你自己）的简写，是指编程过程中不写重复代码，将公共的部分抽象出来。

21.【解析】答案 D。考点“敏捷基础知识”。产品未完项的属性应该是 DEEP，代表详略适宜的（Detailed Appropriately）、可估计的（Estimated）、涌现式的（Emergent）、排好优先级的（Prioritized）。

22.【解析】答案 B。考点“适应性规划：估算”。亲和估计是为了快速估计大规模未完项而设计的。选项 A、C 可能比较快，但是没有亲和估计快。

23.【解析】答案 A。考点“敏捷基础知识： 发布计划”。发布计划很重要，因为客户和开发团队合作为产品发布去创造高水平计划。用户故事是在发布计划期间初始定义的。发布计划通常包括一个计划，计划包括几个迭代和一个产品版本什么时候会发布的估计。后续开发团队和客户详细地讨论每个用户故事，以确定放到项目的迭代里。

24.【解析】答案 C。考点“价值驱动交付”。扩展考点：价值风险矩阵的顺序，包括但不限于第一、第二、第四顺序。

25.【解析】答案 A。考点“适应性规划”。每项工作的开始先定义工作的 DoD（完成的定义）。

26.【解析】答案 C。考点“适应性规划”。亲和估算是预测工作量的一个方法，通常在故事点，开发用户故事中，而尤其在大型产品待办事项中作用巨大。虽然还有其他估算方法，但是基本的亲和估算模式涉及在从小到大的范围里测量用户故事。这个范围可以是斐波那契数列或者 T-shirt 尺码，常常贴在大型会议室墙上。然后参与者在估算时可将他们的用户故事贴到这面墙上。这种估算常在无声中进行，且直到评估用户故事，常有若干轮。

27.【解析】答案 B。考点“价值驱动交付”。“Mo”代表 Must have。扩展考点：其他英文的含义。

28.【解析】答案 C。考点“适应性规划”。解聚指将大的用户故事分解为小的更易于处理的小的故事，类似分解。扩展考点：解聚也叫分解。

29.【解析】答案 C。考点“价值驱动交付：估算”。扩展考点：团队自决策。

30.【解析】答案 C。考点“适应性规划”。敏捷中，故事地图本质上等同于项目计划，它将用户故事/产品特性按逻辑主题排列，作为开发的计划。

31.【解析】答案 A。考点“敏捷基础知识”。敏捷团队往往使用故事点来估算开发一个用户故事的相对大小或工作量。扩展考点：速度也叫速率。

32.【解析】答案 D。考点“适应性规划”。扩展考点：粗略规划，渐进明细。

33.【解析】答案 C。考点“适应性规划”。每个迭代中要开发的功能是从 Product Backlog（产品待办事项）中按价值优先级最高的选出来。

34.【解析】答案 B。考点“持续改进”。敏捷强调知识分享，就是为了解决题干中谈到的问题，包括结对编程，回顾会等都是。扩展考点：精益的改善。

35.【解析】答案 B。考点“问题发现与解决”。选项 A、C、D 都是传统的管理者的角色。而敏捷管理专业人士主要是给团队提供支持。

36.【解析】答案 A。考点“相关方参与”。相关方管理中主动提供信息给他们。

37.【解析】答案 B。考点“价值驱动交付”。大工作需要拆解成更细的用户故事并有验收标准之后才能加入工作项。

38.【解析】答案 A。考点“价值驱动交付”。此题 D 产品发起人主要是对功能性需求进行排序，而团队对非功能性需求排序。只有选项 A 相对合适。

39.【解析】答案 D。考点“问题发现与解决”。所有的技术债务要及时解决（通过添加进 Backlog 的方式），才对质量有保证。

40.【解析】答案 C。考点“团队绩效”。扩展考点：团队自决策、自管理。

4.5 迭代开发阶段

当项目全面的发布计划确定，开发所需要的环境准备就绪之后，项目就正式地进入迭代开发阶段（见图 4-23），进行产品功能的增量开发。增量开发由一个一个的冲刺构成，每个冲刺包括开发用户故事的时间，也包括单元测试、集成的时间，还包括产品负责人、客户对用户故事验收的时间。每个冲刺结束时，产品的功能就会呈现在所有人面前。这是直观呈现价值的过程，也是最让人期待的过程。

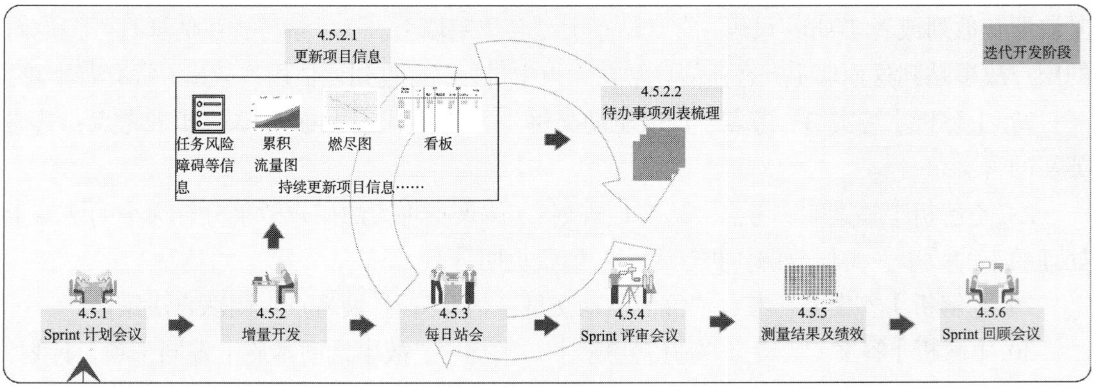

图 4-23　迭代开发阶段

首先，要为开发阶段每个冲刺（项目一开始就是第一次冲刺）制订详细的计划，至于冲刺的长度，团队在定义发布计划时就已经完成。团队从产品待办事项中拿出本次发布计划的用户故事，确定完成这些故事的条件（如环境、技术）已经就绪。接下来就是进行冲刺计划。

4.5.1 Sprint 计划会议

每个冲刺的开始都是从 Sprint 计划会议（Sprint Planning Meeting）开始，产品负责人、Scrum Master、开发团队成员聚集在一起商定本次迭代的目标，并且确定在冲刺中交付哪些功能。

参会人员：产品负责人、Scrum Master、开发团队。

时长：一周的冲刺长度对应 2 小时计划会议，一般不超过 8 小时。

该会议上主要解决如下两个问题：

- （上半部分）决定在冲刺中需要完成哪些工作？ 由产品负责人确定。
- （下半部分）决定这些工作如何完成，需要多长工时？由开发团队确定。

会议流程：

上半部分：

- 产品负责人展示排定优先级的产品待办事项，回答开发团队对其中的用户故事提出的疑问。
- 根据产品负责人的回答明确需求，完成对用户故事的了解和对故事点数的估算。
- 根据定义发布计划时估算得到的团队速率选取用户故事（在项目最开始的时候是预估速率，经过几次冲刺后，速率会稳定下来）。
- 确定本次冲刺的目标。

下半部分：

- 团队规划本次冲刺蓝图，定义任务层面细节冲刺待办事项（Sprint Backlog）。注意，是任务而不是用户故事。
- 估算冲刺待办事项中的任务（单位可用小时）。

表 4-13 所示为冲刺待办事项示例。

表 4-13　冲刺待办事项示例

用户故事	任　务	第 1 天	第 2 天	第 3 天	第 4 天	……
作为未开通会员的普通用户，希望登录时有 5 折以下的折扣活动才提醒我，以便省钱	编码	2	4	8	0	
	设计提示方法	8	4	4		
	设计 UI	2	4	6	8	
	自动化测试	1	4	4	4	

续表

用户故事	任　　务	第 1 天	第 2 天	第 3 天	第 4 天	……
作为消费者，可在浏览商品详情时将商品添加到购物车，以方便批量购买	单元测试用例	1	4	4	6	
	与××讨论	2	0	0	0	
	设计解决方案	4	4	4	8	
	编码	2	2	2	4	

4.5.2　增量开发

完成冲刺计划之后，团队开始工作，除了开发工作之外，还需要处理各种阻碍、更新项目信息、解决技术债务等，即增量开发（Increment Development）。

1．更新项目信息

在项目团队的工作环境中，可以建立整套可视化的信息发射源（Information Radiator），包括：看板、产品待办事项（部分）、冲刺待办事项（本次冲刺的工作任务），燃尽（起）图、燃烧率、障碍、风险、累积流量图等信息（见图 4-24）。

图 4-24　信息辐射器示例

在项目中持续更新，开发团队更新自己的任务完成情况，Scrum Master 更新项目的障碍等信息，产品负责人定期查看和更新产品待办事项中的用户故事。在传统的软件开发项目中，项目团队会主动将项目计划发送给相关方。但在敏捷项目中，是主动引领相关方来到信息发射源这里相看项目状态。下面详细介绍信息发射源的信息。

（1）看板。最重要的信息发射源是看板。看板来自丰田生产系统和精益生产，是一种可视化流程管理系统，是拉动系统。在软件开发中，看板是跟踪用户故事从提出到开发、测试、完成的全过程可视化管理工具（见图 4-25）。

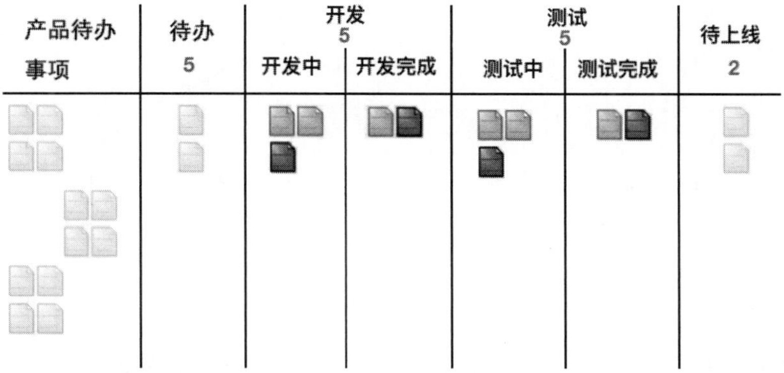

图 4-25　看板示例

它有三个非常重要的原则：可视化、限制在制品、管理流动。

在看板中，用不同颜色的便笺来表示不同的内容，比如浅灰色表示需求（用户故事），深灰色表示工作任务，黑色表示需要处理的缺陷或者 bug。已经在处理的便笺就是 WIP（在制品，Work-In-Progress，表示已着手进行开发的需求或任务）。

接着要注意每列中的数字，这就是在制品限制。比如“开发”中的数字是 5，说明同时在开发列中的工作最多只能有 5 项。过多的在制品会造成任务的延迟，延迟会带来额外的工作，例如一个工作早在一个月前就已经开发一半了，但是由于阻塞，没有及时处理，就会导致工作的重复开展。

管理流程的方式是通过从右往左，拉动式地看看板。一方面体现价值拉动的方向，另一方面是为了更好地贯彻“暂缓开始，聚焦完成”的原则，让接近完成的需求尽快完成，而不是开始更多的需求开发。比如，测试中发现的 bug，从右到左更方便优先解决 bug。某个环节不顺畅时，待办列表会形成队列，这就是瓶颈所在，瓶颈是站会第一重点关注点，因为系统的流量往往是由瓶颈决定，只有解决了瓶颈问题，价值才能顺畅地流动。

一定要定义清楚 DoD（完成的定义）（比如开发的 DoD、测试的 DoD），才能更好地管理流动。

（2）燃尽图（Burn-down chart）。冲刺过程中用于表示剩余工作量的工作图表，图中显示出已完成和剩余的需求数。燃尽图的设计理念是待办事项会随着项目的推进而不断减少，直至燃烧殆尽。燃尽图由横轴（X）和纵轴（Y）组成，横轴表示时间，纵轴表示工作量，可以直观地预测何时工作将全部完成。

如图 4-26 所示，一个为期两周的冲刺，根据团队的速率，一个冲刺可以完成 50 个故事点。前 4 天顺利且能完成更多的故事点，但第 4~7 天工作陷入了停滞，第 8 天有了进展。

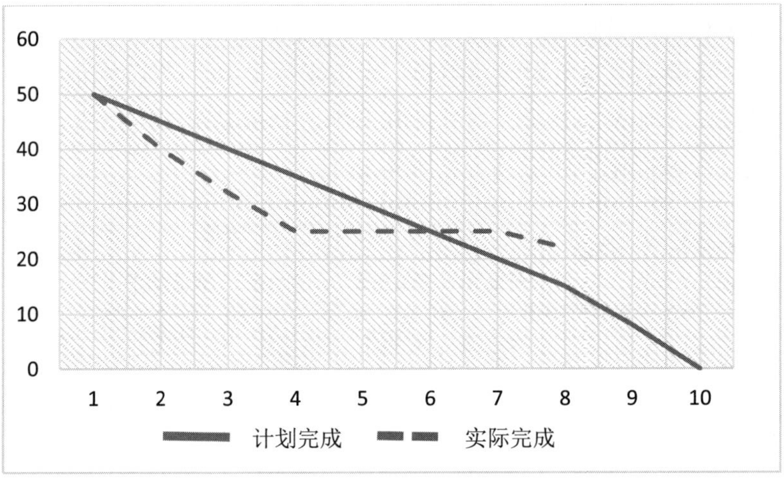

图 4-26　燃尽图示例

另外，还有一种图叫燃起图（Burn-up chart），横轴（X）和纵轴（Y）与燃尽图一样，只是数据线由下降变成了上升，纵轴表示累计完成的工作量，如图 4-27 所示。

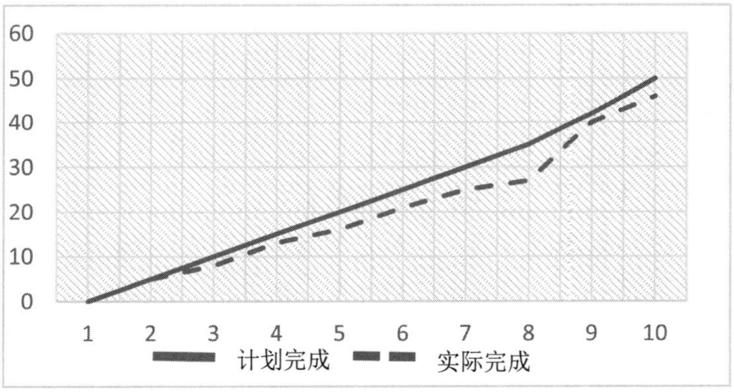

图 4-27　燃起图示例

（3）累积流量图（Cumulative flow diagram）。展示功能未完成、过程中工作及完成功能与实践关系的一种图表，是看板方法里的核心度量，可以很好地反映工作项在每个流程环节的流动。

假设现在项目的进展如表 4-14 所示，3 月 1 日完成开发任务 6 项，完成测试任务 3 项，未完成发布任务；3 月 2 日完成开发工作 3 项（累积到 9 项），完成测试任务 2 项（累积到 5 项），完成发布任务 1 项，依此类推。

表 4-14　项目工作完成情况示例

日　期	开　发	测　试	发　布
2019.3.1	6	3	0
2019.3.2	9	5	1

续表

日　期	开　发	测　试	发　布
2019.3.3	12	9	2
2019.3.4	18	12	3
2019.3.5	21	15	5
2019.3.6	25	20	8
2019.3.7	29	25	9

用图形的表示方式如图 4-28 所示。

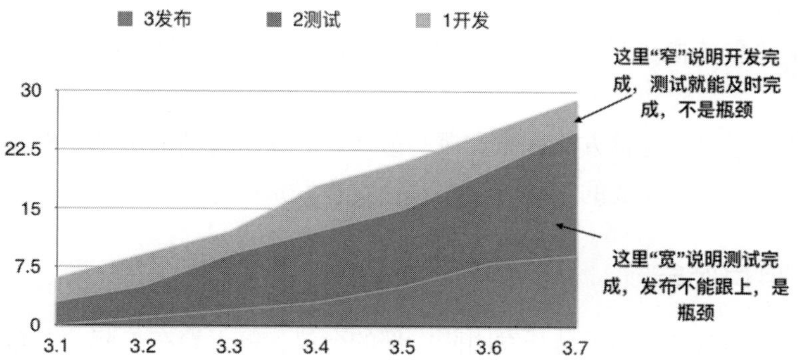

图 4-28　累积流量图示例

参考图 4-28 中的文字说明，最上面的色块代表开发工作，中间的色块代表测试工作，下面的色块代表发布工作。最上面色块完成，中间的色块也能及时跟上，所以两个颜色的边线靠得很近，说明这两个任务能及时处理，不存在瓶颈。中间的色块测试能及时完成，但下面的色块代表的发布任务无法跟上。所以两个颜色的边线离得越远，越能说明任务无法及时跟上，会产生瓶颈。当“开发”“测试”完成的工作越来越多，而“发布”工作无法跟上的时候，中间的空隙会越来越大。就能明显看到“发布”成了这个项目的瓶颈。

（4）其他。在信息发射源中，还可以根据项目的情况，放入风险、障碍的便笺，提醒团队关注。

除了以上的视觉传递方式，信息还有听觉传递方式，就是渗透式沟通（来自水晶方法）。渗透式沟通是指信息在互相搭配工作的团队成员之间无意识地共享。因为共享相同的工作环境中，团队成员处于相同环境的声音输入和其他环境输入中，并无意识地共享能促进沟通的共同体制。

2. 待办事项梳理

产品负责人往往在冲刺中期的一次或多次会议中与团队合作，为即将进行的冲刺准备一些故事。这些会议的目的是细化足够的故事，让团队了解故事的内容，以及故事之间的相互关系。至于细化过程应该有多长时间，还没有达成共识。但大多数敏捷团队会在两周的冲刺中用 1 小时的时间盒讨论。这个会议就叫产品待办事项梳理（Product Backlog Refinement）会议。

敏捷团队将下一张卡片从待办事项中拿出来，进行多次细化讨论。团队可以在陌生的产品、产品领域或问题领域使用这一技巧。

细化会议上，产品负责人可以向团队介绍故事的创意，让团队了解故事中潜在的挑战或问题。如果产品负责人不确定依赖关系，还可以请求团队对相应功能进行刺探，以了解风险。

产品负责人有很多方法处理待办事项的细化准备与会议，其中包括：

- 鼓励团队的开发人员、测试人员、业务分析人员和产品负责人开展合作，一起讨论和撰写故事。
- 把整个故事的概念呈现给团队。团队进行讨论，并根据需要将其细化为许多用户故事。
- 与团队一起寻找各种方法探索和撰写故事，确保所有的故事都足够小，以便团队能源源不断地交付完成的工作。考虑每天至少完成一个故事。

4.5.3 每日站会

每日站会（Daily Scrum）是开发团队内部的会议，每天聚在一起开个短会，更新团队的进度。时间一般是 15 分钟。每日站会最好每天在同一时间、同一地点召开，最好的方式是在团队的可视化信息发射源前面召开。

Scrum Master 的主要任务是确保会议召开，如果有其他外部成员需要参会，Scrum Master 需要确保他们不会打扰到开发团队的讨论。

每日站会的主要交流沟通的内容就三项，包括：

- 昨天完成了什么任务？
- 今天需要完成什么任务？
- 遇到了什么困难？

在这个会议上发言的是开发团队，他们分享具体工作的进展情况，并在信息发射源上移动相应的任务、问题等卡片。而且在每日站会上，不讨论解决具体的困难和问题，只说需要谁的帮助，并在会后跟进解决。至于障碍的处理和移除，交给 Scrum Master 即可！

4.5.4 Sprint 评审会议

在每个冲刺的最后，有两个非常重要的会议：一是 Sprint 评审会议（Sprint Review Meeting）；二是 Sprint 回顾会议（Sprint Retrospective Meeting）。

Sprint 评审会议是对于功能性的产品增量进行审视并调整。由团队成员向关键相关方介绍这次冲刺（迭代）完成的工作，演示完成的功能并讨论产品目标的进展情况。同时可以根据演示的功能讨论，如增加新的需求、修改需求，这样可以调整产品待办事项列表，这些内容就可以放到下一次冲刺（迭代）中。

参会人员：产品负责人（PO）、Scrum Master、团队和管理层、客户等关键相关方。产品负责人也可以邀请其他恰当的相关方参加。

时长：一周的冲刺长度对应1小时，一般不超过4小时。

4.5.5 测量结果

在完成Sprint评审会议后，可以根据评审结果，结合一开始规划阶段定义的冲刺DoD，验证本次冲刺的基本指标，包括完成的故事点数、缺陷数、障碍处理数、风险处理数和燃烧率（一个冲刺期间团队花费金额的总和）等。这些指标能帮助团队建立下一个冲刺的能力衡量指标。这样，产品负责人与团队一起重新规划，团队就更有可能在下一次冲刺中成功交付。

如果是关于流程的指标，可以使用：交付周期（交付一个工作项目花费的总时间，从项目添加到看板直至项目完成）、周期时间（处理一个工作项目所需的时间）和响应时间（一个工作项目等待工作开始的时间）。团队通过衡量周期时间发现瓶颈和延迟问题。

4.5.6 Sprint回顾会议

Sprint回顾会议（Sprint Retrospective Meeting）是回顾过去一个冲刺中，整个团队的运作情况。Scrum 团队讨论在冲刺期间哪些进展顺利，遭遇到哪些问题以及这些问题是如何解决（或未解决）的，怎样在未来的冲刺中做得更好。讨论的内容可以是任何有关团队建设的问题，包括工作流程、团队实践、团队内部/外部沟通、团队气氛，以及相关工具的使用等。回顾通常包括几种改进类型（见表4-15）。

表4-15 回顾的几种改进类型

改进类型	目 标
改进生产力	通过应用经验教训并减少返工，团队可以获得更多富有成效的工作
改进能力	回顾提供了传播稀缺知识的场景，并且使许多人的稀缺知识量增加，可以执行与知识相关联的任务
改进质量	通过发现导致缺陷和消除原因的情况来改进质量
改进技能	回顾聚焦于发现流程效率的提高，来改进团队工作的技能

会议由Scrum Master主持，一般以两个问题开始：**过去的一个冲刺里，我们有哪些好的方面？过去一个冲刺存在哪些问题？**

讨论完毕后，对讨论结果进行分类。对于好的方面，在下个冲刺继续保持并发扬；对于存在的问题，列出Action Item去解决问题。列出的Action Item也会在下个冲刺待办事项中体现出来，并且是高优先级的任务。

参会人员：产品负责人（PO）、Scrum Master、团队。

时长：一周的迭代长度对应 1 小时，一般不超过 4 小时。

Sprint 回顾会议结束本次冲刺。通过冲刺的 DoD 完成本次冲刺完成与否的验证。

4.5.7 本节练习题

1. 负责更新看板面板的是（　　）。

A. Scrum Master，随着工作被接收

B. 客户，随着工作被接收

C. 测试员，随着工作被验证

D. 整个团队，随着工作进行

2. 和过程中工作限制（WIP）最有关联的是（　　）。

A. 戴明环　　B. 石川图

C. 持续改善　　D. 看板

3. 渗透式沟通描述的是（　　）。

A. 团队成员无意中听到并接受的所处环境中沟通的信息

B. 分发信息到团队的一系列工具和实践

C. 使团队和相关方能看到的张贴在公共区域的信息

D. 一个团队成员同其他团队成员口头重复传播沟通信息以确保其发布

4. 团队在一个迭代周期内完成故事点的数量称为（　　）。

A. 速度　　B. 循环时间

C. 发行密度　　D. 燃烧率

5. 进度的主要测量依据是（　　）。

A. 功能点　　B. 燃尽图

C. 可用的软件　　D. 信息发射源

6. 在 Scrum 计划会议中，和团队讨论最高优先级功能的是（　　）。

A. 产品负责人　　B. 敏捷专家

C. 客户　　D. 用户

7. 每日站会的主要目的是（　　）。

A. 让团队协调工作和交流问题　　B. 让 Scrum Master 意识到任何问题

C. 和客户交流进度　　D. 为了持续改善后续工作

8. 一个功能被列入迭代，但是团队在编写软件时遇到困难，这个时候迭代周期已近尾声。团队应该（　　）。

A. 继续准时交付软件向同客户解释软件还不能工作

B. 向 Scrum Master 获取指导

C. 在这个迭代交付别的功能而不是交付这个不能工作的功能

D. 延迟交付直到这个功能按预期工作

9. 理想的团队空间配置应该让（　　）。

A. 团队成员面对信息发射源

B. 团队成员拥有尽可能多隐私空间

C. 团队成员彼此面对

D. 团队成员组成小的团体

10. 墙上展示是敏捷项目中用到的方法，包括燃尽图、燃起图、功能未完项和速度图。这些组成了（　　）。

A. 企业环境因素　　B. 信息发射源

C. 组织过程资产　　D. 敏捷工具

11. 最有效的向一个开发团队或在团队内部传达信息的方法是（　　）。

A. 渗透式沟通　　B. 用团队约定并认可的方法

C. 面对面　　D. 书面

12. 团队固定3周运行1个迭代，按照下图提供的燃烧图，正确的是（　　）。

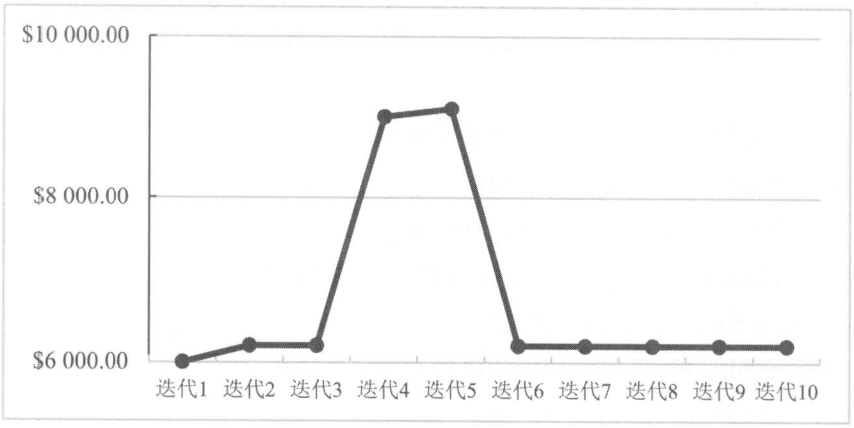

A. 团队在第4到第5次迭代期间增加了成员

B. 团队在第4到第5次迭代期间效率较低

C. 团队在第4到第5次迭代期间生产力下降

D. 团队在第4到第5次迭代期间生产力提高

13. 项目相关方询问目前的项目状态。回答这个问题最好的方式是（　　）。

A. Scrum Master 应该在每日站会上收集信息并且将信息提供给相关方

B. 要求产品负责人将信息提供给相关方

C. 项目团队和相关方召开一个状态会议

D. 将相关方引入信息发射源

14. 团队处在一次迭代的中途，客户要求在迭代未完项中引入新功能，团队最合适的回应是（　　）。

A. 允许，因为敏捷欢迎需求变更

B. 允许，因为客户是最终决定者

C. 反对，由于迭代未完项已固定

D. 让 Scrum Master 来决定，他们是最终决定人

15. 产品负责人希望在迭代中期做一个变更。这个变更将使这个迭代延长一周。团队应该（　　）。

A. 鼓励产品负责人等到下一个迭代版本

B. 拥抱变更

C. 让 Scrum Master 决定

D. 告知产品负责人后果，并且让他做决定

16. Scrum Master 对冲突的态度是（　　）。

A. 一些团队的冲突是有益的

B. 若非影响到价值，冲突应该被忽略

C. 因为团队的价值，冲突应该一直被避免

D. 因为团队的价值，冲突应该最终达成共识

17. 在过去几周里，客户都利用每日站会来讨论他在产品中检测出的错误。反应适当的是（　　）。

A. 团队应该解释这样利用每日站会是不适当的

B. 发起人应参与进来解决这个问题

C. 因为这代表一个障碍，团队应该倾听客户发言

D. Scrum Master 应该向客户解释每日站会的主要目的

18. 下列关于风险的说法错误的是（　　）。

A. 风险是不确定事件，分为积极的风险和消极的风险

B. 风险可在风险调整未完项中记录

C. 风险必须量化以便理解

D. 应该评估价值来应对风险

19. 在敏捷项目中，进行风险管理的方法是（　　）。

A. 遵循风险管理计划（RMP）

B. 在风险调整待办事项从而对故事排序

C. 风险管理矩阵（RAM）评估风险

D. 创建风险树

20. 如果项目团队成员识别了一个新风险，那么下一步最好是（　　）。

A. 先忽略，在下一次冲刺审查时再提出

B. 记录在风险登记册

C. 立即制订应急计划并添加到应急计划文档

D. 立即引起团队的注意以讨论它的影响

21. 鲍伯（Bob）和劳里（Laurie）分享着一个相同的工作环境，因为听到相同的环境声音，因此他们每天的工作进度保持一致。假若他们都听不到任何声音，很大程度上，他们都不知道对方的所感所想，这时他们可以用来交流的沟通方式是（　　）。

A. 背景感觉沟通　　B. 积极倾听

C. 潜意识沟通　　D. 渗透沟通

22. 在最后一个迭代期间，敏捷团队完成了 2 个各值 6 点的用户故事、完成 3 个各值 1 点的用户故事和差不多完成了 1 个值 10 点的用户故事，那么团队的前一个迭代的速度是（　　）。

A. 20　　B. 19　　C. 15　　D. 25

23. 帕特里克（Patrick）正在回顾一个能显示产品待办事项项目目前进展的信息发射源。不同于传统的燃起图，帕特里克正回顾的信息源显示了该项目的总范围，包括没有开始，开始和完成的完成细节。帕特里克最有可能回顾的信息发射源类型是（　　）。

A. 总范围图　　B. 累积流量图

C. 完成图　　D. 示意图

24. WIP 代表（　　）。

A. 产品中的工作　　B. 生产中的工作

C. 过程中的工作　　D. 工作的地方

25. 相关方能通过基于风险的燃起图查阅到的信息是（　　）。

A. 在发布中剩余用户故事待分解量

B. 在一个循环中待完成故事点量

C. 在发布中到目前为止已查明的缺陷量剩余的完成情况

D. 已完成的故事点数

26. 希拉（Sheila）是团队的负责人，打算为自己的敏捷项目打造一个轻松、协作的团队空间。其基本方针可能是（　　）。

A. 根据职能组织团队讨论

B. 把团队成员的互动降至最低

C. 有一块专用的白板

D. 有大片缺乏项目信息的空白墙壁空间

27. 为促进有效的沟通，一支敏捷团队营造温馨和舒适的环境，可以（　　）。

A. 使用结对或者共享工作室

B. 使用荧光灯

C. 使用头戴式耳机，这样开发者可清除背景杂音

D. 不频繁更新信息发射源

28. 仆人式领导者的一项职责是（　　）。

A. 提供项目前瞻　　B. 提供支持

C. 编写用户故事　　D. 制作燃尽图表

29. 在冲刺方法论中，通常每日站会要持续的时间是（　　）。

A. 2~4 个小时　　B. 1.5~2 个小时

C. 30~60 分钟　　D. 15 分钟

30. 作为一个敏捷从业者，帕特丽夏（Patricia）强调精炼沟通在每日站会中的重要性。这种重要性体现在（　　）。

A. 细枝末节的协调对一个健全的每日站会来说是个错误指示。团队应该致力于以更加开放的态度面对来自其他行业的创新理念

B. 细枝末节的协调对每日站会来说，显示出自身对缺陷、检测和集成编码的缺乏

C. 细枝末节的协调显示出在每日站会中，各个团队成员都仅关注自身的障碍，而对其他成员的进步与障碍都不感兴趣

D. 细枝末节的协调显示出在每日站会中，整个团队都认识到对会议进程来说，一个相互依存的焦点是很重要的

31. 如果一个团队有一个 20 个故事点的速度，待办事项剩余 83 个故事点。排除所有其他的潜在因素如增加范围，该项目团队应完成剩余故事点要用的迭代次数是（　　）。

A. 6　　B. 3　　C. 5　　D. 4

32. 逐步完善的最佳定义是（　　）。

A. 基于随着项目的推进，速度会持续稳定地提高的期望，不断修正计划

B. 基于随着开发者学习难度的提升，故事点值会下降的期望，不断修正计划

C. 基于随着项目的推进，计划和细节不可避免地会发生变化，但是趋向精炼的期望，不断修正计划

D. 基于随着项目的推进，对任务时间的评估趋向稳定的期望，不断修正计划

33. Scrum Master 正在与一个团队合作，为通过电话请求产品的客户提供服务。在目标承诺和重新规划会议期间，团队成员表示，由于他们缺乏足够的产品知识，无法解决客户请求。Scrum Master 应该（　　）。

A. 促进团队讨论，识别知识差距，并确定解决这些差距的最佳方式

B. 在任何缺乏知识的领域，为团队成员提供培训

C. 与这些团队的直线经理开会，讨论他们的培养计划

D. 要求直线经理分配具备所需技术知识的团队成员

34. 客户抱怨一个正在开发中的应用程序响应时间过长。团队怀疑这是由于数据库的查询性能不佳引起的，但缺少解决该问题所需的技能。若要克服这个问题，敏捷团队应该（　　）。

A. 指定一名团队成员负责并解决所有与数据库有关的问题

B. 执行根本原因分析，且如果需要，请一名专家（SME）解决该问题

C. 聘请一名数据库性能方面的专家。在一次 Sprint 中解决问题

D. 让开发周期的最后一次 Sprint 成为一次性能的 Sprint，并在该 Sprint 中解决问题

35. Scrum Master 注意到 Scrum 团队经常需要产品负责人澄清解释，Scrum Master 应该（　　）。

A. 保留一块白板显示沟通落差，快速解决问题

B. 教导团队敏捷的沟通价值

C. 帮助产品负责人向团队解释

D. 在回顾会议上陈述问题并将其上报给产品负责人

36. 每日站会的一个关键方面是（　　）。

A. 协调　　B. 重新估算

C. 规划未来的 Sprint　　D. 沟通经验教训

37. 如果由于缺乏参与，团队的速度下降，敏捷管理专业人士应该（　　）。

A. 调查原因，并在下一次回顾上陈述该问题

B. 通知产品负责人

C. 与团队讨论，并促成一次站会，陈述该问题

D. 减少故事数量

38. 敏捷团队正在努力解决一个问题。一名团队成员提到了另一个团队解决了一个类似问题，但是无法获得经验教训文件。敏捷管理专业人士应该（　　）。

A. 鼓励团队独立找出解决方案

B. 与该团队合作，创建一个在整个公司传播团队知识的解决方案

C. 建议所有敏捷团队每周分享他们的项目报告

D. 建议聘请外部专家，就在团队之间分享知识的最佳方法提供建议

39. 相关方对敏捷团队按时发布产品的能力表示担忧。团队主管应该（　　）。

A. 使用冲突解决方法，确保营造充分安全的环境，方便团队成员之间的健康沟通

B. 在交付产品前取消团队的远程工作政策

C. 外包困难的未完项，避免额外的迭代工作，并尽量减小团队的非故意责任

D. 在公共场所创建信息发射源，展示最新项目信息

40. 一个敏捷项目正处于第三次冲刺阶段，销售人员和发起人很少参加。发起人声称，他们会在某个功能重要部分可用时参加。敏捷领导应该（　　）。

A. 接受发起人的答复

B. 调整未完成项优先级。以便每次冲刺都至少含有一项功能的重要部分

C. 将该问题升级上报给他们的经理

D. 解释及早反馈对减少日后返工和浪费的重要性

41. 在实施一个复杂设计的后期阶段，敏捷管理专业人士意识到构架不能满足用户需求，架构部建议一种最小限度的权变措施，但可能会导致一些性能问题。敏捷管理专业人

士应该（　　）。

A. 计算重建架构的成本，并寻求管理层的批准

B. 实施该权变措施，因为性能问题可以在下一次迭代中解决

C. 告诉团队，这对于未来的项目是不可能接受的

D. 与团队头脑风暴确定解决方案

42. 敏捷团队有一个预先制订的计划，以固定节奏为期 3 周的 Sprint 工作，两次 Sprint 后，邀请相关方审查进展情况。要确保团队为客户提供价值，产品负责人应该（　　）。

A. 让团队继续按照预先制订的计划工作

B. 确保为交付功能而生产的工作对下一次迭代仍有价值

C. 要求客户继续确定优先级并确认待办事项

D. 要求客户定期创建并确认待办事项

43. 在为新产品工作时，想要确保与外部相关方对新产品的功能理解保持一致，敏捷团队应该（　　）。

A. 要求产品负责人提供详细的产品规范文件

B. 查看项目愿景说明书

C. 召开项目启动大会分配角色

D. 与 Scrum Master 合作，确保遵循敏捷原则

44. 敏捷团队使用协作工具在 Sprint 中显示进度情况是在（　　）。

A. 概念阶段　　B. 规划阶段

C. 评审阶段　　D. 执行阶段

45. 在迭代过程中，一名团队成员做出了一项影响另一位成员工作的决定。这造成了冲突，尽管团队成员做出了努力，但仍无法独自解决。Scrum Master 应该（　　）。

A. 与团队成员沟通，帮助他们逐步减弱冲突

B. 利用权威来干预和消除冲突

C. 与整个团队开会，重新确立沟通规划

D. 要求产品负责人介入

46. 在冲刺过程中，团队的首席质保分析师创建了一次刺探来研究某项目自动化测试工具。这次冲刺已接近尾声，但这次刺探却基本没有进展。Scrum Master 下一步应该（　　）。

A. 强制规定完成此次刺探的确切截止期限

B. 与分析师一起确定延误的根本原因，并识别可能阻碍进展的因素

C. 指示分析师根据有支持的自动测试套件来调整工具选择

D. 重新将工具选择刺探分配给构架团队。并让分析师负责审查和批准工具选择

47. 若产品团队与开发团队没有集中办公，Scrum Master 应该（　　）。

A. 建议遵循集中办公的敏捷原则

B. 使用技术手段实现直接不间断的协作

C. 要求安排一名助理产品负责人与开发团队集中办公

D. 要求与产品负责人召开每周会议，讨论所有问题

48. 在迭代过程中，团队遇到了存在两种潜在解决方案的复杂情形。其中一种能够快速解决，且对项目的影响微乎其微；另一种更有战略性，但可能严重影响成本与进度计划。敏捷管理专业人士应该（　　）。

A. 要求产品负责人与相关方共同商定妥善的解决方案

B. 督促敏捷领导提出问题，由团队共同决定

C. 确保相关方清楚了解情况，以便他们了解不同方案，并做出集体决定

D. 要求团队集体决定解决方案，并告知相关方

49. 项目主管要确保相关方了解项目进展情况，应该（　　）。

A. 向相关方出示采用图表整理的相关数据

B. 展示特定优先化技巧。让相关方确信重要特性需求已得以实施

C. 向相关方提供此前类似项目的指标与经验教训

D. 邀请相关方参加各个层面的决策流程

50. 在冲刺中，产品负责人给团队带来了新的用户故事。产品负责人告诉团队，要尽快准备好估算并传送给客户。团队成员基本没有时间来审查用户故事，无法掌握所要估算的故事管理情况。团队应该（　　）。

A. 请求提供更多细节，以便做出准确估算

B. 根据当前有限信息来做出最佳估算

C. 请求给更多时间来审查用户故事，并推迟估算时间

D. 告知产品负责人，由于团队正在实施冲刺，因此无法开展估算

1	2	3	4	5	6	7	8	9	10
D	D	A	A	C	A	A	C	C	B
11	12	13	14	15	16	17	18	19	20
C	A	D	C	A	A	D	C	B	D
21	22	23	24	25	26	27	28	29	30
D	C	B	C	D	C	A	B	D	D
31	32	33	34	35	36	37	38	39	40
C	C	A	B	B	A	A	B	D	D
41	42	43	44	45	46	47	48	49	50
D	B	B	D	A	B	B	D	A	D

1.【解析】答案 D。考点“精益看板”。团队负责跟踪自己的进度。看板面板展示状态，没有人专门做此项工作的团队成员更清楚某项任务的状态。如果选项中有个“追踪员”，将是一个好的选择，但是选项中没有出现。

2.【解析】答案 D。考点“精益看板”。过程中工作限制 WIP 最接近于看板。看板展示工作进度，限制过程中的工作，帮助团队专注于极少数项目。扩展考点：限制在制品（Limit WIP）。

3.【解析】答案 A。考点“团队绩效”。渗透式沟通描述团队成员如何从工作环境中听到并接收信息。扩展考点：信息辐射器、信息发射器。

4.【解析】答案 A。考点“敏捷基础知识”。团队在一个迭代周期内完成的故事点称为团队开发速度。扩展考点：速度也叫速率。

5.【解析】答案 C。考点“敏捷原则”。敏捷宣言背后第 7 条准则指出：可用的软件是衡量进度的主要指标。

6.【解析】答案 A。考点“敏捷基础知识：Scrum”。产品负责人负责指出最高优先级的故事，并为这些需求或用户故事提供功能细节，这是 Sprint 计划会议的一部分。

7.【解析】答案 A。考点“敏捷基础知识：Scrum”。每日站会允许团队成员之间通过在开放环境中共享信息来协调工作和沟通问题。扩展考点：每日站会的三个问题。

8.【解析】答案 C。考点“适应性规划”。在迭代结束时，任何一个没有完成的组件都应该被辨识成未完成工作打回到产品订单中。扩展考点：价值驱动交付。

9.【解析】答案 C。考点“团队绩效”。理想团队应该合理配置空间，使团队成员之间面对面时没有障碍物或只有很低的障碍物。

10.【解析】答案 B。考点“团队绩效”。燃尽图、燃起图、功能未完项和速度图都是信息发射源。

11.【解析】答案 C。考点“敏捷原则”。面对面的沟通，即人之间的互动是敏捷宣言第一条，这也是最高效的。

12.【解析】答案 A。考点“团队绩效”。燃烧率是一个迭代期间团队花费金额的总和。在迭代 4 和 5 中费用迅速上升，有两种可能情况：团队加班或人员增加。选项 A 是最合适的答案。选项 B 不正确，因为低效率会影响速度而不是燃烧率。选项 D 不正确，因为燃烧率和生产力不会直接产生关联。

13.【解析】答案 D。考点“相关方参与”。信息发射源是获取当前信息的最好来源。它可能不够满足相关方的特别需要，但却是一个很好的开始点。选项 A 不是 Scrum Master 的主要任务，Scrum Master 可能被要求提供项目状态，但是他并不会在每日站会收集这些信息。选项 B 不正确，这不是产品负责人的任务。选项 C 不正确，因为若相关方每次需要获取信息时团队就停下工作去满足要求，生产力并不高。

14.【解析】答案 C。考点“价值驱动交付”。这个问题并不简单。迭代是团队完成一组工作包的承诺，一旦迭代开始，尽量保护迭代使团队能实现承诺就很重要。客户在一开始可以在产品未完项中增加一些新的功能，但是迭代一旦开始之后迭代未完项就应该保持不变。选项 A 是个迷惑答案，欢迎改变是件好事，但是不要在迭代中途卷入变更。选项 B 不是正确答案，因为团队也有利益在这里。选项 D 是最不合适的，Scrum Master 在项目中没有最终决定权。

15.【解析】答案 A。考点“敏捷原则与思维方式”。迭代一旦开始之后就不鼓励产品负责人对其进行修改。它代表团队提交一定工作量的承诺，应该受到大家的尊重。

16.【解析】答案 A。考点“问题发现与解决”。问题有些模糊，但是观点很重要。Scrum Master 应该明白冲突是团队健康的标志。如果团队试图努力去保持和谐，将会以牺牲更加重要的事情为代价。

17.【解析】答案 D。考点“问题发现与解决”。即使客户有正当的问题要问，每日站会也还有不同的目的。在这个例子中，敏捷专家的任务是让团队聚焦于敏捷。

18.【解析】答案 C。考点“风险管理”。风险不必为了理解而量化，它也可以用定性分析来代替。选项 A 对风险的定义正确。选项 B 是表示风险的正确方式。选项 D 也是正确的，价值和风险是关联在一起的，因此两者必须一起进行评估。

19.【解析】答案 B。考点“风险管理”。根据风险调整未完项是管理风险的主要方式。

20.【解析】答案 D。考点“风险管理”。下一步最好是立即引起团队对新风险的注意并讨论它的影响。

21.【解析】答案 D。考点“团队绩效”。渗透沟通是沟通的一种，信息在互相搭配工作的团队成员之间无意识地进行共享。在相同的工作环境中，团队成员处于相同环境的声音输入和其他环境输入中，无意识地共享能促进沟通的共同体制。

22.【解析】答案 C。考点“价值驱动交付”。团队速度是 $2 \times 6+3 \times 1=15$。未完成的故事里的故事点是不包含在速度指标中的。

23.【解析】答案 B。考点“敏捷基础知识”。展示功能未完成、过程中工作及完成功能与实践关系的一种图表。

24.【解析】答案 C。考点“敏捷基础知识”。Work-in-progress（过程中的工作）一般称为“在制品”。扩展考点：限制在制品（Limit WIP）。

25.【解析】答案 D。考点“团队绩效”。燃起图展现了时间与已完成功能之间的关系。随着需求不断完成、价值不断积累，图中的工作进展走势也不断上升。

26.【解析】答案 C。考点“团队绩效”。需要信息辐射源。

27.【解析】答案 A。考点“团队绩效”。结对或共享可以提升生产力。扩展考点：信息辐射源。与第 26 题结合着看，有一个开放共享的环境和信息辐射源。

28.【解析】答案 B。考点“敏捷原则”。仆人式领导以提供支持为主。

29.【解析】答案 D。考点“敏捷基础知识：Scrum”。在 Scrum 中，每日站会不应该超过 15 分钟。一些 Scrum 事例会用到 Stop Watches 来记录时间，或是使用一根“发言棒”来指明到哪一位分享相关信息。

30.【解析】答案 D。考点“敏捷基础知识：Scrum”。一个健全的每日站会的重点特征包括：

- 同辈压力——因为团队靠大家，所以同辈的期望可带动进步。
- 密切地配合——团队应当理解专注的必要性并独立工作。
- 细在专注——团队应当理解每日站会中简洁的必要性，由此团队才有效益。
- 每日承诺——团队应当理解对每人每日承诺的价值所在，并兑现这些承诺。
- 辨别障碍——团队应当集体意识到每个人的困难，由此团队可集体尝试解决。

31.【解析】答案 C。考点“适应性规划”。83/20=4.15，超过 4 就要选 5。

32.【解析】答案 C。考点“适应性规划”。逐步完善的定义是指基于随着项目的推进，计划和细节不可避免地会发生变化，但是趋向精炼的期望，不断修正计划。扩展考点：渐进明细、滚动计划。

33.【解析】答案 A。考点“问题发现也解决”。

34.【解析】答案 B。考点“问题发现与解决”。扩展考点：专家也叫主题专家。

35.【解析】答案 B。考点“敏捷原则与思维模式”。“经常需要澄清”是很正常的，敏捷就是要求团队在一起工作，不停地沟通反馈。

36.【解析】答案 A。考点“团队绩效”。选项 B、C、D 都不是每日站会的工作，每日站会要提出需要相关团队成员帮助解决的问题。解决问题是在会后。

37.【解析】答案 A。本题考点是“发现与解决问题”的解决问题步骤，解决问题步骤如下：①收集数据；②分析原因；③采取行动。选项 A 是“分析原因”，所以选 A。选项 B 和 D 不解决问题。C 选项的错误在于“促成一次站会”，有没有这个问题都有每日站会。

38.【解析】答案 B。考点“持续改进”。分享知识是敏捷团队持续进步的最重要的一点。

39.【解析】答案 D。考点“相关方参与”。让相关方知道项目的进展就能有效消除大家的担心。

40.【解析】答案 D。考点“敏捷基本原则”。敏捷基本原则第 4 条：业务人员与开发人员要在一起工作。

41.【解析】答案 D。考点“问题发现与解决”。

42.【解析】答案 B。考点“价值驱动交付”。

43.【解析】答案 B。考点“相关方参与”，新产品的主要功能记录在项目愿景说明书。

44.【解析】答案 D。考点“敏捷基本知识”。执行中做增量开发才需要更多的协作工具。

45.【解析】答案 A。考点“团队绩效”。也是敏捷原则，提倡通过面对面的沟通来解决问题。

46.【解析】答案 B。考点“问题发现也解决”。

47.【解析】答案 B。考点“团队绩效”。

48.【解析】答案 D。考点“团队绩效”。由团队一起来决定。

49.【解析】答案 A。考点“相关方参与”。

50.【解析】答案 D。考点“价值驱动交付”。此题选项 B、C 直接排除。选项 A 看着好像没问题，但是在冲刺中，如果没有说明是优先级更高的事情，肯定先完成本冲刺的所有工作。

4.6 交付与收尾阶段

如果当前完成的冲刺是发布或者是项目的最后一次冲刺，那就需要进行收尾。收尾阶段主要针对的是两个层级的收尾：发布收尾（Release Ending）和项目收尾（Close Project）（见图 4-29）。

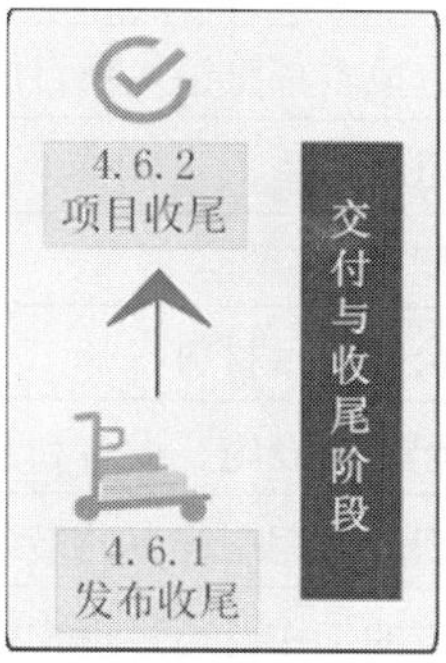

图 4-29　收尾阶段

4.6.1 发布收尾

如果当前冲刺是一次发布计划中的最后一次冲刺，需要完成以下几件事。

- 发布产品。一个全新的产品版本，一次正式的产品发布，将本次发布期间增量开发的功能发布到客户手中，并获得反馈。
- 确认目标。需要对比发布计划中定义的 DoD（此内容也可存在于团队章程中，取决于团队实践），确认是否完成，包括验证本次发布的目标是否完成，是否在规定日期内完成。
- 测量结果。测算本次发布花费的成本、速率、共完成的功能点、故事点、风险数据等，是风险和问题的审查会。然后对所有资料进行整理登记，便于后期开发时对比，并持续改进。

发布收尾事项完成后，需要回到规划过程中，继续梳理完善用户故事地图，准备下一次发布的规划。

4.6.2 项目收尾

当多次发布完成，项目到最后的收尾阶段时，需要确保：项目产品成果最终交付；组织项目回顾会议，进行感恩游戏，总结经验教训；进行收尾活动，即进行成果的交接、相关必要文档的整理归档、行政收尾等活动。参考《PMBOK®指南》的项目或阶段收尾过程。具体如表 4-16 所示。

表 4-16　收尾阶段活动及内容

活动类型	内　容
为达到阶段或项目的完工或退出标准所必须的行动和活动	确保所有文件和可交付成果都已是最新版本，且所有问题都已得到解决
	确认可交付成果已交付给客户并已获得客户的正式验收
	确保所有成本都已记入项目成本账
	关闭项目账户
	重新分配人员
	处理多余的项目材料
	重新分配项目设施、设备和其他资源
	根据组织政策编制详尽的最终项目报告
为关闭项目合同协议或项目阶段合同协议所必须开展的活动	确认卖方的工作已通过正式验收
	最终处置未决索赔
	更新记录以反映最后的结果
	存档相关信息供未来使用
为完成下列工作所必须开展的活动	收集项目或阶段记录
	审计项目成败
	管理知识分享和传递
	总结经验教训
	存档项目信息以供组织未来使用
为完成交付及测量需要开展的活动	为向下一个阶段，或者向生产和（或）运营部门移交项目的产品、服务或成果所必须开展的行动和活动
	收集关于改进或更新组织政策和程序的建议，并将它们发送给相应的组织部门
	测量相关方的满意程度

如果项目在完工前就提前终止，结束项目或阶段过程还需要制定程序，来调查和记录提前终止的原因。

4.6.3 本节练习题

1. 在回顾会议中，一些问题已经被团队标记出来，解决这些问题的责任人是（　　）。

A. Scrum Master　　B. 产品负责人

C. 相关方　　D. 团队

2. 在处理一个 Sprint 用户故事时，团队成员提出了调整组织过程实现价值交付最大化的想法，向团队提出这个想法的最佳时机是（　　）。

A. 在下一次 Sprint 计划会议上　　B. 在下一次每日站会期间

C. 在项目状态会上　　D. 在 Sprint 回顾会议上

3. 小明的敏捷团队刚完成了一项客户演示，为了实现持续改善，他的团队需要（　　）。

A. 及时计划下一迭代　　B. 编写可靠的商业论证

C. 反思回顾　　D. 更新项目前景

4. 关于回顾，不正确的是（　　）。

A. 帮助决定未来团队是如何工作的　　B. 帮助反映过去和从过去中学习

C. 允许团队自己驱动开发流程　　D. 决定由谁在下一个项目工作

5. 关于重构，正确的是（　　）。

A. 经过重构，软件将更有效率　　B. 经过重构，软件应该就完成了

C. 经过重构，软件将被更好地组织　　D. 经过重构，软件将更有效果

6. 持续集成的意思是（　　）。

A. 所有代码变化要每天提交和测试

B. 团队共享一个代码库

C. 客户实时接收所有的开发成果

D. 所有代码只要功能完成就应该立即集成

7. 在一个冲刺的结尾，回顾会议一般要花多长时间？（　　）

A. 1 小时　　B. 半天

C. 1 天　　D. 持续到价值实现

8. 产品负责人表明功能 A 将提供最大的商业价值，然而被授权的团队认为功能 B 提供更为显著的商业价值，接下来（　　）。

A. Scrum Master 应该打破僵局　　B. 团队应该做最后决定

C. 直到达成共识才继续　　D. 产品负责人应该是决定者

9. 在敏捷团队的“Shu Ha Ri”，Ha 代表（　　）。

A. 打破规则　　B. 追随规则

C. 成为规则　　D. 以上都不是

10. 关于“完成”的定义，正确的是（　　）。

A. 每次迭代后应该重新考虑　　B. 它事先通过整个团队商定

C. 对于不同的模块它会发生变化　　D. 它是一个基本准则

11. 一个冲刺结束，接下来应该（　　）。

A. 发布版本　　B. 召开 Sprint 回顾会议

C. 进行下一个冲刺　　D. 召开 Scrum 合作会议

12. 一个新的团队成员在回顾阶段加入团队，想知道哪个是最重要的、但还没有开发的用户故事，她最好的处理方式是（　　）。

A. 查看产品未完项的最底部　　B. 查看产品未完项的最顶部

C. 查看燃尽图　　D. 问团队成员

13. 一个迭代已经结束。你是团队的教练并为这次迭代开发了一项功能，你的客户说这个没有达到他的验收标准。你该（　　）。

A. 进行一次难点探测来确定是否能快速修补来使得功能被接受

B. 添加到下一个迭代未完项

C. 把这个问题带到每日站会上并进行根本原因分析

D. 提高你执行测试驱动开发的能力

14. 团队的开发速度变慢并且在整个项目中一直在意外下降。这是否是一个问题?（　　）

A. 不是，如果周期也相应延长的话

B. 不是，如果不妨碍向客户交付价值的话

C. 是的，在其他条件都相同的情况下它会影响团队的燃烧率

D. 是的，在其他条件都相同的情况下它应该会随着时间推移而改善

15. 最可能看到团队演示最近开发的功能是（　　）。

A. 在 Sprint 回顾会议上　　B. 在 Scrum 合作会议上

C. 在发布会上　　D. 在 Sprint 评审会上

16. 当敏捷团队进行反思时，会包含的话题是（　　）。

A. 卓越的团队成员　　B. 渗透信息发射源

C. 从成功和失败中学习的内容　　D. 下一迭代的计划

17. 使一个敏捷团队持续改善其产品的方式是（　　）。

A. 通过执行工作分解结构回顾

B. 执行不间断的迭代

C. 利用全面的文档来定义团队价值观

D. 在将近发布末期时执行循环测试

18. 敏捷项目中，监控和控制风险的方法是（　　）。

A. 通过团队的建立练习

B. 通过信息发射源、每日站会、Sprint 评审和 Sprint 回顾

C. 通过全面文档化

D. 敏捷项目中不监控和控制风险

19. 小红的团队刚完成了一个冲刺，团队估计可完成 45 个故事点，但是在冲刺里只完成了 30 个，下一个冲刺的安全估算是（　　）个故事点。

A. 45　　B. 30

C. 50　　D. 40

20. 敏捷项目中验证和确认发生的频率是（　　）。

A. 只在客户要求的时候　　B. 从不发生

C. 每一次发布两次　　D. 频繁

21. 作为一个合格的敏捷实践者，相信知识分享的价值。知识共享最好的定义是（　　）。

A. 所有相关方和团队成员之间的信息协同分享促进了一个消息灵通的项目环境

B. 在需要了解的基础上的信息分享

C. 在产品负责人与首席程序工程师之间，关于开发团队为了实施绩效改进计划的适应性的信息共享

D. 在及时的基础上的信息共享

22. 代码通常集成到极限编程工作中的频率是（　　）。

A. 每天至少一次　　B. 每一迭代一次

C. 每一发布一次　　D. 发布前立即进行

23. 在敏捷中，频繁验证和确认的意思是（　　）。

A. 因为有在短时增量发布工作产品的趋势，所以频繁验证和确认

B. 因为有重新使用旧编程软件的趋势，所以频繁验证和确认

C. 因为客户需求不断变化，所以验证和确认是唯一确保工作分解结构的方法

D. 因为工作产品只在项目结束时发布，所以频繁验证和确认

24. 每次 Sprint 结束时，一名高管都想知道项目的进展情况。Scrum Master 同意该请求，并分享适当的敏捷测量指标来涵盖项目的进展情况和范围。需要分享的最佳产物是（　　）。

A. 产品待办事项　　B. 速度图

C. Sprint 燃尽图　　D. 发布燃起图

25. 一名高管在生产线期间加入敏捷团队，在上线之后，该高管希望知道 Sprint 期间哪些进展顺利及哪些进展不顺利。高管应参加（　　）。

A. Sprint 回顾会议　　B. 每日站会

C. Sprint 评审会议　　D. Sprint 计划会议

26. 在某次经验教训会议上，精益敏捷项目团队在新产品运输流程中发现了问题，若要确定这些问题，敏捷项目管理人士应该（　　）。

A. 创建价值流程图　　B. 识别新的运输软件

C. 调整周期时间计算　　D. 开展基于风险的刺探

27. 虽然项目团队一直在完成项目相关方提出的需求，但似乎双方对预期成果存在不同意见，若要解决团队与相关方的分歧，产品负责人应该（　　）。

A. 要求相关方与团队一起确定额外需求

B. 请求相关方更妥善地记录他们所需的要求

C. 让团队确立“备妥”（DOR）定义包含相关方的验收标准

D. 在团队不在场的情况下向相关方演示产品，让其提出反馈意见

28. 某开发团队希望在产品评审过程中收到客户更好的反馈意见。团队应该（　　）。

A. 要求客户在评审过程中亲自操作产品特性，并记录客户的反应

B. 将产品特性的详细图片文件电子邮件发送给客户，以便其独立评审

C. 在评审过程中展示产品特性代码，帮助客户更好地了解代码操作

D. 要求团队的业务系统分析人员在评审过程中为客户操作产品特性

29. 在回顾会议上，一名团队成员解释延误是因为误解了其他团队设置服务器所需花费的时间，确保不再发生此类情况，Scrum Master 下一步应该（　　）。

A. 要求其他团队日后更快地设置服务器

B. 与其他团队开会，了解设置服务器的流程

C. 将工作分配给可以最快设置服务器的团队

D. 编写流程，以便其他团队在设置服务器时遵循

30. 团队正在为为期 3 周的迭代中构建一个产品，在最后一次回顾会议中，已经确定报告的缺陷检查请求的数量比之前的迭代增加了 20%，由此导致该产品价值下降，团队应该（　　）。

A. 进行一次 Sprint，清除所有报告的缺陷，然后再进行新的故事

B. 更改控制机制，让产品在交付前更好地进行测试

C. 增加与客户确认共识的机会

D. 重新评估周期的持续时间，因为更快的周期可能允许较早的缺陷检测

31. 一名敏捷团队成员的任务落后，Scrum Master 应该（　　）。

A. 将任务交给在 Sprint 中有余力的另一名团队成员

B. 让团队提供建议

C. 召开一对一会议，鼓励该团队成员履行任务承诺

D. 通知关键项目相关方

32. 在项目的最后一次迭代期间，由于缺乏必要的技能，敏捷团队交付某项功能过程中陷入困境。该项目已经延期 5 天了，但预计还要至少延期 10 天。要想避免这种情况，敏捷项目领导应该（　　）。

A. 确保团队由跨职能的通才专家组成

B. 为特定团队成员提供所需技能的培训

C. 将该功能分配给具有所需技能成员的另一个敏捷团队

D. 降低该功能的优先级，直到一名团队成员掌握构建该功能的技能为止

33. 团队正在规划产品的下次迭代。除了休假安排与培训外，在迭代团队能力方面还要考虑（　　）。

A. 以往迭代的基准速度

B. 支持构建迭代用户故事所需的技术、操作和维护任务

C. 确定谁应执行什么任务，以便获得最准确的故事点数量

D. 加班工作以实现冲刺目标的能力

34. 一位敏捷团队成员连续 3 次缺席每日站会。Scrum Master 获悉，该团队成员 50% 的时间花在帮助所在部门经理解决某个生产问题上。Scrum Master 下一步应该（　　）。

A. 调整冲刺未完项的目标故事点，因为他们的用户故事不可能完成

B. 指示团队成员停止从事项目以外的工作

C. 与其部门经理商谈在下次冲刺期间实施这项工作

D. 与团队讨论影响，告知产品负责人，并商谈避免日后由于生产问题造成破坏

35. 敏捷团队希望集体决定项目的可能规模。如果他们使用计划扑克技术完成这项工作，那么团队将会（　　）。

A. 通过使用故事点估算故事的相对规模

B. 通过将其粗略归类来估算故事点

C. 通过将其与过去类似功能进行对比来估算故事点

D. 使用点数来估算故事点

36. 项目团队遇到由另一个团队管理的网络问题。这些问题阻碍团队成员按照预测进度尽快推进计划工作。Scrum Master 下一步应该（　　）。

A. 授权团队自行解决问题

B. 与团队一起解决问题，并召开每日跟进会议

C. 承担解决问题的责任，以便团队可以专注于自身工作

D. 要求产品负责人介入，与团队一起解决

1	2	3	4	5	6	7	8	9	10
D	D	C	D	C	A	B	D	A	B
11	12	13	14	15	16	17	18	19	20
B	B	B	D	D	C	B	B	B	D
21	22	23	24	25	26	27	28	29	30
A	A	A	D	A	A	C	A	B	D
31	32	33	34	35	36				
B	A	A	D	A	C				

1.【解析】答案 D。考点“团队绩效”。解决问题、改进绩效一直都是团队自己解决。

2.【解析】答案 D。考点“持续改进”。调整过程是手段，目的也是为价值服务。那么调整过程的想法肯定最合适的场景是在回顾会议上。每日站会期间不讨论组织过程改进的问题。

3.【解析】答案 C。考点“持续改进”。刚完成了演示，接下来是回顾，而回顾会议的目的是持续改进。扩展考点：敏捷回顾、敏捷反思。

4.【解析】答案 D。考点“Scrum 知识”。回顾会议只关注过程中的好与坏，是团队承诺，而不会决定谁在下一个项目工作。

5.【解析】答案 C。考点“敏捷基础知识”。重构主要是对代码进行重组，使代码更有逻辑并更易维护。选项 B 可能是正确的（比方说，它可能会更好地完成），但是这会因团队对“完成”的定义不同而变化，所以选项 C 才是正确的。

6.【解析】答案 A。考点“敏捷基础知识”。最接近持续集成的定义是代码应该每天提交和测试。B 不正确，因为每个团队都可以复制代码到本地，创建多个临时代码库。选项 C 不是最佳选项，因为客户不期望，虽然能实时接受代码但是却没有收益。选项 D 是不错的猜想，但是“功能完成”这个词取决于对“完成”的定义。

7.【解析】答案 B。考点“敏捷基础知识”。Sprint 评审或回顾会议一般是一周的迭代对应一小时，此题最合适的答案是半天。

8.【解析】答案 D。考点“敏捷基础知识”。商业价值显然是产品负责人的职责范围。他的判断胜过任何一个人。

9.【解析】答案 A。考点“敏捷基础知识”。Shu 是守，是从基础开始，追随规则。Ha 是破，是基础熟练后，试着突破原有规范让自己达到更高层次，从而打破规则。Ri 是总结，自创新招数、另辟新境界，是成为规则。

10.【解析】答案 B。考点“敏捷基础知识”。关于 DoD，是由团队一起来确定的。

11.【解析】答案 B。考点“敏捷基础知识”。B 选项如果写明回顾是版本发布回顾会议或是 Sprint 回顾会议，会使答案更加清楚，但是这仍然是 4 个选项中的最佳答案。

12.【解析】答案 B。考点“价值驱动交付”。最重要的且未开发的用户故事应该排列在产品未完项的顶部。

13.【解析】答案 B。考点“价值驱动交付”。由于迭代已经结束，功能应该添加到下一个迭代未完项。选项 A 不是好选项，因为迭代已经结束，不能再去快速修补。选项 C 是最不合适提及此事的场合。选项 D 不准确，因为我们不知道团队是否执行的是测试驱动开发，以及客户拒绝接受此功能的原因。

14.【解析】答案 D。考点“问题发现与解决”。这肯定是个问题，在正常情况下，团队的开发速度应该随着进展而提高。然而有很多情况会对此产生影响。

15.【解析】答案 D。考点“价值驱动规划”。Sprint 评审会议的主要内容是团队向客户演示功能。选项 A 不正确，因为团队在 Sprint 回顾会议上需要讨论在下一个迭代周期怎么做得更好。选项 B 不正确，Scrum 合作会议的主要目的是让团队碰面并协调不同团队之间的工作量。选项 C 不适用此场景。

16.【解析】答案 C。考点“持续改进”。

17.【解析】答案 B。考点“持续改进”。敏捷项目管理着重强调“持续完善”。从迭代后客户提供反馈，到迭代后团队保留时间回顾和反思执行情况，持续完善已经进入敏捷方法论中。进行的单元、一体化测试和适应技术/工业开发三者同样是持续完善中的一部分。持续完善也是精益方法论的一个重点原则，注重从价值流中清除浪费。

18.【解析】答案 B。考点“持续改进”。风险通过信息发射源、每日站会、Sprint 评审和 Sprint 回顾在整个项目中被监控。

19.【解析】答案 B。考点“适应性规划”。如有可能，估算一个团队在一个冲刺中能完成的用户故事点数量应当基于前面的迭代。扩展考点：速率也叫速度。

20.【解析】答案 D。考点“价值驱动交付”。因为每一项迭代产生的工作产品通常是完美整合的，迭代往往持续 2~4 周，期间不断地进行验证和确认以确保产品的质量。

21.【解析】答案 A。考点“相关方参与”。敏捷中，有效的“知识分享”是成功的关键因素，它需要所有团队成员和相关方对关键信息近乎实时地交流。为了促进知识分享，敏捷在流程中运用标准实践，例如使用全面专家/多功能团队、自主管理和自我约束团队、协作、每日站会、冲刺计划、发布计划、结对编程和结对轮换项目回顾/反思、现场客户支持。当然敏捷的第六项原则是“开发团队内部和之间最有效和最有力的传达信息的方式是面对面对话”，从这层意思上说，敏捷倾向于与鼓励所有相关方和团队成员的协作，因为沟通的最好方式是面对面对话，并且促进知识分享。

22.【解析】答案 A。考点“敏捷基础知识：极限编程”。一项极限编程 XP 项目通常每天至少一次集成代码。

23.【解析】答案 A。考点“价值驱动交付”。开发过程中，不断地进行验证和确认以确保产品的质量。验证是为了确保产品的执行符合客户的描述需求（如用户需求指出的），确认是为了证明产品的执行符合预期（符合客户需求）。

24.【解析】答案 D。考点“团队绩效”。时间点是“每次 Sprint 结束时”，这个时候，选项 C 就可以排除了，因为在结束时理想状态故事点已经归零，提供这个图没有意义。而选项 A、B 无法提供“项目的进展情况和范围”。选项 D 刚好把每次发布中每个迭代完成的故事点积累起来看一次发布的情况，所以只有 D 合适。

25.【解析】答案 A。考点“敏捷基本知识”。“哪些进展顺利及哪些进展不顺利”是在回顾会议中看到的。扩展考点：敏捷反思。

26.【解析】答案 A。考点“问题发现与解决”。“运输流程”中发现了问题，这是典型的查找浪费的问题。通过价值流程图来发现浪费。

27.【解析】答案 C。考点“基础知识：DoD”。对成果有分歧，肯定通过 DoD，也就是在相关方之间有个标准去规范。

28.【解析】答案 A。考点“相关方参与”。

29.【解析】答案 B。考点“问题发现与解决”。了解明确其他团队做这个工作的时间，然后相对应地找解决办法。选项 A、B、D 都是管理其他团队，明显是不合适的。

30.【解析】答案 D。考点“适应性规划”。用排除法。单独开一个 3 周的 Sprint 解决所有缺陷明显不合理。选项 B 解决不了问题。选项 C 没有共识的事情。选项 D 虽然调整周期不是常用的方法，但可用。而且早暴露、早检测、早解决是敏捷的逻辑。

31.【解析】答案 B。考点“团队绩效”。团队一起工作，一起解决问题。

32.【解析】答案 A。考点“团队绩效”。“缺乏必要的技能”就是需要跨职能团队、通才来解决的问题。

33.【解析】答案 A。考点“团队绩效”。

34.【解析】答案 D。考点“敏捷原则与思维模式”。

35.【解析】答案 A。考点“适应性规划”。

36.【解析】答案 C。考点“团队绩效”。主管的责任是要解决与其他团队之间的问题，团队主要专注内部的工作。

5

PMI-ACP®模拟试题

5.1 模拟试题一

1. 如果燃尽图在迭代过程中连续两天呈现上升的趋势，可能是因为（　　）。

A. 团队对故事的完成速度不够快

B. 几个团队成员都缺席

C. 故事添加到了迭代待办事项当中

D. 团队总是加班

2. 团队在用一份固定总价合同和敏捷方法开展一个项目。在项目的中途，客户要求变更需求，这时你应该（　　）。

A. 告知客户在固定总价合同上不允许更改需求

B. 敏捷注重客户协商而不是合同谈判，因此接受变更

C. 与客户谈判，放弃一些和新增需求规模相等的次要功能

D. 将决策推迟，等待组织的管理层决定

3. 理想时间是指（　　）。

A. 完成某件事情所需要最少的时间——假设一切顺利

B. 最佳开发人员完成一个故事所需要的时间

C. 管理层制定的故事或项目目标

D. 完成一个故事所需要的时间——假设没有干扰

4. 采取敏捷方法的项目管理办公室定期发布最佳实践和绩效数据记录。他们刚刚发布了一份对速度数据（每次迭代所完成的故事点）在不同团队中的比较。作为其中一个团队的 Scrum Maser，下一步该（　　）。

A. 与团队共享此数据并讨论相对于其他团队的数据进行改善

B. 给项目管理办公室写信，强调速度不应该跨组比较

C. 写信给管理层，证明组织标杆和自身团队之间的差异

D. 因为团队是自我组织的，因此和团队分享数据并让他们决定如何做就好

5. 一个虚拟的跨职能团队成员位于多个地理区域，管理者要促进他们之间成功沟通，应（　　）。

A. 根据地理位置拆分可交付成果，避免沟通困难

B. 由于时差不同，鼓励团队成员适当调整工作时间

C. 要求每名团队成员发送每日电子邮件，并附上更新的工作计划

D. 要求团队使用电子看板来实现开发功能的透明度

6. 如果团队成员在试行一个刺探（Spike）后确定质量可以得到改进，该团队成员应该（　　）。

A. 在为整个迭代实施变更后，与团队讨论变更

B. 召开一次团队会议，讨论实施变更的最佳时间点

C. 计划一次与产品负责人和团队的会议

D. 在下一次冲刺中包含这些变更，但是只有在获得团队批准之后

7. 敏捷项目中的一位新项目经理正在寻找一份描述高层级范围的文件，可以在下列哪份文件中找到？（　　）。

A. 项目章程　　B. 工作分解结构

C. 用户故事　　D. 史诗

8. 团队的可交付成果需要大量返工和重构，团队保证内部质量的方法是（　　）。

A. 在每日例会上讨论这个问题

B. 建议开发人员参加相关培训

C. 让专家对代码评审

D. 在回顾会议上进行检视并决定改进

9. 结对编程在极限编程中起作用的方式是（　　）。

A. 在故事中开发人员和测试人员共同工作

B. 在需求上客户代表和研发人员共同工作

C. 测试人员编写测试，开发人员就编写代码

D. 在任务中两个研发人员共同工作

10. 如果项目发起人因为某项增值功能要到明年才可用而感到失望，产品负责人该（　　）。

A. 确保项目发起人知道团队全权负责延期责任

B. 检查产品待办事项，确保有项目发起人的优先级

C. 通过与项目发起人协商，获得资金增加

D. 授权项目发起人管理产品待办事项

11. 一个团队刚刚开始使用敏捷方法。产品所有者想知道描述用户故事的细节所需颗粒度的大小以使团队理解，你的建议是（　　）。

A. 故事应尽可能详细，这样就不会有歧义

B. 在长度上不应该超过一个索引卡片，所有细节也应该放在一个单独的文档中

C. 颗粒度应该由团队和产品所有者协商得出

D. 故事可以包含较少的细节，因为敏捷更注重可工作软件而不是全面文档

12. 下列选项中，不属于结对编程的优点的是（　　）。

A. 团队成员得到更多的自由来独立思考

B. 代码集体所有

C. 在线审查

D. 减少整体开发时间

13. 其他条件恒定的情况下，你最想为你的敏捷团队创建的工作环境是（　　）。

A. 开放式工作区

B. 封闭式工作区

C. 有利于个人隐私和个人思考的工作区

D. 分布式团队

14. 敏捷团队必须将每次迭代的结果移交给外部团队进行测试，最新的测试结果显示缺陷数量增加，敏捷团队应该（　　）。

A. 开始在内部测试产品，以避免任何错误沟通，并确定外部测试团队是否缺乏资源

B. 确保外部测试团队拥有适当的材料来测试产品

C. 调查所报告缺陷的根本原因，并邀请外部测试团队的代表参加迭代审查

D. 确定这个质量问题是否是由技术债务引起的

15. Sprint 评审会议对敏捷开发方法论来说是十分重要的。Sprint 评审会议的目的是（　　）。

A. Scrum Master 审查进展并给出了有关纠正措施的指导

B. 团队提供软件工作示范并征求反馈

C. 客户和其他相关方对团队成员的绩效表现进行深入了解，同时向该团队经理提供反馈

D. 团队成员反思以往冲刺过程，并采取纠错行动

16. 项目经理正在计算在长期运行项目中的故事完成速度，能显示此信息的图表是（　　）。

A. 迭代燃尽图　　　　B. 进展图表

C. 累积流量图　　　　D. 看板

17. 在每日站会中，需要经常回答的 3 个问题是（　　）。

A. 你昨天做了什么？你今天准备做什么？你什么时候能完成迭代的工作？

B. 你昨天做了什么？你今天准备做什么？你遇到什么问题？

C. 你的任务目前状况是什么？你什么时候可以完成它们？你有没有遇到风险和问题？

D. 每次任务的状态是什么？已完成的工作占多少百分比？项目的结束日期是什么？

18. 项目团队有 4 周时间为客户演示开发一个工作原型，团队之前为此展示了大量故事。敏捷项目管理师应该建议团队（　　）。

A. 找出所需故事的最基本可发布功能集，并对他们进行排序，以便在第一次迭代中交付

B. 制订一份详细的进度计划，并采用更为实际的工期应对，供客户评审

C. 估算所有故事的大小，并承诺交付符合可用工期的故事

D. 增加团队的规模，让执行能力达到最大化，并提高团队按时向客户交付的可能性

19. 许多组织已经有产品经理的职位。产品经理要成为产品所有者，应该（　　）。

A. 除了与客户和相关方合作定义需求外，产品所有者需要花更多时间向团队解释产品需求和优先级

B. 两者角色是一致，没有区别

C. 产品所有者需要更多的外部专注来了解相关方的需求

D. 产品所有者比产品经理在产品路线图中获得更多的授权

20. 一个开发人员在没有和团队成员商量的情况下，实施了一个新的客户需求，团队应该（　　）。

A. 减少测试该功能　　B. 去掉这个功能

C. 保持这个功能　　D. 把这个功能放在产品待办事项中

21. 精益基于一些基本的原则。下列不属于精益的基本原则的是（　　）。

A. 杜绝浪费　　B. 增强学习

C. 尽早做决定　　D. 尽快实现交付

22. Scrum 团队包括（　　）。

A. 团队、Scrum Master 和客户

B. 团队、项目经理和客户

C. 团队、领导和构建师

D. 团队、Scrum Master 和产品所有者

23. 一名相关方抱怨团队发送过多的电子邮件进行审批，项目领导注意到团队与该相关方的工作空间相互隔绝，几乎没有机会互动。为了解决这个问题，项目领导建议进行更频繁的面对面需求评审，项目领导建议的是（　　）。

A. 渗透沟通　　B. 协作

C. 集中办公　　D. 结对编程

24. 一个经验丰富的敏捷团队正在开展一个新项目。项目经理期望团队几乎不犯错误，比进度计划提前完成项目。团队认为项目经理期望太高，因为每个项目都不一样。Scrum Master 应该（　　）。

A. 告诉项目经理团队在开始时可能会犯错，但是每次迭代都会有所改善

B. 在每日站会上向高级管理层通报项目经理的期望

C. 请产品负责人向项目经理讲述敏捷原则

D. 请项目发起人任命一名熟悉敏捷团队的项目经理

25. 在每日站会中，一位团队成员提出关于跨界组织的沟通改进建议。敏捷开发大师应建议讨论这一问题宜在（　　）。

A. 每日站会之后　　B. 发布回顾会议

C. Sprint 回顾会议　　D. 每月状况会议

26. 你在一个执行敏捷方法的大型项目中工作。确定这个项目的团队规模的方法是（　　）。

A. 它应尽可能小，即使这意味着交付时间的增加

B. 保留一个小型但经验丰富的团队，并试图最大化其输出

C. 确保团队基于任务的需求而正确调整其大小

D. 用大型团队来提供缓冲

27. 对回顾会议的目的的最好的解释是（　　）。

A. 帮助客户了解团队如何工作

B. 帮助项目经理确定成员的惩罚与奖励

C. 帮助产品所有者在下一次迭代中确定工作优先项

D. 帮助团队检查并适应

28. 产品经理需要找出一个在某项任务中工作的人。他需要给出一些与该任务相关的重要信息。产品经理得到这些信息的方式是（　　）。

A. 参加每日站会　　B. 在迭代待办事项中得到

C. 在产品代办项中得到　　D. 在团队的工作记录中

29. 作为团队中的 Scrum Master，你发现在每日例会期间，两个团队成员开始商讨技术细节。你应该（　　）。

A. 只要这能增加价值，就让他们继续讨论

B. 固定讨论时间，建议该成员在线下或是会议结束后讨论

C. 邀请别人共同参与

D. 提供自己对此的意见

30. 项目相关方对开发团队信心不足。下列选项中，对相关方的信心建设最有效的一项是（　　）。

A. 和相关方参与更多的会议来促进沟通

B. 低缺陷数

C. 一个自我组织的团队

D. 在每次迭代结束后交付有着更多相关功能的工作软件

31. 范围、成本和时间是传统项目的“铁三角”制约因素。那么它们在敏捷项目中的

情况是（　　）。

A. 范围和时间是固定的，成本和团队规模是灵活的

B. 时间和资源是固定的，范围是灵活的

C. 成本和范围是固定的，时间是灵活的

D. 三角制约因素是瀑布的概念，不适用于敏捷项目

32. Scrum Master 中的一个重要特性是仆人式领导。仆人式领导不代表（　　）。

A. 帮助团队成员在其职业生涯中成长

B. 经理把团队需求放于首位

C. 培养未来的仆人领袖

D. 经理从团队中获得指令

33. Scrum 应创建一次刺探的前提是（　　）。

A. 团队不具备完成任务所需的知识

B. 新团队成员获得项目的更新信息

C. 招募顾问来补充团队资源

D. 无法确定故事的确切估算

34. 在发布规划讨论中，产品所有者要求团队在发布中辨识到它所用到的关于史诗的机会成本。机会成本是（　　）。

A. 实现机会所需的工作成本

B. 你放弃机会的损失成本

C. 评估机会的成本

D. 浪费机会的成本

35. 项目管理办公室在广泛应用敏捷方法的组织中需要发挥的最佳功能是（　　）。

A. 对照团队的生产力数据，建立组织能力

B. 对每个敏捷团队的项目进程进行报告，同时指导他们如何向目标靠拢

C. 在不确定的环境中为决策提供指导方针

D. 向团队提供一个跨组织标准的敏捷进程

36. 团队经历了很多冲突。关于敏捷冲突管理的最佳表述是（　　）。

A. 在敏捷里冲突是危险的，应该在源头处防止

B. 在任何情况下都必须尽量和团队达成一致

C. 冲突可能是有益的，只要最后都以增强信任和协作的方式解决

D. 经理在这种情况下必须充当仲裁者的角色来确保令人满意的解决方案

37. 一名初级团队成员建议为完成团队目标使用新的方法，团队应该（　　）。

A. 新的办法应该被接受

B. 和团队成员一起工作，来决定这个新的方法是否可以接受

C. 让这名初级团队成员来决定这个方法是否可以接受

D. 向管理层汇报是否可以采用这种新的方法

38. Sprint 计划会议举行的时间是（　　）。

A. 在迭代的第一天　　B. 上一次迭代最后一天

C. 迭代开始的前一天　　D. 视情况而定

39. 敏捷开发团队想对 Scrum Master 的角色进行重新定义，让他为团队发挥更大作用。在这种情况下，应该（　　）。

A. 不应该这样做

B. 可以在下次敏捷会议中讨论

C. 可以在下次 Sprint 回顾中讨论

D. 应该请教项目管理办公室意见

40. 你是一个敏捷团队的领导者，正在研究关于团队速度跟踪的图表。最适合作为团队目标的是（　　）。

A. 让团队速度大于行业平均水平

B. 速度应在每次迭代后提高 10%

C. 不需要跟踪团队的速度，因为团队有自我管理功能

D. 速度应该是连续一致的

41. 在头几次项目迭代期间，敏捷项目团队创建了产品文档，在合同接近结束时，客户说产品文档不能准确地反应最终产品版本，已经过时可以避免发生这个问题的做法是（　　）。

A. 为项目团队增加一个技术专家，关注持续和及时更新文档

B. 在评审期间，提醒客户交付满足每个用户故事的验收标准

C. 在每次迭代期间分配时间执行变更，并定期确定文档更新状态

D. 在每次迭代结束时创建文档，以便确保文档及时更新和完整

42. INVEST 是一组关于创建良好用户故事属性的首字母缩写。在这里，I 的意思是（　　）。

A. 独立　　B. 信息

C. 说明　　D. 投资

43. 关于故事点的叙述错误的是（　　）。

A. 故事点依靠类比估计

B. 故事点测量故事的大小和复杂性

C. 故事点是关于规模大小的度量

D. 故事点可以很容易地跨团队比较

44. 在 Sprint 计划会议中，3 名团队成员经过几轮商讨都无法在故事估计中取得一致意见。其中一名成员是对业务影响有所了解的产品所有者，另外一名成员是过去有多次相同故事工作经验的开发团队领导者，第三名成员是曾经分配过故事工作的高级团队成员。

这种情况下应该采取（　　）的故事估计。

A. 高级团队成员　　B. 开发领导者

C. 产品所有者　　D. 他们估值的平均值

45. 一家组织刚刚接触敏捷实践，敏捷管理专业人士建议应该根据环境结合经过验证的原则、实践与流程的原因是（　　）。

A. 确保组织在使用公认做法方面保持一致

B. 保证满足项目范围与时间期望

C. 实现最佳项目价值

D. 获得项目相关方的支持

46. 敏捷团队正在进行增量规划，团队若要管理相关方的期望、建立信任应该（　　）。

A. 制定并与相关方分享高层级团队愿景说明书

B. 创建用户故事的排序工作列表，实施解决方案，并在用户故事下方添加任务

C. 创建策略的增量计划和风险燃尽图，向相关方展示团队正在处理正确的优先事项

D. 获得 Scrum Master 对增量计划的同意，以证明敏捷实践得到遵循

47. 关于测试驱动开发技术的最好描述是（　　）。

A. 开发人员决定在产品中如何做测试

B. 测试案例是由开发人员审查

C. 直到测试人员找到并解决了所有的缺陷，不然项目就不能持续进行

D. 在开发之前编写测试代码，代码的编写是为了通过测试

48. 敏捷团队正处于项目中途。产品交付时间表能满足市场要求。若要更快交付并满足最低质量要求，敏捷团队下一步应该（　　）。

A. 使用 MoSCoW 方法审查需求列表

B. 重视提高速度

C. 使用卡诺分析来识别刺探

D. 从优先待办事项中排除最小可售特性

49. 团队决定向敏捷转型，但不知道从哪里开始。这时应该马上实施（　　）。

A. 每日站会　　B. 迭代演示

C. 亲和估计　　D. 虚拟团队

50. 为确保可交付成果的质量，团队应该（　　）。

A. 在产品质量日志中记录所有质量问题

B. 在最终迭代期间分配更多的质量测试员

C. 在规划阶段实施质量保证

D. 考虑产品质量评审的频率

51. 团队实践极限编程时的应有特征不包括（　　）。

A. 现场客户　　B. 每周 40 小时

C. 测试驱动开发　　　　　　　　　　D. 扩展成大型团队的能力

52. 一个小组团队成员在会议上通过积极发表意见可以很容易解决复杂问题，当在会议上发言较少的团队成员对做出的决策感到失望时，敏捷项目经理（Agile Project Manager）应该（　　）。

A. 让发言多的团队成员去影响发言少的团队成员

B. 通过使用沟通技巧，从发言较少的团队成员那里收集信息

C. 寻找其他被广泛接受的解决办法

D. 咨询其他敏捷项目管理团队如何成功解决这类问题的记录

53. 团队的一个目标是获得更准确的预测，当前一个不可预测性的原因是故事大小不同，要解决这个问题团队应对待办事项列表应采取的措施是（　　）。

A. 限制正在执行的工作，避免多任务化，并在团队执行能力中反映

B. 分解并重写故事，让故事大小更适合

C. 将大型、不可预测的故事移到不同队列中

D. 对目前的故事进行估算，并将这些估算通知管理层

54. 最好地描述了管理故事优先级的因素是（　　）。

A. 相关方的希望　　　　　　　　　　B. 投资回报率和风险

C. 客户的要求数目　　　　　　　　　D. 团队给出的规模估计

55. Scrum Master 注意到，两名团队成员为了一个与工作无关的问题已经争论了两个小时。若要帮助团队成员更关注项目的可交付成果，Scrum Master 应该（　　）。

A. 使用冲突解决策略　　　　　　　　B. 通知高级管理层

C. 不干涉　　　　　　　　　　　　　D. 联系人力资源经理

56. 一家组织刚接触敏捷实践，组建了一支分布在不同地点的资源组成的团队。这家组织过去一直都采取极具命令式的管理风格。若要提高团队对预期项目成果的投入程度，敏捷项目经理首先应该（　　）。

A. 组织安排面对面的开工会议构建人际关系

B. 咨询管理层的意见，让团队成员的目标与项目目标协调一致

C. 邀请动员演说者来协助建立共同愿景

D. 让团队参与计划会议，逐步培养投入精神

57. 敏捷开发的团队经理同时也发挥着 Scrum Master 的角色。他应该停止（　　）。

A. 保护团队不被干扰

B. 为团队的绩效进行考核

C. 确保所有任务都被分配和进行

D. 思考如何增长公司业务

58. 敏捷团队遇到一个问题，并希望找到根本原因，下一步应该（　　）。

A. 创建一份看板

B. 使用“5 个 Why”技术

C. 使用 MoSCow 方法

D. 创建一份帕累托图

59. 有关待办列表中的事项，说法是正确的（　　）。

A. 应对它们进行精细化，并在列入待办列表之前估算

B. 应对它们进行精细化，并准确估算

C. 应对它们进行精细化，并在 Sprint 计划中估算

D. 应对它们进行逐步精细化，并在迭代计划中进行估算

60. 关于敏捷团队的产品所有者，其最重要的作用是（　　）。

A. 组建团队，保持队里良好的氛围

B. 及时对交付给客户的软件进行管理

C. 估计产品需求的规模

D. 协调团队，以确保他们的工作对客户有价值

61. Scrum Master 注意到，产品负责人一直没有时间验证已完成的工作，以及检查需求，应该（　　）。

A. 将这种情况上报给管理层

B. 准备一份备忘录，并把它发给产品负责人

C. 等到每日站会上与产品负责人交谈

D. 直接找产品负责人获得其参与项目的承诺

62. 冲刺待办事项上的高优先级任务让项目团队比原计划花更长的时间才能完成，如果团队使用的是看板方法实践，那么下列行动是正确的是（　　）。

A. 将任务负责人从项目中开除

B. 增加项目人员数量，减少任务完成时间

C. 执行任务工作，直至完成任务

D. 中止该任务的工作，将其包含在下一次迭代中

63. 项目第五次 Sprint 的速度降低导致团队未能交付 Sprint 目标，管理层希望团队解决这个问题，敏捷项目经理应该（　　）。

A. 延迟开始第六次 Sprint，进行团队建设活动，并为下一次 Sprint 提供资源

B. 增加专家资源，提供下一次 Sprint 的生产力

C. 聘请外部顾问来评估团队的生产力

D. 让团队自行组织，并在回顾会议中进行总结

64. 团队已经完成一个价值流图，这个图上应该能够找到的两种数据是（　　）。

A. 增值和非增值数据

B. 必要数据和可选数据

C. 待办事项和正在实施工作

D. 故事和功能

65. Scrum Master 利用内在激励措施来创建高绩效团队的方法是（　　）。

A. 营造一个让具备深厚相关知识的团队享有学习和自我管理的自由环境

B. 创建一个以目标为导向、以知识为基础、以奖励为激励手段的环境

C. 制定有力支持管理规范的团队工作流程

D. 与团队分享 12 个敏捷原则

66. 下列特点中，对敏捷团队来说最必要的是（　　）。

A. 他们能够创建和管理自己的工作日程安排

B. 他们能够规划项目

C. 他们有高度的灵活性和适应性

D. 他们能够同时处理多个任务

67. 如果一个团队成员经常违背 Sprint 承诺，Scrum Master 应该（　　）。

A. 通过使用相应的指导技术开始帮助该团队成员

B. 等到 Sprint 完成时再做决定

C. 职能经理一起开除该团队成员

D. 为团队提供一个解决方案

68. 在一个产品发布周期中，产品负责人未能通知团队关于解决方案在实施之前需要与另一应用程序审核的情况，产品负责人要将该信息传递给团队，应该（　　）。

A. 通过定义高优先级的沟通方式

B. 通过参加 Sprint 计划会议

C. 通过项目经理

D. 通过在每日站会上宣布

69. 敏捷项目的管理框架阶段是（　　）。

A. 构想、推测、探索、适应、结束

B. 计划、做、检查、行动、重新规划

C. 概念、设计、建造、过渡

D. 要求、设计、编码、测试

70. 团队一直在追求增量式交付的原因是（　　）。

A. 增量交付给客户提供早期价值，降低交付客户不想要的东西的风险

B. 增量交付允许你捆绑产品特征，使客户觉得交付的价值可观

C. 增量交付消除要求变化的可能性

D. 增量交付简化了整个团队的工作

71. 客户对敏捷团队 6 年来的绩效及产品感到满意，客户现在正在决定 Scrum Master 的未来角色，客户应该（　　）。

A. 让 Scrum Master 继续支持项目，但是同时也接受他们参与其他项目

B. 因为团队已经成功地掌握了敏捷实践的技术，解散 Scrum Master

C. 让产品负责人扮演 Scrum Master 的角色，并让他们提供成功的产品知识

D. 让职能经理扮演 Scrum Master 的角色，并让他们提供关于职能领域的一些信息

72. 主管之间对某个项目的状态看法有冲突，敏捷项目管理师应该（　　）。

A. 增加一项任务，并生成一份重点摘要

B. 向各主管发送一份项目燃尽图

C. 再增加一个定期会议，进行审查

D. 将项目状态发布在项目委员会控制板上

73. 如果你是一个敏捷项目经理，项目成功的最好标准是（　　）。

A. 项目交付给客户的价值最大化

B. 该项目在规定时间和预算内完成

C. 客户收到所有要求的产品功能

D. 项目有记录范围交付

74. 用户故事是（　　）。

A. 一个阐述说明最终用户的故事

B. 系统用户生活的一天

C. 一个可以给客户增值的小型粒度化的工作单元

D. 客户在敏捷项目中的要求收集

75. 作为 Scrum Master，确保回顾会议中目标实现的方式是（　　）。

A. 识别小目标

B. 跟踪目标

C. 将所有者分配给每个目标

D. 帮助团队排列目标的优先级，并确保他们都清楚地知道

76. 某公司在产品开发中使用敏捷原则，完成一个阶段之后，发生一次大规模的经济危机，可能影响产品的可行性，敏捷项目管理师应（　　）。

A. 加快开发以缩短产品流向市场的时间

B. 向项目发起人建议取消产品

C. 与项目发起人一起重新审阅计划，确保优先级功能仍然适用

D. 延迟项目，直到经济危机的后果明朗化

77. 在 Sprint 结束评审会议上，一名团队成员了解到他们创造的工作产品不符合一个之前没有咨询过意见的关键相关方的需求，该团队成员应该（　　）。

A. 要求敏捷推进者帮助快速识别相关方

B. 要求敏捷项目经理在启动项目前制订详细的相关方管理计划

C. 鼓励每名团队成员独立识别和接触相关方

D. 邀请相关方在日后的 Sprint 结束评审会上提供反馈意见并帮助以后改进

78. 客户已经明确识别到几个重要需求，团队和客户都迫切想要开始工作。下一步应该（　　）。

A. 团队从最重要的需求着手开始工作

B. 客户和团队应约定高优先级需求的验收标准

C. 团队应尊重客户的需求，并开始努力交付准时制价值

D. 团队应评估这些需求并选择个人任务

79. 产品负责人希望从客户获得主要工作流反馈意见。产品负责人应该要求团队（　　）

A. 开始致力于尽可能多的特性工作

B. 完成每次迭代的全部特性

C. 在主要工作流完成时准备一个演示

D. 按照优先顺序完成用户故事

80. 作为敏捷团队的领导者，被要求提高团队中的多样性。你的立场应该是（　　）。

A. 必须遵守，因为它是政府规定的

B. 可以拒绝，因为敏捷最适用于高度信任的团队

C. 可以拒绝，因为多元化团队不可能凝聚在一起

D. 必须遵守，因为多元化团队更有可能以不同方式思考来创新

81. 衡量团队绩效的有效标准是（　　）。

A. 迭代期间发现并删除的缺陷数量

B. 每个故事中测试的编写数量

C. 自动化测试的数量

D. 取决于团队和项目

82. 一名新的 Scrum Master 被任命管理一个已成立的 Scrum 团队，新的 Scrum Master 首先应该（　　）。

A. 教导团队成员改进职能专长，提高整体速度

B. 召开一次重要会议，找出团队工作过程与 Scrum 实践的不一致之处

C. 评审待办事项，确保其经过排序，整理并有效执行任务

D. 执行相应的介绍，然后协助识别问题和困难，并协助团队解决这些问题

83. 如果迭代周期是 2 周，那么 Sprint 计划会议需要（　　）。

A. 1 小时　　B. 半小时

C. 4 小时　　D. 15 分钟或更少

84. 如果产品待办事项已经过期了（不是最新的），解决这个问题的应该是（　　）。

A. 发起人　　B. 产品所有者

C. Scrum Master　　D. 团队

85. 敏捷团队由来自两个不同位置的团队成员组成，敏捷团队在发布计划会议上创建一份风险登记。能帮助团队有效利用该工具的是（　　）。

A. 应用自我组织

B. 尽可能使用最好、最先进的技术

C. 事先面对面沟通

D. 减少软件开发时间

86. 如果敏捷团队生产的可交付成果不满足业务需求，项目相关方应该（　　）。

A. 在下一次回顾会议上，向 Scrum Master 总结该问题

B. 要求团队增加与产品负责人的反馈频率

C. 确保将该问题上报给相应的主管团队成员

D. 为团队制定一份全面的需求过程，使其遵守

87. 团队领导发现团队中的几个绩效缺陷，若要提高团队绩效，团队领导应该（　　）。

A. 与产品负责人一起评审绩效

B. 使用新信息板，保证沟通过程

C. 组织一次团队会议，强化对共同目标的承诺

D. 替换绩效不佳的团队成员

88. 一个项目拥有多个团队且需求快速变化，而且经常更换其团队成员。要想维持完工的时间估算，应该（　　）。

A. 用区间来表示速度

B. 确保新的团队成员审查故事点

C. 构建特性缓冲

D. 仅在两次迭代之间更换团队成员

89. 由于发生重大问题，对团队产品引擎的一个核心工具进行了升级。在向上级管理层汇报时，（　　）。

A. 展示团队速度中的技术债务

B. 重新估算当前故事

C. 创建技术债务待办列表

D. 广泛发布有关此次升级的相关信息

90. 全球分布的团队用于沟通的工具是（　　）。

A. 规律性地出席会议，持续一致处理虚拟会议

B. 每两周召开一次回顾会议

C. 集中办公

D. 增加电子邮件信息的数量，加上减少会议时间

91. 根据下图，比较计划的故事点和已完成的故事点时，迭代的当前状态是（ ）。

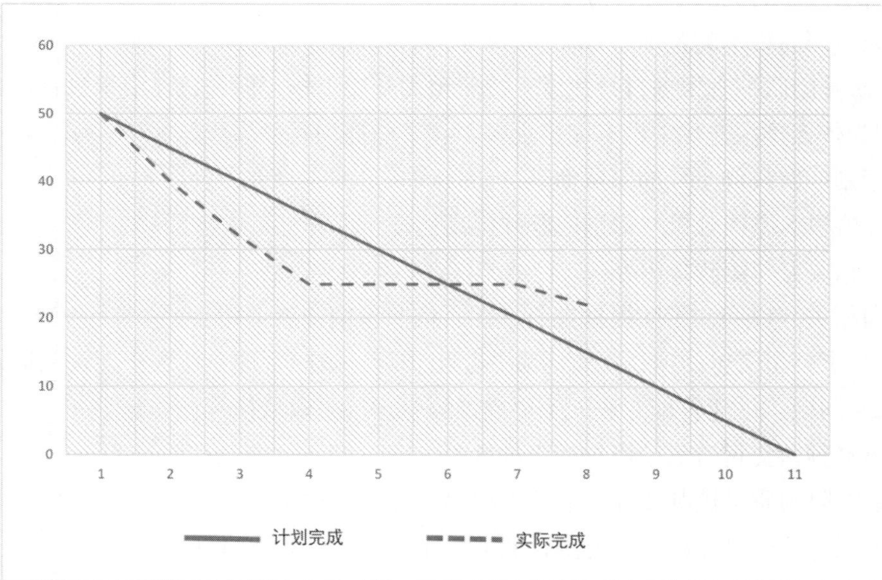

A. 迭代处于危险之中　　B. 团队已经删除范围

C. 迭代提前于速度　　D. 团队速度稳定不变

92. 你确定了一个可能性为 20%的技术风险，损失时间规模为 12 天。风险暴露为（ ）。

A. 2.4　　B. 0.2

C. 1.2　　D. 0.6

93. 任务板和大型可视图表是（ ）的实例。

A. 非敏捷工具　　B. 发布规划

C. 渗透工具　　D. 信息发射源

94. 冲刺待办事项工作包括了完成冲刺目标所需的所有活动。冲刺待办事项的创建是在（ ）。

A. Sprint 计划会议　　B. Sprint 评审会议

C. Sprint 回顾会议　　D. 由产品所有者创建

95. 在几次迭代后，一名敏捷项目管理师注意到类似问题连续两次发生，并影响团队的执行效率，敏捷项目管理师应该（ ）。

A. 将问题上报给项目经理

B. 增加正在实施的工作，提高效率

C. 要求团队成员重新审阅需求

D. 在 Sprint 回顾会议上解决该问题

96. 敏捷团队在当前迭代中落后于进度计划，应该（ ）。

A. 同意延长工作时间和版本工作，弥补当前迭代中的时间滞后量

B. 完成任何可能的范围，并在回顾会中获得经验教训

C. 请求额外的资源来弥补进度滞后

D. 减少当前版本的范围

97. 敏捷团队一直根据自身速度，按照预期开展工作，但是，在演示过程中，有个相关方询问为什么这次迭代中没有完成更多工作。敏捷项目领导应该（　　）。

A. 策划一次鼓舞士气的团队活动

B. 开展根本原因分析，识别问题并提高速度

C. 让相关方与团队集中办公

D. 向相关方说明，团队根据自身速度，按照预期开展工作

98. 一家公司交付的项目一直滞后并超出预算，敏捷管理专业人士建议采取敏捷方法来减少未来问题。敏捷管理专业人士要想说服管理层采取敏捷方法，应该（　　）。

A. 解释频繁交付价值给组织带来的好处

B. 证明限制质量控制文件能够减少项目预算并缩短交付时间

C. 证明在开始时捕获项目范围，能够限制范围蔓延和项目延期

D. 指出敏捷可以加快交付，这是因为可以调整速度来适应项目进度计划

99. 某高端产品的产品负责人被要求每周向高级管理层汇报已完成工作的百分比，产品负责人应该（　　）。

A. 与项目团队制定一套绩效测量指标，并采取传统格式提供给高级管理层

B. 邀请高级管理层参加每日状态会议，确保他们即时了解进度状态

C. 获取高级管理层对汇报测量指标的认同，随后按照约定的时间间隔，更新信息扩散源

D. 按照高级管理层的传统格式调整信息扩散源，并每周交付

100. 某个正在开展迭代工作的敏捷团队，识别到多个可能导致项目延期的问题，团队应（　　）。

A. 将问题拖延至之后的迭代，以保护本次迭代的速度

B. 执行根本原因分析，并将问题交给相应团队解决

C. 要求产品负责人识别问题的解决方案并进行优先级排序

D. 制作问题板，揭露并解决团队自身的问题

101. 某个项目团队经常未能实现交付目标，团队提高效率的方式是（　　）。

A. 召开定期评审会，识别改进领域，并通过实施变更进行实验

B. 从约定的迭代未完项中删除几项内容，使之符合近期交付历史

C. 审查经验教训登记册，并在产品未完项中添加团队建设事项

D. 为团队成员制订得到管理层支持的自我发展计划

102. 若要降低风险并提高相关方满意度，产品负责人应该（　　）。

A. 审查产品需求，并安排每日站会

B. 确保项目团队经常与相关方开会，审查项目进度计划与可交付成果

C. 邀请相关方参加定期未完项梳理活动，包括产品特性优先级排序

D. 创建风险登记期，以便在下次每日站会时讨论

103. 敏捷项目领导无法在每次迭代后获得客户批准，因为客户是一位高管，工作日程非常繁忙，若确保符合客户需求，该敏捷项目领导应（　　）。

A. 将该问题作为项目阻碍因素提出，并要求安排新的客户代表

B. 邀请客户参加回顾会议，确保获得批准

C. 达成一致意见，即如果客户未能在每次迭代后验收产品，则交付团队无须负责

D. 确定客户是否愿意在不检查迭代的情况下验收和批准产品

104. 在迭代演示过程中，有个新的相关方提到，所交付特性未能满足他们的期望。若要确保在未完成中识别全部需求，产品负责人应该（　　）。

A. 与发起人开会，解释已按照验收标准交付全部需求

B. 要求发起人决定应该包含哪些需求，并向全体相关方更新这项决定的信息

C. 与项目团队一起将新的需求添加到下次迭代中，并向所有相关方更新该变更的相关信息

D. 确保在需求收集过程中包含所有相关方，并针对新需求召开一次故事编写研讨会

105. 敏捷团队成员参加站会经常迟到，也未能满足截止期限。项目领导认为可能是因为团队效率低下。项目领导应该（　　）。

A. 协助团队拟订工作协议，规定预期行为规范

B. 与团队开会，讨论行为并记录行动项

C. 以身作则示范适当行为，并承担更多领导职责

D. 安排团队参加并完成敏捷与时间管理培训

106. 在完成某个冲刺的关键组件时，团队遇到了挑战。他们尝试了多种问题解决方法，但问题仍然存在，存在无法完成这个部件的风险。敏捷管理专业人士应该（　　）。

A. 与团队开会，审查之前已尝试的解决方案结果，并识别新的方案

B. 鼓励团队展开协作，并在风险日志中将该关键部件的问题识别为一项风险

C. 鼓励团队确定研究解决方案的时间箱，并重视更新风险应对活动

D. 与相关方和团队召开会议，沟通进展情况并设定期望

107. 一家建筑设计事务所在为客户设计新房屋，在查看初始平面计划后，客户增加了大量的反对的反馈意见。团队一起讨论如何带动客户继续推进项目。有些团队成员希望实施多次迭代，并在与客户再次开会前与管理层一起审查图纸。团队应该（　　）。

A. 经常征询客户的反馈意见，以了解客户需求。并根据这些需求给客户需求带来的价值来调整材料

B. 在与客户再次接洽前，完成所有原先规定的图纸，以保持项目进度计划

C. 将对应的反馈意见记录为风险，并开展定性和定量分析来识别根本原因

D. 提出多重需求来解决新的需求，并在继续工作前获得客户确认

108. 在某次迭代的每日站会上，团队提出的担忧是识别和解决缺陷所花费的时间至少需要两个工作日，这样的延误会影响团队的绩效。敏捷专业管理人士应该建议团队（　　）。

A. 开展风险刺探来识别威胁，并主动解决

B. 请求额外资源来更快帮助他们解决问题

C. 开展根本原因分析来改进过程

D. 对于无法解决的问题，确保做到透明，并将问题记录在未完项中

109. 在迭代结束时，有个相关方要求提供团队的单位测试代码覆盖率及用户验收测试案例副本，但是，团队尚未完成这次迭代的这些文件。项目领导在下次迭代时应该（　　）。

A. 在编写单位测试代码覆盖率和用户验收测试案例时，包含每个故事的验收标准

B. 约定 DoD，并传达给相关方与团队

C. 调整团队的工作流程，确保记录单位测试代码覆盖率和用户验收测试案例

D. 在回顾会议上讨论相关方期望，并决定纠正措施

110. 一个敏捷团队识别到两个发布层面的风险，以及 4 个迭代层面的问题。若要让相关方清楚了解这些情况，团队应该（　　）。

A. 在一个可见的看板上记录风险和问题，让全体团队成员和相关方均能看到

B. 分布载有近期已识别风险和问题的每周状态报告

C. 在每次迭代中添加正在解决的风险和问题，并通过项目迭代报告渠道，向相关方通报新情况

D. 为每个风险分配一个负责人，并在每日站会时监督进展情况

111. 一位程序员正在竭力满足产品负责人的具体要求。他可以在每日站会（　　）。

A. 向敏捷管理专业人士寻求帮助

B. 与团队探讨可能的解决方案

C. 向团队提出问题以创建可视性

D. 探讨代码要求是否属于优先事项

112. 集中办公的敏捷团队成员在不发电子邮件的情况下分享产品交付计划的方法是（　　）。

A. 在下次 Sprint 计划会议上向相关方分发项目计划

B. 在所有相关方都能看到的过程中放置信息扩散器

C. 在每日站会上分享规划活动

D. 将信息共享职责分配给产品负责人

113. 一个负责领导某组织首支敏捷团队的教练，预期将会遇到来自与该团队合作的其他团体的阻力。Scrum Master 若要避免阻力，并更好地促进与其他团体的沟通，应该

(　　)。

A. 审查用户故事，描述产品开发的敏捷原则

B. 制作一个具有区隔线的看板，来描述组织的所有团队

C. 召开非正式讨论会，分享知识并回答问题

D. 使用价值流图来描述信息在整个组织的流动

114. 一位关键项目团队成员一直对每次冲刺结束时的反馈环节不满，他认为这是在浪费时间，敏捷项目经理应该跟团队成员说(　　)。

A. 客户要求每个团队成员提出反馈意见

B. 团队将在一些冲刺中采纳他们的意见然后重新开始

C. 反馈意见可用于改进今后的冲刺

D. 反馈可用于改进今后的冲刺

115. 项目团队希望提供工作方法的敏捷性，一位团队成员建议他们尝试新的回顾会议形式，让团队成员可在回顾会议上建议希望在下次冲刺时保持或改变什么。团队应该尝试这种方法的原因是(　　)。

A. 与他们当前的方法相比，这会更加有趣

B. 可以减少回顾会议的数量

C. 应该会对进展计划产生积极影响

D. 可以掌握过程改进情况，对团队有帮助

116. 一位财务专家希望从事敏捷工作，向敏捷项目经理寻求意见。敏捷项目经理建议该专家加入一个由通才组成的项目团队，这是因为(　　)。

A. 该专家能学会与不同学科的人士共事

B. 该专家的技能会成为团队里的一个差异点

C. 与专家相比，通才更擅长于战略思考

D. 更便于在通才之间分割项目工作

117. 一位 Scrum Master 希望确保团队成员了解并努力实现共同目标。该 Scrum Master 应该要求团队成员(　　)。

A. 制定各自的目标，并与团队分享

B. 稳定这个项目的电梯游说方案

C. 召开协议项目会来制定目标

D. 召开会议，以确定角色与职员

118. 一家公司在大幅改动其自身愿景和战略后，有个极受重视的团队成员开始开会迟到，工作质量低下。Scrum Master 应该(　　)。

A. 安排人员检查该团队成员的工作

B. 审查该个人在团队中的使命感

C. 与该团队成员讨论绩效管理计划

D. 在该个人影响团队绩效之前，将其从团队中开除

119. 虽然项目团队在过去一次冲刺期间提高了速度，但未完项的生产事故数量也增多了，Scrum Master 可从中做出的假设是（　　）。

A. 团队能够生产更多产品，是因为没有重视产品质量

B. 产品经理只是单纯地将生产问题添加入未完项，却没有对其加以分析

C. 生产支持团队在退回给团队前，未能彻底分析生产事故

D. 团队侧重于较小事项而非较大事项，这样就可以吸收更多生产相关事故

120. 产品负责人要求开发团队在未完项梳理过程中添加某个事项。若要验证所添加的事项能够产生价值这一假设，产品负责人应该（　　）。

A. 在 Sprint 评审过程中，接受功能增量

B. 冲刺计划过程中，在选择产品未完项前设定冲刺目标

C. 向市场发布产品增量，由用户和市场来验证

D. 检查冲刺燃尽图，在每日站会时重新确定未完项的优先量

1	2	3	4	5	6	7	8	9	10
C	C	D	B	D	C	A	D	D	B
11	12	13	14	15	16	17	18	19	20
C	A	A	C	B	C	B	A	A	D
21	22	23	24	25	26	27	28	29	30
C	D	B	A	C	C	D	B	B	D
31	32	33	34	35	36	37	38	39	40
B	D	D	B	C	C	B	A	C	D
41	42	43	44	45	46	47	48	49	50
C	A	D	A	C	C	D	A	A	C
51	52	53	54	55	56	57	58	59	60
D	B	B	B	A	C	C	B	D	D
61	62	63	64	65	66	67	68	69	70
D	C	D	A	A	C	A	A	A	A
71	72	73	74	75	76	77	78	79	80
A	B	A	C	D	C	D	B	C	D
81	82	83	84	85	86	87	88	89	90
D	D	C	B	C	B	C	B	A	A
91	92	93	94	95	96	97	98	99	100
A	A	D	A	D	B	D	A	C	D

101	102	103	104	105	106	107	108	109	110
A	C	A	D	B	D	A	C	B	A
111	112	113	114	115	116	117	118	119	120
C	B	C	D	D	A	C	B	A	C

1.【解析】答案 C。考点“团队绩效”。燃尽图的 *Y* 轴是故事点，如果上升是增加了故事点。选项 A、B、D 是不可能增加的。

2.【解析】答案 C。考点“价值驱动”。如果要变更需求，就相等地放弃本次迭代中不太重要的需求，因为一次迭代只能交付一定量的功能，增加一些价值高的，放弃一些价值低的。后面的迭代再开发，甚至不再开发。

3.【解析】答案 D。考点“敏捷基础知识：估算”。是指在没有干扰的情况下完成一项工作的时间。

4.【解析】答案 B。考点“团队绩效”。速度没有可比性，只是自己团队对故事点定义的一个相对概念。

5.【解析】答案 D。考点“团队绩效”。如果不能在一起工作，使用协作工具，信息的透明是敏捷重要的价值观。

6.【解析】答案 C。考点“持续改进”。确实可行，那也要团队一起认可后再进行。

7.【解析】答案 A。考点“敏捷原则”。敏捷项目也有项目章程，对项目的 Why 和 What 进行粗略的定义。

8.【解析】答案 D。考点“团队绩效”。需要找原因为什么会有大量返工和重构。回顾会议是 Scrum 检视与调整的最好的时机。

9.【解析】答案 D。考点“团队绩效”。结对编程主要是指两个开发人员一起工作。

10.【解析】答案 B。考点“价值驱动工作交付”。调整产品待办事项，有价值的功能肯定是优先开发项。

11.【解析】答案 C。考点“敏捷原则和思维模式”。敏捷是自组织团队，由团队来定义团队的工作方式和估算的标准。

12.【解析】答案 A。考点“敏捷原则和思维模式”。结对编程是可以缩短时间，没有更多的自由来思考，是需要全神贯注地看别人的开发，提出问题，及时纠正。

13.【解析】答案 A。考点“团队绩效”。开放式的办公区域是敏捷所提倡的。

14.【解析】答案 C。考点“持续改进”。内部找原因，外部了解真实情况，内外部一起配合来高效解决问题。

15.【解析】答案 B。考点“敏捷原则和思维模式”。评审会议是演示工作成果以便让产品负责人决定是否接受。

16.【解析】答案 C。考点“团队绩效”。要看“长期的速度”信息，累积流量图更合适。燃尽图主要是展示剩余工作量。

17.【解析】答案 B。考点“敏捷原则和思维模式”。每日站会“三问”：昨天做了什么？今天要做什么？有什么问题？

18.【解析】答案 A。考点“以价值驱动工作交付”。完成工作原型后，落到开发实处的工作，以精益的方式开展。

19.【解析】答案 A。考点“Scrum 的角色定义”。

20.【解析】答案 D。考点“团队绩效”。团队自组织，对要开发的功能要一致认同。如果不通知而完成，要取消（放回到产品待办事项中）。

21.【解析】答案 C。考点“精益”。精益七原则：①消除浪费；②增强学习；③尽量推迟决策；④尽快交付；⑤授权团队；⑥构建完整性；⑦着眼整体。

22.【解析】答案 D。考点“Scrum 基本知识”。

23.【解析】答案 B。考点“敏捷原则和思维模式”，参考敏捷原则第 4 条，相关方在一起主要是为了协作。

24.【解析】答案 A。考点“Scrum Master 的职责”。在团队遇到问题时，Scrum Master 需要帮助团队移除问题。选项 B 告诉高级管理层，问题上升了，所以选项 B 不对。选项 C 让产品负责人去说，推卸责任。在敏捷三角中固定人力资源，不变更，所以选项 D 不对。

25.【解析】答案 C。考点“持续改进”。持续改进是回顾会议重要的内容。而每日站会主要是沟通工作情况。

26.【解析】答案 C。考点“敏捷原则和思维模式”。参考敏捷原则第 11 条，最佳的选择来自团队。

27.【解析】答案 D。考点“敏捷方法论：Scrum”基础知识。回顾会议就是检视好与坏，并持续改进。

28.【解析】答案 B。考点“敏捷方法论：Scrum”基础知识。与任务相关的信息是在冲刺待办事项（Sprint Backlog），所以在这里面找。

29.【解析】答案 B。考点“敏捷方法论：Scrum”基础知识。每日站会不讨论技术细节。

30.【解析】答案 D。考点“敏捷原则和思维模式”。看到有价值的、可工作的软件是最能让相关方有信心的方法。

31.【解析】答案 B。考点“敏捷原则和思维模式”。敏捷的项目，每次迭代的时间和团队是固定的，能做多少（范围）是根据价值来选择的，是灵活的。

32.【解析】答案 D。考点“敏捷原则与思维模式”。仆人式领导不是指真的当团队的仆人，是指职责从管理协调向促进团队合作的方向进行。

33.【解析】答案 D。考点“问题发现与解决”。以回答问题或收集信息为目的的任务，主要是为了找解决方案而设。只有选项 D 的场景需要试验，找解决方案。选项 A 是培训，选项 B 是告知，都不是试验。

34.【解析】答案 B。考点“项目管理基础知识”。机会成本是指：有 A、B 两个选择，如果选择 A，所放弃的 B 的收入。

35.【解析】答案 C。考点“敏捷原则与定义”。本题选项 A、B、C、D 都算项目管理办公室（PMO）的职责，但关键词是“应用敏捷方法”对应了 C 答案的“不确定环境”，这是 4 个答案中相对最好的答案。

36.【解析】答案 C。考点“团队绩效”。冲突可以是有益的，只要适当地解决。“红红脸、出出汗”是有益团队健康的。

37.【解析】答案 B。考点“团队绩效”。团队一起参与，团队自己决定。

38.【解析】答案 A。考点“敏捷方法论”基础知识。计划会议一般是在迭代的第一天。

39.【解析】答案 C。考点“敏捷原则和思维模式”。开发团队也可以讨论 Scrum Master 的角色定位，本来 Scrum Master 的角色就是为团队服务的，当团队足够成熟时，Scrum Master 这个角色甚至可以不要。

40.【解析】答案 D。考点“团队绩效”。敏捷原则第 8 条强调了保持稳定。

41.【解析】答案 C。考点“项目管理基础知识”。文档是指导工作所用，是必须要保持更新的。

42.【解析】答案 A。考点“敏捷基础知识”。用户故事需要符合：Independent（独立的）；Negotiable（可讨论的）；Valuable（有价值的）；Estimable（可估计的）；Small（小的）；Testable（可测试的）。

43.【解析】答案 D。考点“敏捷基础知识”。故事点是不能跨团队比较的，每个团队对于初始相对规模的定义都是不同的，其他都是对的。

44.【解析】答案 A。考点“敏捷原则与思维模式”。极限编程手册中特别提到了：技术人员做技术决策，业务人员做业务决策，这至关重要。谁来做谁决定。

45.【解析】答案 C。考点“敏捷基本原则”。敏捷有个非常重要的特性是适应性。虽然每个企业的环境不同，但所有经过验证的流程原则都是指向一个终极目的：让价值最大化。而选项 A、B、D 与此内容无关。

46.【解析】答案 C。考点“相关方参与”。

47.【解析】答案 D。考点“敏捷原则”。测试驱动开发是极限编程非常重要的实践，先写测试，再编写代码，是为了提高软件质量。

48.【解析】答案 A。考点“价值驱动交付”。根据优先级完成需求才能更快地交付且有质量保证地给客户提供价值。所以选 A。选项 B 提高速度没有质量保证肯定不行。选项 C 卡诺分析和刺探与题无关。选项 D 排除最需要的功能肯定不对。

49.【解析】答案 A。考点“敏捷原则和思维模式”。每日站会是 Scrum 框架非常有仪式感的实践内容，而其他的选项只是工具。

50.【解析】答案 C。考点“项目管理基础”。质量是项目做的过程中保证的，而不是最后来检查。选项 B、D 检查出来的是质量已经有问题。选项 A 对质量没用。

51.【解析】答案 D。考点“敏捷方法论”。极限编程的特征没有选项 D。选项 D 是规模化敏捷考虑的内容。

52.【解析】答案 B。考点“团队绩效”。促进团队成员参与进来，是敏捷项目经理的积极作用，也是“仆人式领导”的意义所在。

53.【解析】答案 B。考点“敏捷原则”。故事的估算和分解要有一定的标准，故事的估算可以是故事点的相对大小，分解的故事要便于分配任务。如果不合适就只能继续分解。

54.【解析】答案 B。考点“价值驱动工作交付”。投资回报率是直接的价值呈现，风险也是，高风险、高收益先进行。

55.【解析】答案 A。考点“相关方参与”。及时解决冲突，消除浪费，促进效率的提升。

56.【解析】答案 C。考点“敏捷原则与思维模式”。先建立起共同的愿景，围绕这个目标，再考虑工作模式如何协调，人际关系如何开展。

57.【解析】答案 C。考点“敏捷原则和思维模式”。分配和实施任务是团队决定的事情，不由 Scrum Master 来决定。

58.【解析】答案 B。考点“问题发现与解决”，除了根因分析最常用，“5 个 Why ”也是帮助找到根本原因的工具。选项 C 是需求价值排序的技术。选项 D 是找主要原因而不是根本原因。

59.【解析】答案 D。考点“适应性规划”。选项 A 与选项 C 都是时间点不对，选项 B 无法准确估算。敏捷开发的过程是一个渐进明细的过程，只有在迭代中评估相对大小，才便于开发工作。

60.【解析】答案 D。考点“敏捷方法论：Scrum”的角色与职责。产品负责人的主要作用是确保团队开发的工作是有价值的。

61.【解析】答案 D。考点“敏捷方法论：Scrum”的角色与职责。在敏捷方法论中，产品负责人必须检查需求。如果产品负责人没有做，就要直接与他们沟通，获得他们参与的承诺。其他方案都不好。

62.【解析】答案 C。考点“敏捷方法论：看板”。看板的最佳实施也特别强调要管理流动，要把工作做好，而且还是高优先级，也就是高价值的任务。

63.【解析】答案 D。考点“敏捷方法论：Scrum”。Scrum 中一个迭代做得不好，要在回顾会议中总结，并在后续迭代中改进。

64.【解析】答案 A。考点“敏捷方法论：看板”。价值流图主要看的是增值和非增值的工序。

65.【解析】答案 A。考点“团队绩效”。高绩效的团队才是本题的关键。如何成为高绩效的团队？一定是有知识分享、自我驱动和自我管理，也就是常谈到的自组织，这样才能更好地协同工作、创造价值。

66.【解析】答案 C。考点“敏捷原则和思维模式”。选项 A、B、D 更多是具体的任务，而团队最主要的特性是适应性和灵活性。

67.【解析】答案 A。考点“团队绩效”。Scrum Master 要帮助团队成员成长。

68.【解析】答案 A。考点“相关方参与”。及时沟通，有了情况就要反馈，不用等到固定的会议上。

69.【解析】答案 A。考点“敏捷原则和思维模式”。在适应性开发方式的基础上，敏捷项目管理流程包括构想、推测、探索、适应和结束 5 个阶段。

70.【解析】答案 A。考点“价值驱动交付”。当需求不确定时，增量式是很好的办法。先做最有价值的，随着时间的推移，需求会越来越确定。

71.【解析】答案 A。考点“敏捷原则和思维模式”。Scrum Master 是非常好的促进者，可以持续地促进团队的改进。

72.【解析】答案 B。考点“相关方管理”。项目的状态以信息辐射源中的信息为准。其他的做法都不太符合敏捷的方法。

73.【解析】答案 A。考点“敏捷原则和思维模式”。敏捷的意义在于价值交付。

74.【解析】答案 C。考点“敏捷基础知识”。

75.【解析】答案 D。考点“敏捷基础知识”。回顾会议需要对待改进项进行优先级排序，并确定在下次迭代中改进优先级最高的。

76.【解析】答案 C。考点“价值驱动交付”。任何时候都评估需求的优先级，先做优先级高的。

77.【解析】答案 D。考点“持续改进”。之前没做好的事情，在反思中持续改进。

78.【解析】答案 B。考点“团队绩效”。在开始工作之前，一定要先考虑如何才叫“这个工作已经完成”，用户故事的验收标准、DoD 都是要在开始工作之前先定义。

79.【解析】答案 C。考点“敏捷原则”。敏捷中的反馈一定基于一个可以演示的内容才能更好地展示，也才能给到最有价值的内容。

80.【解析】答案 D。考点“敏捷原则和思维模式”。敏捷需要创造力，提倡多样性的团队。

81.【解析】答案 D。考点“团队绩效”。标准让团队自己来定。

82.【解析】答案 D。考点“敏捷基础知识”。Scrum Master 的责任。

83.【解析】答案 C。考点“敏捷基础知识”。一般一周迭代对应计划会议 2 小时，依此类推。

84.【解析】答案 B。考点“敏捷基础知识”。产品负责人才是产品待办事项的负责人。

85.【解析】答案 C。考点“敏捷原则和思维模式”。敏捷 12 原则中第 6 条特别提倡面对面的沟通。

86.【解析】答案 B。考点“持续改进”。通过更频繁的回顾反馈来提高有效性，更好地增加价值；消除浪费。

87.【解析】答案 C。考点“团队绩效”。团队绩效不好，团队一起面对、一起解决。选项 A 评审不直接解决题干中的问题。选项 B 中的沟通并不能说明与绩效有直接关系。选项 D 是更不好的做法。

88.【解析】答案 B。考点“团队绩效”。对时间的故事取决于我们要完成故事的规模，而规模是与故事点直接相关的。选项 A 没有这种表示方法。选项 C 不是敏捷的做法。选项 D 对时间估算没有帮助。

89.【解析】答案 A。考点“团队绩效”。此题适用排队法，选项 B、C 不对，此题更关注为什么会有问题。选项 D 不合适。为什么会发生重大问题？在敏捷的理论里，以透明和适应为主要支撑的过程中，发生重大问题，往往是因为一直持续累积债务。

90.【解析】答案 A。考点“团队绩效”。保持步调的稳定，助力团队更有效。选项 C 在题干已经说明“全球分布”的情况下，是不太现实的选择。

91.【解析】答案 A。考点“敏捷基础知识”。看燃尽图是敏捷必须掌握的知识点。此图中，明显迭代的速度已经落后了，所以选项 C 不对。团队第 1~3 天，与第 4~7 天的速度明显不同，所以选项 D 不对。选项 B 如果删除了范围，那故事点会变少直至看不到。此题只能选 A，目前来看进度落后了，而且第 4~7 天没有完成故事点，很大可能是遇到了无法解决的技术问题，说明项目有风险了。

92.【解析】答案 A。考点“风险管理”。12 天×20%的概率就是风险值=2.4。

93.【解析】答案 D。考点“团队绩效”。信息发射源是所有可视化工件的统称。

94.【解析】答案 A。考点“敏捷基础知识”。“迭代待办事项”来自产品待办事项，是在计划会议上为交付价值优先级更高的需求而要分解的工作。

95.【解析】答案 D。考点“问题发现和解决”。连续发生并影响团队的事项就是最好的待改进项，在回顾会议上讨论并解决。选项 C 不对，并未说需求有任何问题。

96.【解析】答案 B。考点“问题发现和解决”。落后一定是有问题发生，在回顾会议上来发现这些问题。选项 A 是绝对不适合的。没有额外资源。选项 C 也不对。选项 D 是砍需求，那也是需要产品负责人来确定的。

97.【解析】答案 D。考点“团队绩效”。只需要向相关方说明即可，自组织团队会自驱完成工作。

98.【解析】答案 A。考点“敏捷原则与思维方式”。频繁交付价值，敏捷的基本原则之一。

99.【解析】答案 C。考点“团队绩效”。此题容易在选项 B、C 之间考虑，但选项 B 中每日站会的 3 个问题肯定不如选项 C 中的信息扩散源能给高层提供更需要的信息。选项 D 不对，信息扩散源不是给高层看的，是给团队用的。

100.【解析】答案 D。考点“敏捷原则与思维模式”。有问题，一定要透明地显示出来，让团队发现，让团队自行解决。

101.【解析】答案 A。考点“问题发现与解决”。团队一起找出问题并改进。选项 B、

C、D 都太具体，不一定是未交付目标的原因。

102.【解析】答案 C。考点“相关方参与”。保持透明，保持相关方的积极参与。

103.【解析】答案 A。考点“问题发现与解决”。选项 B 回顾会议不对。选项 C 并未解决问题。选项 D 肯定不对。

104.【解析】答案 D。考点“相关方参与”。

105.【解析】答案 B。考点“团队绩效”。不要选 A，如果选 A 还是走上 PMP®考题的路子了。敏捷自组织，还是团队自己讨论自己考虑怎么解决。

106.【解析】答案 D。考点“问题发现与解决”。此题已强调“尝试了多种解决方法”，这时不光内部团队，外部的相关方也应该知道项目的这个情况，并且大家一起协作找到解决的办法。

107.【解析】答案 A。考点“相关方参与”。持续的沟通反馈。

108.【解析】答案 C。考点“问题发现与解决”。

109.【解析】答案 B。考点“团队绩效”。此题中，团队觉得交付功能就好，但相关方觉得需要有验收测试案例。通过定义 DoD 来减少大家的理解不一致。

110.【解析】答案 A。考点“相关方参与”。

111.【解析】答案 C。考点“敏捷基础知识”。每日站会主要是团队成员参与，提出自己遇到的问题让团队都知道，但不在会议上讨论解决方案（会后进行）。

112.【解析】答案 B。考点“相关方参与”。

113.【解析】答案 C。考点“团队绩效”。

114.【解析】答案 D。考点“团队绩效”。反馈的内容是好是坏不一定，但反馈本身这个事情是好的。

115.【解析】答案 D。考点“持续改进”。通过不停地改进、反馈和调整，让团队一起成长。

116.【解析】答案 A。考点“敏捷原则”。跨职能团队一起共事并学习。

117.【解析】答案 C。考点“团队绩效”。

118.【解析】答案 B。考点“团队绩效”。排除选项 C。敏捷团队不提绩效管理计划，因为敏捷本身是开放的，每个人的行为在敏捷团队一目了然。每个人的行为背后一定是有原因的，有可能是不理解或者不认可敏捷这套理论，那就是没融入团队，没有承诺，没有使命感。

119.【解析】答案 A。考点“持续改进”。“生产事故增多”说明质量出了问题，只有选项 A 更符合。

120.【解析】答案 C。考点“价值驱动交付”。产品价值一定要通过客户和市场的反馈得到。

5.2 模拟试题二

1. 敏捷管理专业人士注意到产品代办事项上一个新故事集很模糊，缺少验收标准，敏捷管理专业人士要求产品负责人提供更多详情，这应在 Sprint 周期中的（　　）。

A. 在代办事项梳理会上　　B. 在 Sprint 回顾会议上

C. 在每日站会期间　　D. 在 Sprint 评审会上

2. 一家公司开始实行敏捷实践，以便更好地接触全球客户和市场。在过渡期间，很多团队都在与这个变化作斗争，因此影响士气，若想更好地利用敏捷实践并实现高绩效，Scrum Master 应该（　　）。

A. 与团队成员单独开会，为他们提供项目及其对组织带来好处的一个大蓝图

B. 与团队及其经理紧密合作，通过辅导、指导、教学和推进来识别和解决问题

C. 仅在团队层面教导，提供有关期望的信息，并帮助个人提升技能

D. 获得相关方对团队有效性的反馈，并与团队分享

3. 项目处于初始计划阶段，项目团队需要创建一份可靠、现实的计划，能帮助团队实现这个目标的敏捷实践是（　　）。

A. 为产品待办事项的变更设置进度计划的缓冲

B. 为进度计划增加加班时间，设置团队成员的期望

C. 为项目增加额外的成员

D. 对所有估算增加额外的点数

4. 项目发起人要求提供敏捷的简要概述，敏捷管理专业人士应说明（　　）。

A. 项目将始终遵循计划

B. 项目将关注技术卓越和良好设计

C. 项目将关注可预测性胜过适应性

D. 项目将具有定义良好的过程并减少对个人的依赖

5. 一名公司高管要求敏捷管理专业人士提供建议确保相关方完全理解产品需求，该敏捷管理专业人士应该（　　）。

A. 沟通产品商业计划

B. 与关键相关方一起召开会议

C. 邀请项目相关方参加 Sprint 计划会议

D. 指定产品愿景

6. 一名经验丰富的团队成员注意到，一名新团队成员总是不能兑现迭代承诺，该经验丰富的团队成员应该（　　）。

A. 要求该团队成员将该承诺分配给敏捷管理专业人士

B. 要求该团队成员的经理与其谈话

C. Scrum Master 对该团队成员施加压力

D. 在回顾会议上，教导团队如何更好地估算

7. 敏捷团队向客户保证他们正朝着实现产品发布目标前进的工具是（ ）。

A. 燃起图和燃尽图　　B. 一般进度状态报告

C. 需求分析报告　　D. 回顾图表

8. 团队成员抱怨同样的问题在回顾中重现，但仍未得到解决，希望停止回顾，因为没有效果，团队应该（ ）。

A. 在交替的 Sprint 中进行回顾

B. 产生更多见解，并使用斐波那契数列来确定行动的优先级

C. 确定行动的优先级，在一次迭代中关闭这些特定数量的事项

D. 让最有经验的团队经理负责确保行动项目已关闭

9. 某位团队执行主管正在检查一张图表，对他的 4 个敏捷团队在上一个迭代里的速率进行比较。你认为，据此推断哪个团队生产力最高的方法（ ）。

A. 不可靠，速率必须在理想时间的上下文中才能得到团队间生产力比较的准确结果

B. 不可靠，速率本身并不是用以横向比较团队绩效的指标

C. 可靠，只要组织对用户故事复杂度定义了标准化的基线

D. 可靠，只要敏捷团队都统一使用故事点或都统一使用理想时间

10. 一家公司过渡到敏捷实践，一个集中办公的团队采用 Scrum 方法，Scrum Master 支持召开每日站会，并坚持让所有团队成员亲自参加面对面对话，但是出勤率很低，Scrum Master 应该（ ）。

A. 对缺席会议的成员执行处罚

B. 通知团队成员他们可以通过视频参加会议

C. 允许团队成员呼叫会议视频

D. 强调这一敏捷原则的重要性，并要求每个人参加

11. 团队唯一的测试环境不可用，无法对开发进行测试，唯一可以解决这个问题的专家至少需要请一周病假，敏捷团队应该（ ）。

A. 寻找“已完成”定义的例外情况，沟通在下一次 Sprint 期间进行测试工作，并继续推进

B. 将问题上报给管理层解决

C. 立即合作，令测试环境恢复工作，并向相关方沟通状态

D. 打电话给生病的专家，看看他是否能够解决问题

12. 敏捷团队使用看板的方式是（ ）。

A. 将问题上报给项目负责人

B. 与团队合作，提高速度

C. 与项目经理分享风险

D. 减少有关任务所有权的困惑

13. 在一次迭代计划会议上，团队同意对某项特性进行某些变更增加产品价值，然而，由于这些变更需要额外工作，将影响进度计划，Scrum Master 下一步应该（　　）。

A. 与产品负责人讨论这些变更的影响，然后继续执行

B. 包含尽可能多的变更，同时遵守初始进度计划

C. 使用初始计划完成该产品

D. 形成一份项目的重新估算

14. 敏捷团队已经想出一个新产品的创意，用户体验和营销团队希望快速实施，项目发起人愿意提供资金，并定义了产品愿景和路线图，团队下一步应该（　　）。

A. 开始待办事项规划，进行工作分解和估算

B. 确保提供必要的技能和知识满足愿景

C. 与相关项目相关方分享路线图和愿景，并根据需要让他们参与

D. 在工作区中显示产品路线图，并通过虚拟方式分发给项目相关方

15. 业务负责人要求敏捷管理专业人士提供一个集中位置，让项目相关方可以查找项目进展的相关信息，敏捷管理专业人士应（　　）。

A. 定期循环更新项目计划的详细版本

B. 维护在线团队协作网站，并向业务负责人发送相同的链接

C. 与项目相关方定期举行一对一的会议

D. 与项目相关方举行每日站会

16. 在回顾会议之前团队成员之间的讨论表明存在冲突，敏捷管理专业人士希望确保会议期间存在开放和安全的环境。敏捷管理专业人士应该（　　）。

A. 与团队评审既定的基本规则

B. 问一些具体问题，以识别冲突的原因

C. 鼓励团队继续工作，按进度计划完成此次迭代

D. 在会议之前与项目团队成员一对一会面

17. 一名高管在生产上线期间加入敏捷团队。在上线之后，该高管希望知道 Sprint 期间哪些进展顺利、哪些进展不顺利，则应该参加（　　）。

A. 回顾会议　　B. 每日站会

C. Sprint 评审会议　　D. Sprint 计划会议

18. 哈里的敏捷团队在最近的迭代中未能完成一个用户较事，他们应当（　　）。

A. 在周末或其他休息时间完成用户故事

B. 立即将此用户故事添加到下一个迭代待办事项的开始

C. 从项目中移除用户故事

D. 与客户商讨决定是否需要这个用户故事，以及用户故事完成的时间

19. 职能经理向一名跨职能团队成员分配多项任务，这妨碍了敏捷团队成员完成故事，敏捷管理专业人士应该（　　）。

A. 与该职能经理讨论这种情况

B. 教导团队成员有关时间管理的敏捷实践

C. 向项目发起人举报该职能经理

D. 请求职能经理参加敏捷培训

20. 在当前 Sprint 中，负责移除和记录出现的障碍的是（　　）。

A. 项目经理　　B. 产品负责人

C. 敏捷团队　　D. Scrum Master

21. Scrum Master 既要确保个人和团队能够自由表达自己，又要保持机密性，则应（　　）。

A. 与团队开会，解释他们的权利　　B. 创建一个安全的环境

C. 开始一次教练谈话　　D. 定期组织团建活动

22. 一名产品负责人正在为一个自动处理特殊索赔的项目工作，依靠主题专家（SEM）来解释这些索赔的预期行为。该主题专家缺乏敏捷项目的经验，将此类索赔的全部生命周期记录在案，但是产品负责人更喜欢在每次评审后获得反馈，以确保特殊索赔接口与其他索赔接口尽可能保持一致，产品负责人应该（　　）。

A. 使用专家判断替代该主题专家做决定

B. 邀请该主题专家参加评审会议，并表明参加会议将获得的好处

C. 让开发人员使用该主题专家的全部生命周期文件作为参考

D. 让该主题专家直接与开发人员互动，以减少管理费

23. 两名团队成员之间的分歧对多个项目的团队速度产生了负面影响，Scrum Master 应该（　　）。

A. 鼓励团队成员私下保持分歧，并确保他们保持专业精神

B. 通过允许他们自己达成解决方案，在项目的自组织框架内工作

C. 加入讨论，并为团队做出决策

D. 将这种情况上报给上级管理层

24. 项目团队对发布版本的初始估算是 200 个故事点。一次迭代的平均估计速度是 20 个故事点。经过几次迭代后，实际速度只有 13 个故事点，这让项目的预计完成时间翻倍。项目团队应该（　　）。

A. 要求产品负责人增加团队资源

B. 与产品负责人沟通速度，以及新的发布日期

C. 通过将测量单位从故事点更改为理想天数重新估算，并通知产品负责人

D. 重新估算，并通知产品负责人项目比原先预期的更为复杂

25. 敏捷团队正处于规划一个新系统开发项目中途，该系统的需求不断变化，团队成

员从过去的一个类似项目中获得该领域的经验，敏捷团队应该（　　）。

A. 使用自下而上的估算，将较低层级的任务汇集到更高层级的任务中

B. 通过将经验最丰富和经验最不丰富的团队成员的进度计划平均化，遵循极限编程估算法

C. 使用现有团队成员的历史速度，并将新团队成员的速度估算为现有团队成员 50%

D. 根据历史数据估算，并根据团队学习、交付经验和项目相关方的反馈不断改进

26. 在规划会上，团队成员对估算方法有分歧，若要纠正这个问题，项目管理专业人士应该（　　）。

A. 鼓励团队使用问题解决技术找到分歧的根本原因

B. 让团队在经验教训会议上进一步讨论该分歧

C. 引导创建鱼骨图，设置参与指南

D. 要求团队在回顾会议上解决这个问题

27. 团队正在为一个即将进行的迭代估算用户故事，用来描述团队在不打扰的情况下完成任务所需时间的术语是（　　）。

A. 理想时间　　B. 速度　　C. 浮动时间　　D. 技术债务

28. 敏捷团队必须升级一项技术，但该技术需要一次 Sprint 的完成，这项升级出现在障碍清单上，且所有相关方都意识到该风险，但是客户不愿意在非功能性开发方面进行一次 Sprint，产品负责人应该（　　）。

A. 将这项升级列为高风险，并将其推迟到项目结束

B. 确定这项升级的优先级，因为技术债务的积累将导致未来出现更高的风险

C. 在包含少量开发任务的 Sprint 期间安排执行这项升级

D. 取消这项升级

29. 敏捷团队需要识别当前项目中遇到问题的可能原因，应该（　　）。

A. 开发一个探测　　B. 创建石川图

C. 执行事前分析　　D. 完成偏差和趋势分析

30. Sprint 的速度低于预期，敏捷团队成员应该（　　）。

A. 限制团队成员和客户之间的沟通，以防不必要的焦虑

B. 管理沟通，重置相应团队成员和相关方的期望

C. 管理几名团队成员和客户之间的沟通，让他们可以将信息传达给其他成员

D. 引导团队成员之间一对一沟通，以减少冲突和低效率

31. 实际速度与计划速度对比，项目落后于计划，敏捷管理专业人士查看消除浪费时间的工具是（　　）。

A. 产品路线图　　B. 燃尽图

C. 燃起图　　D. 价值流程图

32. 用户报告有一个重大问题需要修复。这项修复将需要对产品架构进行昂贵的变更，

团队应该（　　）。

A. 将其作为问题提出，与产品负责人讨论，并采取适当的行动

B. 对架构进行增量变更，并通知相关方

C. 删除用户对该功能的访问权限，直到修复为止

D. 允许问题存在，同时团队长期进行增量

33. 一名拥有封闭知识的高级团队成员辞职，并未给出足够的提前量，结果团队经历瓶颈。若要确保在该情景中继续开发，团队领导本应（　　）。

A. 合并类似的开发团队以加强信息共享

B. 让高级团队成员记录他们的日常流程

C. 交叉培训团队的互补技能

D. 聘请具有所需技能的临时工作人员

34. 公司的一名关键者正在领导公司的敏捷转型，可以作为新团队共同愿景的组成部分的是（　　）。

A. 使命宣言

B. 基本规则和冲突管理框架

C. 详细的过程指南，以及问题升级上报的组织结构

D. 共同的价值观、工作规则和协议

35. Scrum 团队与相关方开会，提交 Sprint 结果并展示已开发产品的有效功能，这描述的是（　　）。

A. Sprint 计划会议　　B. Sprint 评审会议

C. 回顾会议　　D. 每日站会

36. 团队需要评估一个最终用户的用户故事，其满意度至关重要，应该使用（　　）。

A. 影响地图　　B. 故事地图

C. 人物　　D. 为故事分配优先级

37. 敏捷团队已经采用看板方法，在看板上用红色批注清楚地标记了开发过程中的障碍，讨论这些障碍应该是在（　　）。

A. 队列补充会议　　B. 每日站会

C. 发布计划会议　　D. 回顾会议

38. 敏捷管理专业人士声明，最近的研究表明即将用于项目的一项新技术可能在大型项目中有一些问题，敏捷管理专业人士应该（　　）。

A. 为新风险进行一次探测

B. 将新风险包含在风险登记册中

C. 与团队一起评估影响和概率，并通知项目相关方

D. 与团队一起讨论可能的风险应对活动，并将其包含在待办事项中

39. 在将新产品推向市场之前，团队需要所有的特性和功能在客户验收测试期间获得

97%的合格率，若要实现这个目标，团队应该（　　）。

A. 遵守计划驱动的测试过程

B. 批准和调试代码需要 4 天

C. 实施高预测性测试过程

D. 使用测试驱动（TDD）的开发实践

40. 一个敏捷团队的待办事项包含大量针对某个版本的工作项，产品负责人担心这些工作项无法按时交付，敏捷管理专业人士应向产品负责人提供的建议是（　　）。

A. 引导一次与项目相关方的会议，确定增值工作项，并重新排定优先级顺序

B. 引导一次与敏捷团队的会议，确定哪些工作项需要较少的实施工作

C. 向业务发起人请求获得更多的敏捷团队资源

D. 与客户讨论变更发布日期

41. 高级团队成员经常在不通知团队的情况下解决问题，Scrum Master 应该（　　）。

A. 祝贺该高级团队成员促进价值交付和节省时间

B. 与项目经理合作找出解决方案

C. 在下一次回顾会议中与高级管理层讨论该问题

D. 向该高级团队成员解释，所有问题都应该由团队明确并共同解决

42. 一名敏捷团队成员表达了对培养财务技能的兴趣，然而，团队的组成需要比财务技能更多的技术知识，敏捷项目领导应该（　　）。

A. 建议该团队成员接受技术培训

B. 要求所有团队成员接受财务技能培训

C. 要求团队成员需要更多的经验

D. 支持团队成员获取更多的技能培训请求

43. 一个敏捷团队正在为未来一年后发布的产品工作，已经规划了所有迭代，首先应该进行的规划是（　　）。

A. 愿景　　B. 适应

C. 发布　　D. 迭代

44. 敏捷团队必须为公司开发一个创新的移动客户应用程序，以击败市场竞争对手。敏捷项目领导需要制订一份计划，并将其传达给项目相关方，敏捷项目领导应该（　　）。

A. 创建一个详细大纲，包含功能项目化、任务开发、任务估算和项目里程碑

B. 要求开发团队执行一次 Sprint 的技术“刺探”，以确定项目的可行性

C. 要求业务负责人根据业务价值增加或删除功能

D. 为未来版本中可以添加的功能制定重要大纲

45. 若要避免项目中的短视问题，敏捷团队应该（　　）。

A. 扩大其实践，包括规划和展望，快速识别未知事项

B. 用一周或者两周的迭代规划项目

C. 规划项目，并遵守项目时间表

D. 对多个方案进行长时间的实验，以确定一个或多个工作是否达到其满意程度

46. 由于没有空参加，产品负责人请求重新安排 Sprint 评审会议，Scrum Master 应该（　　）。

A.按计划举行会议，因为 Sprint 评审会不能推迟

B. 重新安排会议，让产品负责人可以参加并提供反馈

C. 从不同产品组中邀请一名有空的负责人参与会议

D. 要求项目发起人代替产品负责人开会

47. 敏捷项目经理激励团队的手段是（　　）。

A. 让团队成员能自由专注于他们个人感兴趣的工作环境

B. 团队成员可以找到自身动力的环境

C. 奖励和评估

D. 更多休假时间和股票期权

48. 产品负责人批准在 Sprint 评审会上提交的 5 个故事。团队知道其中一个故事功能性完整，但技术上不完整，团队应该（　　）。

A. 在 Sprint 评审会上不提及在下一次迭代中继续工作以保持速度

B. 在 Sprint 评审会上提出该问题

C. 由于故事的功能性完整，忽视不完整的技术

D. 在回顾会议期间，谴责负责该故事的开发人员

49. 维多利亚（Victoria）最近开展一项敏捷项目。作为敏捷领导人，维多利亚应该是（　　）。

A. 一个对可能不熟悉敏捷的相关方进行沟通和赞同敏捷项目管理原则和价值观的人

B. 带动团队以最大化和不可持续的执行水平超越客户期望

C. 不断批评团队成员来使他们意识到其缺陷，从而可以提高其表现的人

D. 认为敏捷项目管理是最好的，并且是当今动荡市场环境下能够成功的唯一管理方法

50. 开发团队在一个 Sprint 期间识别到重大技术债务时应该（　　）。

A. 在下一次迭代专注于技术债务清理

B. 要求客户在未来的迭代中包含清理技术债务事项

C. 在下一次回顾会议中讨论技术债务

D. 在产品待办事项中收集技术债务

51. 一家公司聘请 Scrum Master 帮助解决信息孤岛和人员损耗问题，Scrum Master 应（　　）。

A. 帮助创建由主题专家组成的团队，而不是利用其专业知识

B. 鼓励学习团队成长而不是个人发展

C. 培养由通才专家组成的团队，并鼓励个人学习新的技能

D. 向所有团队成员提供平等的培训，无论他们的经验如何

52. 敏捷管理专业人士需要确保最终产品满足业务需求，实现这个目标的方法是（　　）。

A. 确保客户参加评审会议

B. 要求团队向关键项目相关方定期提交报告

C. 获得产品负责人对业务需求的同意

D. 邀请其他产品负责人参加产品评审会议

53. 敏捷团队正在开发一个即将与客户系统集成的产品，客户的系统频繁更改，某些版本未能通过集成测试，敏捷管理专业人士应该（　　）。

A. 要求客户不要那么频繁地更改系统，并在集成中重新测试失败的版本

B. 建议团队在每次发布版本前进行额外的测试

C. 将问题分配给集成主题专家

D. 在项目团队和客户之间实施反馈回路

54. 一个没有敏捷实践和项目领域经验的团队，正在使用 Scrum 框架，但团队认为 Scrum 仪式不能带来价值，因此，他们决定使用官方评审会议作为技术问题的知识共享平台。敏捷项目领导应该（　　）。

A. 解释 Scrum 框架使用的是一种检查和适应的方式，并为团队组织 Scrum 培训

B. 允许团队使用备选方法，并通知相关相关方

C. 将产品负责人替换为可以更好地传达 Scrum 框架及其领域知识的人

D. 将团队成员替换为拥有项目领域相关知识的开发人员

55. 由于对已实施特性的技术说明时间较长，最后两个演示花费的时间比计划长，敏捷管理专业人士应该（　　）。

A. 提醒团队项目相关方评审会议的最长时间为 2 小时

B. 缩短定期迭代的持续时间，更频繁地召开评审会议，并在每次会议上较少讨论新功能

C. 教导产品负责人和团队，确定未来评审会议的时间箱，并提醒他们这些会议的目的

D. 组织下一次评审会议的茶歇，并计划中间休息时间

56. 在确定用户故事的优先级时，团队未能达成一致意见，项目发起人要求团队通过考虑一个特性的正面财务价值，以及缺乏这个特性的负面财务影响来确定它们的优先级，团队应该采取（　　）。

A. MoSCoW 方法　　B. 虚拟货币方法

C. 相对权重方法　　D. 卡诺分析方法

57. 功能驱动型开发团队的一名团队成员发现，缺失的基本需求将妨碍 Sprint 目标的

实施，该团队成员应该（　　）。

A. 要求产品负责人将缺失的需求添加到待办事项中，并确定其优先级

B. 将缺失的需求推迟到下一次 Sprint

C. 创建用户故事并将缺失的需求更新到产品待办事项中

D. 修改当前用户故事，包含缺失的需求

58. 团队必须选择一个项目的技术框架。该团队拥有特定框架的经验，但已经出现了新的更有效的框架，使用新的框架将需要额外知识，敏捷项目领导应该（　　）。

A. 将额外知识的需求包含在项目优先事项中，并与其他优先事项一起评估

B. 使用团队成员已具备能力的框架

C. 为团队安排培训，因为这是团队获得额外知识的机会

D. 请求拥有新框架经验的团队成员

59. 一名高管，也是上报联系人，在产品上线期间加入一个敏捷团队，在下一个 Sprint 之前，该高管向团队询问应包含的特性，该高管应本应参加（　　）。

A. Sprint 回顾会议　　B. 每日站会

C. Sprint 评审会议　　D. Sprint 计划会议

60. 一名开发人员开始实施客户最近请求的一个功能，然而该开发人员并未事先咨询项目团队，该团队应该（　　）。

A. 确保该开发人员理解该功能必须由产品负责人确定优先级

B. 通知客户他们的请求未获得敏捷原则的支持

C. 支持该开发人员的决定，主动解决客户的需求

D. 在产品待办事项中添加该特性，而不进行进一步讨论

61. 一名敏捷管理专业人士正在与高绩效、跨职能的敏捷团队合作，其成员充满活力和专注力，能依靠她提供价值。在第一次重大发布后，团队成员开始失去兴趣，影响团队绩效和项目。敏捷管理专业人士应该（　　）。

A. 建议管理层修改认可与奖励制度，提供更好的补偿

B. 发起一项场外团队建设活动，让团队恢复活力

C. 与团队成员开会，重新调整项目的团队目标

D. 在两次发布之间让团队成员之间留出足够的时间来优先考虑个人目标

62. 在项目会议期间，敏捷团队的一名成员分享了一项新技术的有用专业知识，而团队以前对该新技术并不了解，大多数团队成员都很感兴趣，但他们对该技术对于项目的价值有一些保留，敏捷项目经理应该（　　）。

A. 使用原先规划的技术继续该项目

B. 聘请外部专家评估新技术的适用性

C. 在下一次迭代中实施新技术，支持持续改进

D. 让团队运行一个探索性的“刺探”，评估新技术的优势

63. 网络开发人员正在竭力满足产品负责人的需求，在每日站会上，(　　)。

A. 敏捷管理专业人可以为网络开发人员提供指导

B. Web 开发人员可以和团队讨论可能的解决方案

C. Web 开发人员可以向团队提出问题，以创建可视化

D. 可以讨论该需求是否属于优先事项

64. 产品负责人在项目上花费的时间有限，无法核实已完成的工作，但 Scrum Master 仍需要确保所有要求均得到满足，Scrum Master 应该(　　)。

A. 确保产品负责人通过直接与他们开会参与项目

B. 在下一次站会中与产品负责人当面对质

C. 将符合敏捷原则的备忘录分发给产品负责人

D. 将问题上报并请求换一名新的产品负责人

65. 一个敏捷团队的迭代速度呈现急速上升和下降的趋势，敏捷团队需要让迭代速度更加可持续，Scrum Master 应该(　　)。

A. 与团队开会识别潜在原因并实施调整，以获得稳定的迭代速度

B. 使用之前迭代的最高速度，并将其作为基准

C. 召开团队会议来鼓励合作，实现一致的迭代速度

D. 督导团队成员之间的结对编程，实现理想的迭代速度

66. 由于业务需求，项目的目标和需求发生变化，新的相关方要参与到这样的变化中，应该(　　)。

A. 要求产品负责人与新的相关方频繁召开与产品愿景相关的会议

B. 持续更新相关方登记册，包含新的相关方并让他们经常参与

C. 邀请新的相关方参加 Sprint 计划会议

D. 邀请新的相关方参加每日站会

67. 在最后一次公司董事会之后，项目相关方改变了产品愿景并重新确定项目目标，Scrum Master 将这些变更传达给团队的方式是(　　)。

A. 向团队发送一封电子邮件，概述新产品愿景和目标

B. 根据新的产品愿景和目标，开始规划下一次迭代

C. 更新发布计划，以纳入现产品愿景和目标所需的新投入水平

D. 召开项目团队会议，进行透明的沟通，确保了解新的产品愿景和目标

68. 实现了高绩效的敏捷团队是(　　)。

A. 团队成员之间相互理解，不需要监督

B. 团队成员相互适应彼此，可以作为一个独立的单元工作，不需要监督

C. 团队按照职能划分为独立的单元工作，但是需要监督

D. 团队成员自组织，集中精力在团队绩效上面

69. 敏捷管理专业人士对项目中的高风险部分感到担忧，希望确保风险和价值都在解

决方案中设立优先级，应该（　　）。

A. 创建4个象限，显示风险与价值的关系，首先执行高风险、高价值的任务

B. 创建4个象限，显示风险与价值的关系，其次执行高风险、低价值的任务

C. 使用信息发射源，并让开发团队专注于具有最高风险的开发事项

D. 使用鱼骨图查看进度计划，成本和功能性风险之间的关系

70. 产品完工与发布验证测试之间长时间延期，开发团队正在调查根本原因，团队要使用的工具或技术是（　　）。

A. 鱼骨图　　B. 卡诺模型

C. 帕累托分析　　D. 投入时间回顾图（ROTI）

71. 在交付某个产品功能的迭代过程中，相关方要求提供不包含在计划工作范围内的一项新功能，并威胁说，如果该新功能未包含在当前迭代中，将会把问题升级上报给高级管理层。若要解决这个问题，敏捷管理专业人士应该（　　）。

A. 与该项目相关方开会，讨论现在仅实施部分新功能

B. 与团队和产品负责人合作，重新确定此新功能的优先级

C. 要求该项目相关方获得高级管理层的批准

D. 向高级管理层请求指导

72. 一个分布式团队正在开发面向消费者的应用程序，产品负责人希望易用性成为关键的产品差异点，用户体验专家希望与测试用户群召开可用性研讨会，以获得早期反馈，但是预算不足以支付费用。若要确保产品成功，采取的最佳行动是（　　）。

A. 使用产品负责人的反馈作为用户反馈代表

B. 在视频会议期间使用屏幕共享工具进行测试，获得用户反馈

C. 与产品负责人合作，缩小范围，腾出时间进行预算

D. 鼓励团队更快地工作，以便腾出时间进行预算

73. 一名敏捷团队成员正在尝试了解团队目前状态，可以提供帮助的信息发射源是（　　）。

A. 冲刺待办事项　　B. Sprint 计划

C. 迭代燃尽图　　D. 发布计划

74. 敏捷团队正在努力解决一个问题，一名团队成员提到另一个团队解决了同样的问题，但是无法获得经验教训文件，敏捷管理专业人士应该（　　）。

A. 鼓励团队独立给出解决方案

B. 与该团队合作，创建一个在整个公司传播团队知识的解决方案

C. 建议敏捷团队分享他们的项目报告

D. 聘请外部专家为团队实践的最佳方法提供建议

75. 团队需要交付一个关键的用户故事来解决一个问题。开始工作后，一名团队成员识别到对另一个供应商的依赖关系使项目有两周的等待时间，这个持续时间将影响当前

Sprint 的用户故事交付，该团队成员应该（　　）。

A. 立即开始与团队合作，确定方案，加快速度并改进流程，及时交付用户故事

B. 在回顾会议上与团队合作，确定方案，加快速度并改进流程，在下一次 Sprint 交付用户故事

C. 提醒该供应商的客户经理，让他们可以准备下一次会议

D. 遵循流程，并在下一次会议上与供应商经理讨论这个问题

76. 敏捷团队反馈用户故事包含的信息不足，无法理解需求，敏捷管理专业人士应该（　　）。

A. 教导产品负责人仅更新验收标准

B. 提示敏捷团队在下一次回顾会议中解决用户故事的问题

C. 对产品经理进行指导，指明工作项缺乏足够信息

D. 通知产品负责人的经理，工作项提供的信息不足

77. 敏捷团队正在估算一个即将进行的 Sprint，为了进行两小时的结对编程活动，应该计划的理想时间是（　　）。

A. 2 小时，开发人员 2 小时，审查员 0 小时

B. 3 小时，开发人员 2 小时，审查员 1 小时

C. 4 小时，开发人员和审查员各 2 小时

D. 5 小时，开发人员 2 小时，审查员 2 小时，还有 1 小时用于集成

78. 业务负责人正在尝试决定是否应该为下一个项目采用敏捷方法，敏捷管理专业人士应该（　　）。

A. 告知他们敏捷方法对所有项目都有效

B. 向他们提供核心敏捷原则，将业务目标和客户需求联系起来

C. 让他们在做出决定之前查看推荐的敏捷图书

D. 向他们提示敏捷项目可以增加收入并且减少成本

79. 促进者在回顾会议上想要提出意见时应该（　　）。

A. 在会议开始时，在其他团队成员之前要求发言

B. 等到团队已经发表意见时再发言

C. 指定另一名团队成员辅助后发言

D. 让产品负责人代表其发言

80. 在尝试预测一个发布日期时，敏捷团队应从燃尽图中获得的信息是（　　）。

A. Sprint 中使用的资源总量

B. 剩余工作的总量，以及项目团队到目前为止的表现如何

C. 每个团队成员的总工作量，以及谁落后了

D. 已完成的工作估算与完工估算的对比

81. 每日站会的举行时间（　　）。

A. 由敏捷团队决定，作为团队讨论基本规则的组成部分

B. 由产品负责人按照所选定的敏捷框架决定

C. 由团队领导决定，作为团队规划会的组成部分

D. 由项目管理办公室根据组织标准决定

82. 在开展一系列设计创意研讨会时，产品交付团队识别出其业务的新领域将受到产品介绍的影响。若要确保解决这种组织影响，Scrum Master 应该（　　）。

A. 与团队、客户和相关方开会，讨论新的需求和优先级

B. 将识别到的任何需求纳入产品待办事项底部

C. 询问项目发起人是否应该修改项目范围

D. 与产品负责人一起讨论变更优先级

83. 敏捷项目团队决定要采用的测试过程，这一决定是在（　　）产生的。

A. Sprint 回顾会议　　B. Sprint 审查会议

C. 发布回顾会议　　D. 迭代计划会议

84. 对敏捷团队的激励有正面作用的是（　　）。

A. 团队规模　　B. 管理工具

C. 个人认可　　D. 企业声誉

85. 敏捷团队正在创建一个团队的发布计划，发布计划应包含（　　）。

A. 为完成每个任务或故事而执行的一系列详细活动

B. 开发人员的概要任务，列出他们需要工作的用户故事

C. 需要在特定版本中开发的故事详细范围，估算和验收标准

D. 对可能开发什么，以及什么时间展开的粗略范围规划和期望

86. 敏捷团队的高级开发人员只能通过学习新技术和新流程的方式激励，但是目前的项目不需要任何新技能。敏捷项目领导注意到，高级开发人员变得很消极，花大量时间抱怨项目、客户和其他团队成员，敏捷项目领导应该（　　）。

A. 建议将高级开发人员分配到一个更具持续性的项目

B. 要求高级开发人员开始为新团队开展认证工作

C. 要求高级开发人员利用复杂的工具来更有效地开发代码

D. 建议高级开发人员领导团队的初级开发人员

87. 作为项目领导，安迪（Andy）在一定程度上确保团队成员可以得到一些黄金时间（不被打扰的时间），在团队内建立安全感。在保证共度黄金时间的过程中，他实际上是在（　　）。

A. 领导团队　　B. 鼓励团队

C. 指导团队　　D. 重构团队

88. 属于一个分布式敏捷团队一部分的一个团队分享了某个技术问题的解决方案。在多次迭代后，该技术问题再次发生，负责该问题的团队成员声称不知道之前分享的解决方案。团队防止此类事件再次发生的方案是（　　）。

A. 执行跨文化培训，理解其他团队成员的文化和传统

B. 告知团队成员应小心注意，因为这是绩效评估的一个重要指标

C. 为团队成员安排特殊培训，帮助他们更好地理解产品

D. 在团队成员之间约定分享关键信息的标准方法

89. 一支新敏捷团队的成员没有共事经历。除达成共识外，团队处理估算的方式是（　　）。

A. 达成专注于缩短周期时间的项目目标

B. 确定一个给资源工作增加缓冲的流程

C. 使用能在短暂、定期间隔内达成里程碑的流程

D. 以足够的准确度来进行估算

90. 产品未完项中只剩下少数事项，项目管理办公室主管现在要审查产品需求。该主管应该审查（　　）。

A. 功能集

B. 最终项目审计

C. 验收测试

D. 业务需求支付（BRD）

91. 用户正在验收测试某个新的软件系统。虽然多数业务相关方给予了正面评价，但敏捷项目经理指出 IT 总监并不高兴。敏捷项目经理下一步应该（　　）。

A. 查看 IT 总监在之前项目会议的出席情况

B. 与 IT 总监一起审查经批准的项目需求

C. 请 IT 总监在用户验收测试过程中提出反馈意见

D. 与 IT 总监开会，获得坦率反馈

92. 敏捷开发团队认识到，在当前冲制中无法完成某个故事是因为其复杂性超出之前的估算，若要维持产品质量，团队应（　　）。

A. 重新定义 DoD，以便能将该故事记录为“完成”

B. 延长此次冲刺，以便完成该故事

C. 将该故事移入产品未完项，并将其分解以便于管理

D. 在下一个发布版本中完成该故事

93. 团队发现系统结构中存在缺陷。若要避免这种情况，团队事先应该（　　）。

A. 要求业务人员和开发人员在整个项目过程中携手合作

B. 建议由积极主动的人员负责设计与支持该架构

C. 确保持续关注技术与设计卓越性，以增强敏捷性

D. 使用自组织型团队来制作架构、需求与设计

94. 某延期项目团队成员正在参加首次回顾会议。要确保团队成员参加会议，Scrum

Master 应该（　　）。

A. 要求他们坐在房间前部附近

B. 要求他们做自我介绍

C. 要求他们审查工作协议

D. 演示上一次迭代

95. 在一次每日站会期间，两名成员对产品增量发布时间的意见不一致。Scrum Master 应该（　　）。

A. 将该分歧添加进待议事项中，并私下与两名成员谈话，协商和解决该问题

B. 告诉两名成员，此类分歧对自组织型团队毫无帮助

C. 允许两名团队成员在会议期间解决这个问题

D. 将该问题升级上报给该团队成员的职能经理解决

96. 在梳理未完项时，产品负责人在评估范围、成本与进度计划的权衡解决方案时首先应该考虑（　　）。

A. 范围　　B. 团队历史

C. 给客户带来的价值　　D. 问题解决方案

97. 敏捷项目团队无法满足发布计划规定的项目最终可支付成果的交付日期。Scrum Master 下一步应该（　　）。

A. 修改发布计划，以体现团队的当前速度

B. 在每日站会上讨论该问题

C. 要求团队加班工作，以满足截止日期

D. 要求团队成员同时开展多个故事的工作，以提高速度

98. 对于复杂的高知名度项目，要最大限度提高团队生产力，Scrum Master 应该（　　）。

A. 根据专业经验，将团队分成不同专长领域

B. 鼓励不同学科之间的交叉培训

C. 授权资深团队成员分配任务

D. 要求产品负责人选择任务分配

99. 某次冲刺过后，Scrum Mastre 向团队成员提出了具体且重要的绩效反馈。项目团队成员下一步应该（　　）。

A. 解释 Scrum Master 该如何改进反馈流程

B. 向 Scrum Master 说明自己的理由

C. 要求 Scrum Master 安排头脑风暴会议，探讨日后如何采取不同的工作方式

D. 解释其他团队成员的工作如何影响自身工作质量

100. 项目团队正竭力在解决方案设计中融入创造性。Scrum Master 培养团队创造性的方法是（　　）。

A. 在回顾会议上提出重要反馈意见

B. 鼓励在安全环境中进行试验并允许犯错

C. 引导团队展开讨论

D. 引入外部主题专家（SMEs）

101. 一家公司希望促进敏捷思维模式，避免一直困扰公司的返工问题。他们首先应该（　　）。

A. 在每个项目阶段实施质量控制检查

B. 拟定并发布质量控制流程

C. 鼓励经常创新，以适应和纳入新技术

D. 建立客户经常性检查制度

102. 一个新 Scrum 团队正在规划第三次冲刺。产品负责人有过与其他 Scrum 团队合作的经验，知道如何判断用户故事规模，以及某次冲刺的平均速度。产品负责人帮助这个新团队制订发布计划的方法是（　　）。

A. 提供规模估算和初始迭代承诺

B. 让 Scrum Master 提出规模估算和冲刺承诺

C. 允许团队自行估算故事规模和迭代承诺

D. 要求团队使用其他团队的规模与承诺估算

103. 某个没有敏捷项目经验的客户为了节省时间，只想在项目完成时检查一次。Scrum Master 应该对客户说明（　　）。

A. 这是一种很好的节约成本的方式

B. 经常检查能团队保持进度计划

C. 经常检查有利于客户

D. 在项目中途也应该开展检查

104. 在某个敏捷团队的回顾会议上，识别出哪些方面进展顺利，哪些方面进展不顺利，以及哪些方面可以帮助团队减少项目风险。若要改进风险状况，团队下一步应该（　　）。

A. 记录发现结果，并安排在项目结束后召开一次经验教训会议

B. 创建一些工作项来开展流程改进，并将其添加进上一次迭代的产品未完项

C. 记录回顾会议结果，由团队张贴在公共区域，并要求团队主管提交给管理层

D. 创建某个在下次迭代时需要完成的工作项，以查明所识别的风险，并生成今后迭代时的新工作项或任务

105. 经过 6 次迭代，项目团队确定了自身平均速度。有鉴于此，产品负责人认识到，可能无法在预期的时间和预算内完成项目固定范围。为了满足原先的工作范围，团队将不得不提高 25%的速度。产品负责人下一步应该（　　）。

A. 团队通过回顾会议来检查和调整，努力找出额外 25%的工作能力

B. 要求经理拨付额外资金，用于补偿团队为满足这项需求而加班的时间

C. 与客户开会，确定最小可售特性（MMF）并调整优先级

D. 在冲刺迭代未完项中另外增加 25%的工作项，并要求团队努力提高速度

106. 一支新组建的敏捷项目团队配备了从事前端、后端、测试与需求制定的开发人员。但只有一个人员具备多次项目迭代所需的特定知识与技能。若要最大限度地降低暂时失去这名开发人员的风险，团队应（　　）。

A. 在团队里增加专业人员，以突破潜在瓶颈并提高绩效

B. 制订工作协议，尽可能减少团队成员在项目期间的外出时间

C. 随着需求的上升和下降，在团队内外轮换团队成员

D. 启动结对编程，以增加团队成员的经验

107. 一家公司负责人出席开发团队的 Sprint 评审会议，但不理解敏捷术语。在下次 Sprint 评审前，项目经理应该（　　）。

A. 要求开发团队避免使用敏捷术语

B. 为敏捷单词和词组开发出替代词汇

C. 为该公司负责人安排一系列敏捷培训会

D. 调整敏捷流程使之契合更常用的术语

108. 某成熟软件系统的漏洞数量若增多，负责增强和维护该系统的开发团队提出了几个解决这一问题的方案。Scrum Master 下一步应该（　　）。

A. 招聘额外的软件测试人员，以确保尽早发现软件漏洞

B. 跟踪每个团队成员带入软件的漏洞数量

C. 减少代码部署频率

D. 审查并进一步定义 DoD

109. 开发团队正在开发某个大型功能，需要几次冲刺才能完成。团队建议在该冲刺完成。Scrum Master 应该（　　）。

A. 与团队合作，将该功能分解成较小的可交付成果

B. 取消 Sprint 评审会议，直至另行通知

C. 鼓励项目相关方更经常与团队开会

D. 要求开发经理更经常开展代码检查

110. 某个正在开发新软件产品的开发团队，在每次冲刺结束后举行一次产品演示。公司要求增加演示次数。项目领导应该（　　）。

A. 继续在每次冲刺结束后每 4 周举行一次演示

B. 安排召开冲刺中途产品回顾会议

C. 与团队一起缩短冲刺持续时间

D. 邀请公司参加敏捷培训，了解 Sprint 评审的方案

111. 某开发团队计划在当前冲刺期间完成 5 个故事。在开发首个故事时，确认花费的时间远远超过了原先的计划。团队决定实施这个故事，似乎并不担心冲刺截止日期。

Scrum Master 应该（　　）。

A. 从当前冲刺中取消该故事，然后单独创建另一个冲刺，安排其他团队来负责处理这个故事

B. 向团队强调遵守截止期限的重要性

C. 与团队开会讨论这个问题并寻找解决方案

D. 要求产品负责人缩小冲刺范围

112. 在上一次 Sprint 评审会议上，项目团队发现了几个软件漏洞。相关方现在担心，开发团队正在带来技术债务。在开始下次开发迭代前，项目经理应该（　　）。

A. 与开发团队和相关方合作，明确 DoD 的定义

B. 延迟安排今后 Sprint 评审会议时间，直至开发团队完成足够测试

C. 在今后冲刺中增加与软件漏洞相关的任务

D. 向相关方普及“快速失败”的概念

113. 若团队希望在近期冲刺期间识别自身优势和劣势，Scrum Master 该提出（　　）。

A. 继续尝试不同的反馈收集方法

B. 比较近期在回顾会议时收集的反馈意见，看看是否存在不同形式

C. 以安全匿名的方式来收集反馈意见

D. 表彰提出最多反馈意见的团队成员

114. 某个对一款新 App 很满意的相关方要求在当前项目中包含这款 App。一位团队成员表示，这已经超出了项目范围。团队下一步应该（　　）。

A. 要求法律部门重新谈判合同条款

B. 请求法律部门评估项目文件，看看是否可以将其包含其中

C. 要求产品负责人添加故事并重新确定故事的优先级

D. 完成现有项目，并要求项目负责人创建新的项目来添加这款 App

115. 某 Scrum Master 正在帮助产品负责人拟定新产品的愿景说明书，以全部描述产品的功能与特性。该项目教练对愿景说明书的描述是（　　）。

A. 它向目标顾客界定了产品的关键性能指标

B. 它令人信服地描述了产品如何满足顾客需求

C. 它全面阐述了应当开发和测试的技术

D. 它强调了项目的关键目标、范围、成本与时间线

116. 敏捷项目团队正在开会探讨是否启动项目。半数认为应当推迟启动，但另一半人认为应当照常启动。团队领导应该（　　）。

A. 要求产品经理做出最终决定

B. 建议推迟启动直至团队达成一致意见

C. 由于缺乏推迟启动的证据，因此照常启动项目

D. 要求那些希望推迟启动的团队成员提供证据来说明理由

117. 项目团队制定了在 4 个月之内交付产品的目标。但是，个别团队成员的具体目标会阻碍团队实现这个目标。敏捷项目经理下一步应该（　　）。

A. 通过团队成员修改个人目标，确保不会阻碍实现项目目标

B. 解决这一冲突，帮助项目团队成员专注于优先实现项目目标，并调整个人目标

C. 变更项目交付日期，这样团队成员仍可实现个人目标

D. 要求团队推退任何必须在工作时间完成的个人目标，并主动帮助团队成员寻找非工作时间的解决办法

118. 由于近期的产品发布期间出现了意外的负面系统行为，发布会不得不中止，敏捷团队深受打击，认为这是一次失败。Scrum Master 应该（　　）。

A. 与团队共同查看错误清单，并提出未来如何规避这些错误的建议

B. 要求团队成员对接每个错误，并提出纠正行动计划

C. 告知团队要将错误视为学习的机会

D. 将每个错误映射至团队组织、流程和工作中的缺陷

119. 在一次冲刺演示中，相关方对产品增量的反馈多数为积极评价，但对一些特性提出了要求。项目团队接下来应该（　　）。

A. 修改用户故事，并立即着手执行所要求的特性

B. 更新未完项，添加新特性的故事，并开始估算

C. 增加反馈和沟通，缩小理解差距

D. 修订详细项目计划、项目要求、设计文件与测试计划

120. 在项目执行过程中，一名团队注意到必须执行某个遗漏的特性。敏捷项目经理下一步应该（　　）。

A. 迅速估算、设计和完成故事实施

B. 要求产品负责人在产品未完项中添加这故事，以便日后进行优先排序和规划

C. 在回顾会议上，确定在规划阶段遗漏这个故事的根本原因

D. 在长迭代截止日期前，留出实施遗漏故事的时间

1	2	3	4	5	6	7	8	9	10
A	B	A	B	C	D	A	C	B	D
11	12	13	14	15	16	17	18	19	20
C	B	A	A	B	B	A	D	A	D
21	22	23	24	25	26	27	28	29	30
B	B	B	B	D	A	A	B	B	B
31	32	33	34	35	36	37	38	39	40
D	A	C	D	B	C	D	A	D	A

41	42	43	44	45	46	47	48	49	50
D	D	A	B	A	B	B	B	A	D
51	52	53	54	55	56	57	58	59	60
C	A	D	A	C	C	A	A	D	A
61	62	63	64	65	66	67	68	69	70
B	D	C	A	A	C	D	D	A	A
71	72	73	74	75	76	77	78	79	80
B	B	C	B	A	C	A	B	B	B
81	82	83	84	85	86	87	88	89	90
A	A	D	C	D	D	B	D	A	C
91	92	93	94	95	96	97	98	99	100
D	C	C	C	A	C	A	B	A	B
101	102	103	104	105	106	107	108	109	110
D	C	C	D	C	D	C	D	A	D
111	112	113	114	115	116	117	118	119	120
C	C	B	C	B	A	B	C	C	B

1.【解析】答案 A。考点："适应性规划"。对用户故事进行"细化"是在用户故事的梳理会上，选项 B、C、D 都不对。

2.【解析】答案 B。考点："敏捷原则与思维模式"。本题 B 是最适合 Scrum Master 的工作内容。

3.【解析】答案 A。考点：团队绩效。选项 B、C、D 明显是敏捷所不提倡的内容。

4.【解析】答案 B。考点："敏捷原则与思维模式"。选项 A、C、D 都是传统的瀑布式项目的内容。选项 B 才是敏捷项目的特点。

5.【解析】答案 C。考点："相关方参与"。当相关方要参与项目时，引导其主动参与，融入流程中，比如参加例行的会议。

6.【解析】答案 D。考点："团队绩效"。当成员有问题的时候，帮助该成员。回顾会议就是最好的提出帮助和改进的时机。

7.【解析】答案 A。考点："团队绩效"。通过直观的工件让所有相关方看到项目的进展。

8.【解析】答案 C。考点："适应性规划"。问题的解决也不是一蹴而就的，不要希望一次都解决，根据团队的情况，有条理、有重点地进行。

9.【解析】答案 B。考点："团队绩效"。不同团队的绩效没有可比性。每个人对速度的定义都不同，只是在本团队适用的相对值，而非绝对值。

10.【解析】答案 D。考点"敏捷原则"。每日站会是全体成员参加的。

11.【解析】答案 C。考点“团队绩效”。这也是敏捷团队需要跨职能 T 型人才的原因。

12.【解析】答案 B。考点“团队绩效”的工具。

13.【解析】答案 A。考点“适应性规划”。当计划受到影响时，要及时与产品负责人讨论影响，解决问题。

14.【解析】答案 A。考点“适应性规划”。在有了产品愿意和路线图后，按照流程是进行任务的细化和工作量的估算。

15.【解析】答案 B。考点“相关方参与”。让相关方在相同的地方看到相同的信息。

16.【解析】答案 B。考点“问题解决”。发现—分析—解决“三步曲”，有冲突就要找到冲突的原因，加以解决。

17.【解析】答案 A。考点“持续改进”。进行得好与坏，都在回顾会议中看。每日站会只讨论固定的 3 个问题。

18.【解析】答案 D。考点“价值为驱动的工作交付”。未完成的要评估价值，如果价值高，才会继续。

19.【解析】答案 A。考点“相关方参与”。Scrum Master 需要保护项目团队。

20.【解析】答案 D。考点“问题解决”。Scrum Master 是清道夫，是过程的守护者，负责移除和记录障碍。

21.【解析】答案 B。考点“敏捷原则与思维模式”。给团队创造足够的案例环境，才能更好地表达和尊重。

22.【解析】答案 B。考点“相关方参与”。让他参与进来，但怎么参与参考正文第 4.4.1 节“鸡与猪”的角色。

23.【解析】答案 B。考点“相关方参与”。团队成员自组织工作，积极解决问题。

24.【解析】答案 B。考点“团队绩效”。跟踪团队开发的速度，以便成员更好地了解其能力并创建更准确的预测。

25.【解析】答案 D。考点“持续改进”。

26.【解析】答案 A。考点“相关方参与”。发现—分析—解决问题“三步曲”。

27.【解析】答案 A。考点“理想时间”定义。参考名词解析。

28.【解析】答案 B。考点“价值驱动交付”。及时降低风险，以便随着时间的推移最大化总价值主张。

29.【解析】答案 B。考点“问题解决”。石川图的工具，也就是根因图，或者叫鱼骨图。

30.【解析】答案 B。考点“团队绩效”。及时沟通，管理相关方期望。

31.【解析】答案 D。考点“价值驱动交付”。看如何消除浪费的时间，需要查看价值流程图。

32.【解析】答案 A。考点“问题发现与解决”。与产品负责人讨论，涉及产品架构，产品负责人的参与与决策是最重要的。

33.【解析】答案 C。考点“团队绩效”。通用型人才，包括结对编程都是为了解决因为人员离职所带来的问题。

34.【解析】答案 D。考点“敏捷原则与思维模式”。

35.【解析】答案 B。考点“评审会议”的定义。“展示已开发产品的有效功能”是典型的评审会议的内容。

36.【解析】答案 C。考点“用户故事”。写用户故事的第一步先要有用户，而“人物”就是角色建模后的用户。

37.【解析】答案 D。考点“持续改进”。

38.【解析】答案 A。考点“问题发现与解决”。题干关键字“新的技术应用”，适合探测的使用场景。

39.【解析】答案 D。考点“TDD”是极限编程的实践之一，“测试期间获得 97%的合格率”是适用场景。

40.【解析】答案 A。考点“价值驱动工作交付”。依据价值来对工作排序。

41.【解析】答案 D。考点“相关方参与”。敏捷团队是自组织团队，有难同当，有福同享。责任是大家的，问题是大家的，解决也是大家一起。

42.【解析】答案 D。考点“团队绩效”。鼓励成为跨职能的通才。

43.【解析】答案 A。考点“适应性规划”。在多个级别（愿意、发布、迭代、每日）进行计划。

44.【解析】答案 B。考点“问题发现与解决”。通过刺探来对未知的内容进行试验和反馈。

45.【解析】答案 A。考点“适应性规划”。用多种实践方法对未知事项进行快速的识别。

46.【解析】答案 B。考点“相关方参与”。产品负责人是评审会议的重要相关方，必须参与并决定是否接受产品，如果不能参加，评审会议只能推迟。

47.【解析】答案 B。考点“团队绩效”。赋予他人权力并鼓励新兴的领导力来促进工作的自组织，是最主要的激励措施。选项 A、C、D 都是外在的激励，没有选项 B 好。

48.【解析】答案 B。考点“敏捷原则和思维”。有缺陷的产品是绝对不可以的，需要提出并解决。

49.【解析】答案 A。考点“敏捷原则与思维”。基本的要求：遵守敏捷的原则和价值观。

50.【解析】答案 D。考点“持续改进”。把待解决的问题放到下一次迭代中。但也有可能放在产品待办事项中，而且是放在迭代的待办事项中。

51.【解析】答案 C。考点“团队绩效”。针对题干中的问题，敏捷团队中的通才更适合。

52.【解析】答案 A。考点“相关方参与”。“最终产品满足业务需求”一定是需要由客户来确定的，他们是实际的使用者，而让他们参与项目最好的方式就是在评审会议上对提交的功能进行验收。

53.【解析】答案 D。考点“相关方参与”。让相关方合作，并透明地沟通是敏捷项目的基本原则。

54.【解析】答案 A。考点“敏捷方法”。Scrum 框架中的评审会议有其本身的意义和作用，可以调整但不能在完全不了解的情况下去改变。

55.【解析】答案 C。考点“敏捷方法”。敏捷主要是去演示、去用，不需要太多的文档或者说明（可用的软件高于详细的文档）。否则会议的意义就变味了，需要一些帮助。

56.【解析】答案 C。考点“价值驱动的工作交付”工具与技术。只有“相对权重”可以比较正面影响和负面影响，来定义优先级。选项 A、B、D 都不是这个适用场景。

57.【解析】答案 A。考点“问题发现和解决”。缺失会有影响，那就补上去。

58.【解析】答案 A。考点“价值为驱动”。题干中“新的有效的框架”是前提，表明可以选择。接下来的选择就是让团队去适应、去学习，这是有价值的，也符合持续改进的理念。

59.【解析】答案 D。考点“相关方参与”。注意与会时他的角色。

60.【解析】答案 A。考点“以价值为驱动的工作交付”。必须是产品负责人确定了的更具价值的工作先进行，而不是团队成员自己决定。

61.【解析】答案 B。考点“团队绩效”。“开始失去兴趣”是非常典型的适用团建的情况。

62.【解析】答案 D。考点“问题发现和解决”。是否适用，用一次刺探来快速验证。

63.【解析】答案 C。考点“敏捷原则”。每日站会就是每天检视，提出问题，是信息透明的时间。

64.【解析】答案 A。考点“相关方参与”。产品负责人是必不可少的，特别是题干中谈到的“确保所有要求均得到满足”。

65.【解析】答案 A。考点“持续改进”。

66.【解析】答案 C。考点“相关方参与”。要区分几个会议什么人适合参与。计划会议可以聊需求，每日站会就不能聊此类内容。

67.【解析】答案 D。考点“相关方参与”。

68.【解析】答案 D。考点“团队绩效”。自组织的团队是敏捷所提倡的。

69.【解析】答案 A。考点“价值为驱动的工作交付”。高价值好理解，选择高风险是因为高风险意味着高收益，而且先处理高风险事件能有效减轻项目的总体风险。

70.【解析】答案 A。考点“问题解决”。鱼骨图是用来看根本原因的，也叫“根因图”。

71.【解析】答案 B。考点“相关方参与”。相关方一起解决问题，开诚布公。

72.【解析】答案 B。考点“敏捷原则”。相关方反馈必不可少，只是工具可以选择更便宜的方案。

73.【解析】答案 C。考点“敏捷原则”。使用高度可见的信息发射源，以提高透明度和信任度。而敏捷最常见的信息辐射源就是燃尽图。

74.【解析】答案 B。考点“持续改进”。在组织内传播知识是最能帮助组织持续改进的。

75.【解析】答案 A。考点“问题发现与解决”。发现问题就及时想办法解决问题。

76.【解析】答案 C。考点“敏捷原则”。产品负责人必须提供足够的需求信息便于开发，这是他的责任。

77.【解析】答案 A。考点“团队绩效”。结对编程一边写一边检查，同步进行。

78.【解析】答案 B。考点“敏捷原则”。

79.【解析】答案 B。考点“团队绩效”。这是教练技术中的内容，是对项目团队成员的尊重，能更好地促进成员之间的和谐。

80.【解析】答案 B。考点“团队绩效”。燃尽图的基本内容：工作量、工作速度。

81.【解析】答案 A。考点“团队绩效”。自组织团队，拥有足够的权力，他们自行决定，进而获得高水平的表现。

82.【解析】答案 A。考点“相关方参与”与“价值驱动”。一起讨论决定如何开展接下来的工作，价值优先。

83.【解析】答案 D。考点“敏捷原则与思维”。计划会议的下半部分由团队来决定工作要怎么开展。

84.【解析】答案 C。考点“团队绩效”。敏捷的激励主要是对大家的信任、尊重和认可。

85.【解析】答案 D。考点“适应性规划”。发布计划比用户故事还要简单，只是一个大概的发布时间和要发布的内容。

86.【解析】答案 D。考点“团队绩效”。帮助团队成员成长，也可以让他们获得更多的成就感，而且敏捷团队是需要进行知识分享的。

87.【解析】答案 B。考点“团队绩效”。这活动类似于团队建设，就是一种激励。

88.【解析】答案 D。考点“持续改进”。改进知识分享的方法，让团队更有效地持续改进。

89.【解析】答案 A。考点“团队绩效”。此题 4 个答案与问题的关联度不高。但选项 B、C、D 是明确有问题的描述，可以排队。另外，选项 A 的周期时间是估算后要在工作中践行的。

90.【解析】答案 C。考点“敏捷原则”。这个题不好理解，是因为翻译问题，意思就是已经做了不少了，我现在要看做了的需求的完成情况，那肯定是跟验收测试相关。这种思路是多年做 PMP®和 ACP®的题培养出来的。

91.【解析】答案 D。考点“相关方参与”。

92.【解析】答案 C。考点“适应性规划”。复杂性太高，就继续拆解，然后放入后续迭代。

93.【解析】答案 C。考点“敏捷原则”。敏捷原则第 9 条：坚持不懈地追求技术卓越和良好设计，敏捷能力由此增强。

94.【解析】答案 C。考点“团队绩效”。工作协议就是团队的个共识，每个人都要参与回顾会议。

95.【解析】答案 A。考点“问题发现与解决”。

96.【解析】答案 C。考点“价值驱动交付”。

97.【解析】答案 A。考点“适应性规划”。根据实际情况持续调整。

98.【解析】答案 B。考点“团队绩效”。分享知识，促进团队成长。

99.【解析】答案 A。考点“团队绩效”。

100.【解析】答案 B。考点“问题发现与解决”。

101.【解析】答案 D。考点“相关方参与”。让客户参与持续的评估带来质量和价值的改善。

102.【解析】答案 C。考点“敏捷原则”。敏捷原则第 11 条：最好的架构、需求和设计来自自组织团队。

103.【解析】答案 C。考点“敏捷原则”。敏捷原则第 5 条：在整个项目过程中，业务人员必须和开发人员每天都在一起工作。

104.【解析】答案 D。考点“持续改进”。每次的回顾都有待改进项，在下次迭代中改进。

105.【解析】答案 C。考点“适应性规划”。

106.【解析】答案 D。考点“团队绩效”。在极限编程中最经典的知识分享方式就是结对编程。

107.【解析】答案 C。考点“敏捷原则与思维模式”。

108.【解析】答案 D。考点“问题发现与解决”。大部分的 bug 都与未定义清楚 DoD 有关。

109.【解析】答案 A。考点“适应性规划”。

110.【解析】答案 D。考点“敏捷原则与思维方式”。选项 A 太死板。选项 B、C 明显不符合敏捷的原则。只有选项 D 是正确的，了解敏捷为什么会有演示，以及背后的意义，才能更好地决策。

111.【解析】答案 C。考点“问题发现与解决”。

112.【解析】答案 C。考点“持续改进”。每个迭代都要解决问题。

113.【解析】答案 B。考点“持续改进”。通过在回顾会议上收到的意见来评估好与坏。

114.【解析】答案 C。考点“价值驱动交付”。只要有价值，敏捷原则第 2 条就讲到：

欣然面对需求变化，即使在开发后期。敏捷过程利用变化为客户维持竞争优势。

115.【解析】答案 B。考点“适应性规划”。愿景说明书讲明了产品是什么、为什么需要等内容。

116.【解析】答案 A。考点“敏捷基础知识”。产品负责人为产品负责，应该由他来决定。

117.【解析】答案 B。考点“团队绩效”。以项目目标为主。

118.【解析】答案 C。考点“持续改进”。犯错不可避免，继续学习，持续改进。

119.【解析】答案 C。考点“敏捷基础知识”。注意区分角色，添加未完项是产品负责人的事情，相关方提出要求，团队要保持沟通，是否加到产品待办事项中，是产品负责人的事。

120.【解析】答案 B。考点“价值驱动交付”。遗漏了需求，肯定要添加进产品待办事项中。

6

PMP®新考纲敏捷题

1. 假设你正在和发起人一起准备项目章程，并且计划在周五向指导委员会提交。你正在管理一个软件项目，发起人要求你应该尝试使用敏捷，而不是瀑布。在编写项目章程的过程中，这些是（　　）。

A. 工具与技术

B. 部分企业环境因素作为这个过程输入

C. 高层次需求

D. 明确敏捷作为战略规划的工具和技术

2. 假如你正在管理一个项目，并且项目管理计划已经得到批准。你和团队知道会有高层级的变更频繁影响项目，有积极和持续的相关方参与。这意味着你可能正在使用（　　）。

A. 适应生命周期　　B. 迭代生命周期

C. 增量生命周期　　D. 预测生命周期

3. 项目经理被要求为一个明确定义了可交付成果的项目确定最合适的项目实施方法，但是资金来源的不确定性很高。每个交付物的资金取决于客户对先前可交付成果是否接受，不接受该项目将被终止。那么，最合适的项目方法是（　　）。

A. 预测　　B. 迭代　　C. 增量　　D. 敏捷

4. 一家公司决定在一个项目中首次使用敏捷方法。在第 3 个 Sprint 的中间阶段，很明显项目沟通不充分，而且大多数团队成员不了解其他团队成员在做什么。要避免这个问题项目经理应该（　　）。

A. 每周召开状态会议　　B. 每天举行每日站会

C. 实现信息发射器　　D. 制订沟通管理计划

5. 项目经理正在处理一个进展良好的敏捷项目。在最后的几个 Sprint 中都没有需求变更。但是团队成员在评审和回顾期间一直重复相同的内容。项目经理应该（　　），以提高效率。

A. 减少分配给每次会议的时间

B. 关闭经验教训登记册

C. 增加 Sprint 的长度

D. 取消项目评审和回顾会议

6. 一个项目组件包含一个成本昂贵的易碎零件。项目经理必须尽可能地转移风险，应该（　　）。

A. 将风险分配给子项目经理

B. 购买一份运输损坏保险

C. 发出变更，要求安排空运

D. 变更产品规格，改为使用较少的易碎材料

7. 产品所有者将已经确定的风险通知项目经理。项目经理应该（　　）。

A. 要求敏捷团队停止迭代，并制定风险应对措施

B. 将风险状态作为每日站会的一部分

C. 在 Sprint 评审中检查风险状态

D. 在细化待办事项时，将风险应对策略包含在其中

8. 一个新的支付系统正在使用敏捷原则建立。在客户演示期间，产品所有者要求对一个模块的特性进行改进。在检查范围文档和用户故事之后，可以清楚地发现最初的项目文档中没有包含该特性。项目经理下一步应该（　　）。

A. 要求增加预算以适应变更

B. 在下一个 Sprint 中包含变更

C. 通过变更控制系统提交请求

D. 修改项目基线以包括变更

9. 一个项目经理正在管理一个两年的敏捷项目，每月进行一次迭代。项目经理在项目启动过程中识别了以下风险：“行业和相关方正在使用的快速变化的新技术可能会降低交付的价值。”要减轻上述风险，项目经理可以（　　）。

A. 用过去使用相同技术的项目的基线作为本项目的基线

B. 在每次迭代中评审和更新项目管理计划和风险管理计划

C. 在合同中包括应急条款，以确保在发生变更时获得额外的资金

D. 延长每次迭代的时间，以允许更多的时间和资源来减轻这种风险

10. 你被要求领导一个产品开发项目，该项目将使用敏捷框架。目前，你正在起草项目章程，希望将涉众和主题专家聚集在一起，讨论可感知的项目风险、成功标准和其他主题。

实现这一目标的最佳方式是（　　）。

A. 促进 Sprint 回顾

B. 邀请相关参与者参加每日的 Scrum 会议

C. 与确认的个人进行面谈

D. 安排一个焦点小组

11. 一个服务型（仆人式）领导刚刚被分配到一个即将开始的产品开发项目中，他相信这个项目非常适合看板，但开发团队并不熟悉这种方法。服务型（仆人式）领导的最佳行动方针是（　　）。

A. 在每日站会中讨论看板

B. 在迭代回顾会上审查看板

C. 让团队成员自己学习看板

D. 让团队参加关于看板的研讨会

12. 为项目收集需求并创建 WBS 是一项令人生畏的任务，因为涉众的需求是模糊的，而且由于项目的性质，只能用最通用的术语来表达。由于这种不确定性，项目经理会关注项目执行期间预期的过多的变更、浪费的工作和返工。项目经理的最佳行动方案是（　　）。

A. 制定项目范围说明书，并将其分解为工作包级别，作为初始项目计划的一部分

B. 要求项目团队使用迭代和增量的方法进行产品开发，并有较短的反馈循环

C. 实施健全的变更控制系统，只允许最重要的变更纳入产品

D. 从目前已知的内容生成一个活动列表，并使用看板将活动分解为任务

13. 作为计划资源管理过程的一部分，项目团队成员举行头脑风暴会议，以制订工作协议。团队确定了 37 个协议，包括沟通指导方针、决策制定和冲突解决过程、核心时间、故事点的定义、用户故事如何，以及何时通过看板等。项目经理下一步应该（　　）。

A. 提交变更请求，修改资源管理计划，以纳入团队的工作协议

B. 确认所有项目组成员支持工作协议，并将协议记录在项目章程中

C. 在每日站会开始和 Sprint 回顾会议期间，回顾团队的工作协议

D. 询问项目团队成员最重要的 5~10 项协议，并在团队章程中记录这些信息

14. 你与团队会面，以确定项目的生命周期。在分析了定义和管理需求、开发可交付成果、处理变更、控制风险和成本，以及参与关键涉众的最佳方式之后，决定选择一个混合生命周期。选择了项目生命周期后，如何交付产品？（　　）。

A. 作为最终产品的子集

B. 作为一个单一的最终产品在项目结束

C. 作为 WBS 的工作包

D. 基于客户价值的产品增量

15. 作为项目经理，你正在评估项目所需的团队资源。你所面临的挑战是，由于项目的性质和所选择的开发方法，只有少数 WBS 的顶级级别被确定，其余的在整个项目中逐步细化。

确定项目团队资源需求的最佳方法是（　　）。

A. 检查类似项目的组织过程资产，并使用类似的估算

B. 以 WBS 为指导，应用自下向上的评估

C. 利用现有 WBS 中单个工作包的参数估计

D. 在最初的项目计划中分解 WBS 到工作包级别

16. 我们的项目团队成员一起编写软件代码，并互相审查彼此的工作，以确定代码是否符合需求文档。这些审查的结果是（　　）。

A. 接受交付　　B. 验收标准

C. 工作性能数据　　D. 验证可交付成果

17. Scrum 管理员、业务分析师、程序员和测试人员被分配到产品开发项目中。执行组织精通传统的瀑布式框架，但将在项目的软件开发阶段采用 Scrum。确保所有角色和职责都能在项目中发挥作用的最佳策略是（　　）。

A. 将业务分析师从软件开发阶段中移除，因为该角色只与瀑布式项目管理相关

B. 在软件开发阶段指导业务分析师担任产品负责人的角色，因为这些角色是紧密结合的

C. 为了确定产品待办事项中项目的优先级，要求其中一个程序员充当客户的声音

D. 在 Sprint 评审期间，请最有经验的测试人员批准或拒绝可交付成果，因为测试人员通常对产品最熟悉

18. 在项目生命周期中，团队有时必须采用一些敏捷仪式。这样做的目的是在紧迫的最后期限内更快地进行沟通。不幸的是，团队成员在仪式期间没有得到所需的信息。确认接收和理解信息的最佳选择是（　　）。

A. 与团队确认信息已获取并促进反馈讨论

B. 每个活动之间的仪式间隔数月，以确保理解

C. 要求所有项目组成员在每次仪式后更新信息发射源

D. 减少参加仪式的项目团队成员的数量

19. 项目经理正在结束产品开发项目的硬件开发阶段。项目现在将过渡到敏捷的软件开发阶段。项目经理的角色在集成管理方面发生的变化是（　　）。

A. 通过确定产品待办事项中项目的描述点的相对大小来充当服务型领导者

B. 将详细的项目工作计划和产品交付的控制委托给项目团队成员

C. 确保项目团队成员每个人都有分配给他们的特定任务，并记录在甘特图中

D. 加强变更管理控制，以确保范围蔓延被最小化或完全消除

20. 作为“直接管理项目工作”过程的一部分，项目经理每天都要与 Scrum 团队召开每日站会。一个开发人员提出了一个障碍，声称他正在努力处理登录页面上认证用户所必需的软件代码。开发人员指出，这种障碍可能会导致当前冲刺的进度延迟。项目经理的最佳行动方案是（　　）。

A. 为开发人员编写软件代码，因为消除障碍是项目经理的责任

B. 提交变更请求以更新进度基线，以反映障碍造成的延迟

C. 将用户身份验证特性移回项目待办事项列表中，并要求产品负责人重新安排它的

优先级

D. 建议 Scrum 团队成员使用群体技术来清除障碍

21. 一个跨国组织正在进行敏捷变革，美国领导层希望各项目中包含更多敏捷方法。在要求在项目中使用任何敏捷方法之前，首先应该（　　）。

A. 暂停当前的项目，使其与新的敏捷方法的节奏保持一致

B. 让员工投票决定谁愿意参与敏捷项目

C. 评估组织文化和进行敏捷变革转换的准备情况

D. 为那些将成为试点项目的团队成员提供敏捷培训

22. 团队成员在多阶段项目实施的长时间内经常发生变化。项目经理正在询问是否要运用敏捷实践来适应这些变化。在采用混合方法之前，项目经理应该（　　）。

A. 确保下一个项目阶段的财务安全

B. 将团队规模减小到 9 人 ± 2 人

C. 以一个较小的项目作为概念的证明，以测试其可行性

D. 评估合并敏捷实践的好处

23. 在项目执行的中途，新的网络安全法立即生效，并要求对系统进行审计。项目有一个周密的项目管理计划。在整个系统的开发过程，审计可以随时进行。项目经理和团队应对审计干扰项目计划风险的最佳方式是（　　）。

A. 作为计划外的刺探（Spike）来处理审计

B. 将审计重新安排到项目结束

C. 要求发起人删除审计

D. 告知相关方项目将无法实现其目标

24. 计划驱动的项目有许多计划在该阶段结束时发布可交付成果。项目经理希望确保可交付成果按照预期完成。为确保可交付成果按照预期完成和交付，项目经理可以向团队推荐的敏捷实践包括（　　）。

A. 准备就绪（DoR）和 Sprint 评审的定义

B. 用户故事和信任度投票

C. 完成的定义（DoD） 和演示的定义

D. 待办事项细化和回顾

25. 项目经理与团队讨论在他们的计划驱动项目中尝试一些敏捷实践。一个建议是合并每日站会。然而，团队成员并不确定对他们的期望是什么。项目经理可以建议项目团队成员在每日站会之前（　　）。

A. 确保他们的工作进度反映在燃尽表中

B. 向产品负责人提交必要的进度报告

C. 估计在每日站会之后将要开发的工作项

D. 解决前一天发现的任何缺陷

26. 规划中的项目使用各种项目管理方法，如计划驱动的、敏捷的、混合的。项目团队抱怨说，正因为如此，团队成员必须在多个工具中输入相同的工作、时间、风险和其他数据。冗余的工作妨碍了他们的工作时间。对项目经理来说，最好的行动方针是（　　）。

A. 指导团队继续在各个系统中输入数据

B. 确定什么工具和数据提供适当的监督

C. 将计划中的所有项目转换为敏捷项目管理方法

D. 暂停所有数据输入，直到一个有价值的解决方案可以确定

27. 高级领导从一个会议上回来，他们在会议上了解了回顾（Retrospective）的敏捷实践。尽管该组织没有以敏捷方式管理任何项目，但他们要求从现在开始，所有项目都要包括这个仪式。存储和管理回顾会议的输出的方法是（　　）。

A. 高级领导决定输出的位置和谁可以访问内容

B. 项目团队将输出存储在项目经理可以控制和限制更改的位置

C. 项目团队确定了相关方可以查看和跟踪的位置

D. 项目经理建立位置，允许客户查看并提出建议

28. 你正在按照沟通管理计划进行 Sprint 回顾。开发团队成员希望尝试结对编程，因为他们相信结对编程可以通过减少返工来提高生产力。尽管你对此持怀疑态度，但还是同意实施实践，因为你想让团队成为一个自我管理的单位。接下来你应该（　　）。

A. 在即将到来的 Sprint 中，度量速度，如果速度下降，就停止结对编程并斥责团队成员

B. 向项目发起人和其他主要相关方展示项目团队成员之间增加的协作

C. 提交变更请求，用新的敏捷实践结对编程更新沟通管理计划

D. 在即将到来的冲刺结束时，修改燃尽图，评估生产力，并更新经验教训

29. 敏捷团队在冲刺结束时开会，编制回顾报告。一位团队成员提到，IT 维护经理透露，他们的团队一致反对在前一个 Sprint 中引入的软件平台更改。项目经理发现，IT 维护经理被定义为相关方参与计划中的外部相关方。要避免此类事情发生，项目经理应该（　　）。

A. 更新用户描述和 DoD 定义，包括对平台变更的描述

B. 修改相关方参与评估矩阵，将该 IT 维护经理标记为抗拒项目

C. 咨询所有外部相关方，以确定首选的软件平台，并相应更新产品待办事项

D. 修改沟通管理计划，确保外部相关方适当参与沟通

30. 一个基于向客户展示价值的工作可交付成果（产品）的项目通常使用（　　）。

A. 瀑布模式，因为可交付成果是管理项目工作过程的输出

B. 瀑布式开发和敏捷开发都是以向客户提供有价值的产品作为成功的衡量标准

C. 敏捷团队基于交付有演示价值的工作产品来度量结果

D. 只有混合项目管理方法将重点放在向客户展示有价值的产品上

1	2	3	4	5	6	7	8	9	10
C	A	A	B	A	B	D	C	B	D
11	12	13	14	15	16	17	18	19	20
D	B	D	A	A	D	B	A	B	D
21	22	23	24	25	26	27	28	29	30
C	D	A	C	A	B	C	D	D	C

1.【解析】答案 C。考点“项目管理基本知识”。任何项目都从编制项目章程开始，项目章程中记录的是项目的粗略的高层级的内容，包括高层级的需求、高层级的风险、总体预算、里程碑、项目经理的职权和责任等。

2.【解析】答案 A。考点“敏捷基础知识：生命周期”。适应性生命周期是一个变化驱动的生命周期，或者是一个采用敏捷方法的生命周期，是为了响应变化和持续的相关方参与而建立的。这种方法不同于迭代和增量方法，因为周期非常快，并且是固定时间和成本。在快速变化的环境中，当需求和范围很难提前定义，并且可以定义小的增量改进时，首选这个方法。

3.【解析】答案 A。考点“敏捷基础知识：生命周期”。“不确定性高”，每次都需要接受可交付成果，这就是敏捷中分成每个迭代可以使用的方法。

4.【解析】答案 B。考点“团队绩效”。通过每日站会沟通每个团队成员的工作情况。

5.【解析】答案 A。考点“团队绩效”。“进展良好，没有新需求，开会重复”，说明流于形式。这本身就是浪费不是敏捷了，就可以减少开会时间，随时随地地适应，保持敏捷。

6.【解析】答案 B。考点“风险管理”。“转移风险”，项目管理知识体系中典型的风险管理的知识，通过买保险来规避。

7.【解析】答案 D。考点“问题发现与解决”。发现问题，就通过加入待办事项来解决。选项 A、B、C 都不是敏捷的正常做法，选项 A 太极端，每日站会不讨论风险具体内容。选项 C 比较久。

8.【解析】答案 C。考点“变更管理”。不管是敏捷项目，还是预测型项目，都有严格的变更流程来处理变更。敏捷项目的变更流程会更简单、更快速响应，但也是正式的流程，需要遵守。

9.【解析】答案 B。考点“风险管理”。风险管理通过在项目中持续的识别、分析和调整来进行。只有选项 B 合适。选项 D 调整迭代长度不对。选项 A、C 与题干的相关性不高。

10.【解析】答案 D。考点“项目管理基础知识”。这个问题说的是正在起草项目章程，这意味着项目正处于启动阶段。焦点小组是一种数据收集技术，它可能有利于项目章程的制定。焦点小组将涉众和主题专家聚集在一起，以比一对一访谈和对话的方式了解可感知的项目风险、成功标准和其他主题。在适应性（敏捷）的环境中，项目经理的期望不会改变，但是详细的产品计划和交付的控制被委派给了团队，在描述的场景中，他们可以被认为是主题问题专家。不正确的答案选择表示在项目启动完成后举行的会议，或者不是在小组设置中举行的会议。因此，在可用的选择中，安排一个焦点小组是最好的答案。

11.【解析】答案 D。考点“团队绩效”。这个场景暗示仆人领导者想要使用开发团队不熟悉的项目管理方法。如果仆人领导者认为看板方法是项目的最佳方法，那么仆人领导者就有责任确保开发团队接受了执行项目所需的适当培训。在可用的选项中，进行看板研讨会应该与敏捷最佳实践相一致，并为开发人员提供必要的工具来执行项目。

12.【解析】答案 B。考点“敏捷原则和思维模式”。这个不确定性的场景，肯定适用于敏捷方法。

13.【解析】答案 D。考点“团队绩效和项目团队管理”。该问题描述了作为计划资源管理过程的一部分创建团队工作协议的项目团队。工作协议代表了团队的社会契约，应该以团队章程的形式记录下来。团队章程是计划资源管理过程的输出。团队章程的一个最佳实践是将工作协议限制在前 5~10 项。一份包含 37 项协议的全面清单很可能过于烦琐而无法生效，真正重要的协议可能会在不那么重要的项目中丢失。因此，适当的做法是要求项目团队提供前 5~10 个协议，然后以团队章程的形式获取它们。

注意，该场景呈现了一个混合项目，其中传统项目管理的元素与敏捷实践交织在一起。虽然这样的组合可能会混淆，但正确回答问题并不需要此信息。提供的信息作为一个示例来演示各种项目管理方法。

14.【解析】答案 A。考点“项目生命周期”。预测型项目生命周期和敏捷项目生命周期在几个方面有所不同。其中之一是交付项目产品、服务或结果的方式。预测型项目预先制订计划，在项目结束时只交付一个最终产品（服务或结果）。另外，敏捷项目基于对客户的最高价值尽可能频繁地交付工作产品增量。介于两者之间的一切都被定义为混合交付。在混合项目生命周期中，产品可以被划分为多个子集，这些子集要么以预定义的间隔交付，要么在子集完成后立即交付。因此，在所提供的选择中，选择混合生命周期，将项目结果作为最终产品的子集交付，构成了对所问问题的最佳答案。

15.【解析】答案 A。考点“适应性规划”。当将敏捷实践与传统的瀑布方法结合在一起时，项目范围可能会在整个项目中逐步细化，而工作分解结构（WBS）可能不会在最初的项目计划中被完全分解。在这种情况下，估计团队资源需求的一种可行方法是利用类似的估计技术。如果过去有类似的项目，组织过程资产应该包含可用于类似估算的详细信息。BCD 不会在题干中描述的场景下存在。

16.【解析】答案 D。考点“项目基础知识：可交付成果检查”。以结对的形式编写软件代码并互相审查彼此的工作被称为结对编程。这种实践经常用于敏捷项目。就传统的项目管理而言，该场景表明团队处于控制质量过程中，并且正在使用检查工具，例如同行评审，以确定软件是否符合文档化的标准。控制质量过程和检查的目的是验证可交付成果的正确性，从而产生验证的可交付成果的输出。由于团队正在进行代码评审以确定软件的正确性，他们工作的结果将是一个经过验证的可交付成果。

17.【解析】答案 B。考点“敏捷基础知识：Scrum”。在 Scrum 中，产品负责人负责管理产品待办事项列表，并确保根据业务价值对其进行优先级排序。在这种情况下，业务分析师可能拥有作为产品所有者所需的大量技能，但缺乏敏捷方面的知识和经验。因此，Scrum Master 应该指导业务分析师消除任何敏捷知识差距，并确保与产品所有者相关的所有职责都得到了履行。

18.【解析】答案 A。考点“团队绩效”。题干中谈到的“仪式期间没有得到所需的信息”，肯定是在当场就要及时地沟通，所以选项 A 是最好答案，好过选项 C 的事后让信息透明。

19.【解析】答案 B。考点“敏捷原则与思维模式”。选项 A 是产品负责人做的事，承担预测阶段的项目经理的任务，通常更具指导性和控制性，而敏捷领导需要仆人式领导。敏捷团队被认为是自组织的，项目经理将工作交给项目团队，然后团队协作以实现项目目标。因此，详细的产品计划和交付将委托给项目团队。选项 C、D 都是预测型项目做的事情。

20.【解析】答案 D。考点“团队绩效”。一个开发人员在每日站会上提出了一个障碍。尽管这个问题对特定的开发人员来说是一个阻碍，并且可能导致进度延迟，但它可能不是整个项目团队的障碍。敏捷团队强调使用全栈专家。因此，其他团队成员可能能够帮助解决这个问题。当敏捷实践被合并到项目中时，群体技术是一种通常使用的技术。通过这种技术，多个团队成员可以集思广益，解决特定的障碍。

21.【解析】答案 C。考点“敏捷原则与思维模式”。寻求将传统的计划驱动的项目管理方法与某些敏捷方法相结合的组织应该首先评估组织文化和承担这样的主动性的准备情况。将组织从使用一种项目管理方法执行其项目发展到另一种需要时间，建议渐进地进行。在该场景中，组织中的高级领导正在推动将更敏捷的实践包含到当前的项目方法中。要了解组织可能承受的困难程度，对组织进行评估。首先必须做好学习、适应和应用新方法的准备。

22.【解析】答案 D。考点“敏捷原则与思维模式”。先完成选项 D，权衡混合方法的利弊，使项目经理能够理解采用新方法的原因。这种评估还要确保项目团队成员之外的其他涉众能够参与决策及其基本原理。后续再考虑选项 C。

23.【解析】答案 A。考点“问题发现与解决”。“探测”指的是为解决风险，探索可能的解决方案、回答问题或收集信息用的一种试探技术。此题只有选项 A 合适。

24.【解析】答案 C。考点“持续改进”。敏捷项目管理方法中的技术，如“完成的定义”和“演示”，也可以应用于计划驱动的项目。这种方法有助于确保项目相关方在项目一开始就同意，工作不仅完成了，而且对完成和接受工作的标准有了明确的理解。演示作为贯穿整个项目的检查点，向相关涉众演示产品增量，获得反馈，并根据需要进行调整。通过利用这两种敏捷实践，项目团队可以更好地确定项目或阶段是否能够成功结束。

25.【解析】答案 A。考点“团队绩效”。在混合管理项目中，团队成员可以使用燃尽图来跟踪他们的进度。燃尽图应该定期更新。理想情况下，燃尽图反映的是团队成员每天都在履行自己的承诺。在每日站会之前更新进展，可以使团队集体看到进展，并告知他们需要关注什么、下一步要做什么。

26.【解析】答案 B。考点“团队绩效”。数据和量度对于跟踪、监控和控制任何项目都非常重要。无论使用哪种项目管理方法，这都是正确的。当团队和组织从一种方法转换到另一种方法，或者为不同的项目使用不同的方法时，使用多种工具和软件是很常见的。这些工具帮助团队、涉众和项目组织管理数据和方法。但是，过多或不同的工具可能会导致需要更多的管理和维护。因此，项目和规划治理必须确定哪些数据最相关，最值得团队花时间。收集和交流项目数据与输入和维护数据的资源负载之间的平衡可能很困难，但需要做出决策。

27.【解析】答案 C。考点“持续改进”。回顾可以在整个项目中定期进行（不管交付物是否使用迭代产生），以收集经验教训，并确定项目团队适应和改进的方法。回顾的目的是为团队找到方法来承认他们做得很好，并在他们可以改进的地方改进，这是团队自己的事情。调查结果产生的产出主要是供项目小组进行反思并采取必要的行动。可见性和易访问性是确保输出不会被丢弃或遗忘，而是被执行的关键。

28.【解析】答案 D。考点“持续改进”。作为项目经理，即使对该方法是否有效持怀疑态度，仍然应该用他们的努力来支持项目团队以提高生产力。毕竟，Sprint 回顾的目的是让项目团队检查和调整实践，以提高性能。燃尽图将获取团队的速度，并允许前后比较，以确定结对编程在提高生产力方面是否成功。获得的任何知识都应该包含在所学的课程中。注意，该场景意味着项目是使用混合方法管理的。因此，结对编程可能需要也可能不需要经过批准的变更请求。这将取决于在这种情况下项目管理计划有多明确。

29.【解析】答案 D。考点“相关方参与”。不管是哪一类项目（预测也好，敏捷也罢）的相关方的参与，都需要有沟通方面的规划。这是相关方管理，也是沟通管理非常重要的内容。计划可以详细也可以粗略。

30.【解析】答案 C。考点“敏捷原则与思维方式”。敏捷原则：可工作的软件是进度的首要度量标准。

附录

名词解释

Spike（考题中可能翻译为刺探、探测、小实验）：帮助团队回答问题并决定前进方向的快速试验。

Iteration 迭代：极限编程中持续一周到一个月的一次迭代。

Sprint 冲刺：与迭代一个意思，是在 Scrum 方法中的描述。

TDD（Test-Driven Development）测试驱动开发：极限编程所倡导的一种实践方式，先对模块的验收测试进行定义，再编写模块代码，这样代码将围绕着通过这些测试而构建，只要写对代码就必然应该通过测试。

Pair Programming 结对编程：极限编程所倡导的一种实践方式，开发人员两人一组一起工作，一个程序员“敲键盘”写代码，另一个旁观其操作，以不同的视角参与编程。理想情况下，结对编程比单兵作战效率更高。

Continuous Integration 持续集成（考试偶尔翻译为“持续整合”）：定期检查每位团队成员工作进展并进行整个系统编译和测试的开发实践。

Affinity Estimating 亲和估计：快速估计大规模需求未完项的一种技术，利用衬衫尺寸、咖啡杯尺寸或者斐波那契序列中的数字，将用户故事快速置于规模类似的群组中。

Burn-down Chart 燃尽图：迭代过程中及迭代结束时用于沟通开发进展的一种图表，图中显示出已完成和剩余的需求数。燃尽图的设计理念是工作待办事项会随着项目的推进而不断减少，燃烧殆尽。

Burn-up Chart 燃起图：与燃尽图相反，燃起图展现了时间与已完成功能之间的关系。随着需求不断完成、价值不断积累，图中的工作进展走势也不断上升。燃起图并未显示过程中工作，因此无法用来精确预测项目的结束时间。

Cumulative Flow Diagram 累积流量图：展示功能未完成、过程中工作及完成功能与实践关系的一种图表，是信息发射源的组成部分。

Burn Rate 燃烧率：燃烧率是敏捷团队消耗的成本，或是团队的资源消耗率，最常见的计算方式是把各项团队成本简单叠加在一起，一般用每次迭代成本、每周成本、每月成本或其他对执行组织有意义的方式来表示。如果团队每周“燃烧”的成本是 15 500 美元，那么可用 15 500 美元/周来表该团队的燃烧率。

Velocity 速度/速率：一次固定迭代中团队可以交付的需求数量或用户故事数。

Change 变更：变更在敏捷项目中通常指需求变化。敏捷拥抱需求变化，即使出现在项目后期，也视为团队可以提供给客户的一种竞争优势。

Charter 章程：标志项目正式开始的文档。项目章程制定于项目启动阶段，通常包含批准项目的原因、总体预算、主要里程碑、关键成功因素、约束条件、前提条件，以及允许团队开始工作的授权。

Coach 教练：在极限编程（XP）方法论中，教练是保持团队聚焦于学习及极限编程过程的人员，教练是极限编程价值观的体现，帮助团队不断提升并交付价值。

Collective Code Ownership 代码集体所有：整个团队所有人对全部代码负责的一种环境。这意味着团队的每位成员都可以维护、修改其他成员的代码。代码集体所有不鼓励专业分工和特立独行。

Colocation 集中办公：整个团队集中在一个房间一起工作。

Cycle Time 循环时间：来自看板方法，开发完成一项需求或是一个用户故事所需花费的时间。

Daily Scrum 每日站会：通常是每天工作开始时召开的简短例会，整个团队成员均须参加并简要回答 3 个问题：你昨天做了什么？你今天计划做什么？你是否遇到什么障碍？

每日站会对沟通交流和尽早发现问题很重要。绝大多数敏捷方法论都将会议时长严格限制在 15 分钟。

DEEP：描述产品待办事项理想属性的缩略语，含义是——详略适宜的、可估计的、涌现式的、排好优先级的。

INVEST：描述一个好的用户故事理想属性的缩略语，代表了独立的、可协商的、对用户或客户有价值的、可估计的、短小的、可测试的。

High-bandwidth Communication 高宽带沟通：面对面沟通。称之为高宽带，是因为很多信息通过肢体语言、身体姿势、面部表情和语音语调来传送。高宽带沟通是首选的项目沟通方式。

Ideal Time 理想时长：指如果没有什么事情干扰或引起分心，完成一项任务所需耗费的时长。一些敏捷项目使用理想时长而非实际时长来进行估算。

Information Radiator 信息发射源：团队与其他相关方之间用来沟通项目状态的一组组件，信息发射源对保持团队工作进展的透明度及能见度很重要。

Information Refrigerator 信息冷冻机：与信息发射源意思相反的术语，表示必须开发和探索才能理解的不可见图表。

Sprint Retrospective Meeting 冲刺回顾会议：一次迭代结尾召开的半天会议。团队成员在会上讨论已经完成的工作及如何在下次的迭代中进行改进。回顾会议的焦点是流程改进。

Metaphor 隐喻：来自极限编程的实践。采用比喻方式意味着用真实世界中的事物来描述系统组件，从而帮助没有技术背景的相关方来理解问题和解决问题。极限编程方法论尤其倡导使用比喻方式来沟通。

Osmotic Communication 渗透式沟通：以聆听方式发生的沟通。一位团队成员无意中听到作战室中另外两位团队成员交谈并知晓相关信息就是渗透式沟通的一个实例。

Technical Debt 技术债务：团队选择目前暂时不实施的技术决策，但如果一直不做最终会成为阻碍。例如，团队开发代码时选择走捷径，即使这条捷径并不符合组织规定的编码标准，这样做就会产生技术债务。

Product Backlog 产品待办事项（考试中偶尔翻译为“产品积压项”）：所有已知的、即将通过项目实现的需求，无论是规划的迭代还是版本发布中包含的需求都算在内。

Sprint Backlog 冲刺待办事项：一次特定迭代所要完成的工作。冲刺待办事项预期在整个迭代过程中“燃尽”（不要和“产品未完项”混淆）。

Scrum Guide 2020 版：Scrum 的定义是一个轻量的框架，它通过提供针对复杂问题的自适应解决方案来帮助人们、团队和组织创造价值。

参考文献

[1] ANDERSEN J D. 软件工程的敏捷管理[M]. 韩柯，等，译. 北京：机械工业出版社，2004.

[2] MUNDRA S. Enterprise Agility：Being Agile in a Changing World[M]. Thoughtworks, Inc，2018.

[3] 高德拉特，科克斯. 目标[M]. 齐若兰，译. 北京：电子工业出版社，2019.

[4] ELSSAMADISY A. Patterns of Agile Practice Adoption：The Technical Cluster[M]. 2007.

[5] 科特.领导变革[M]. 北京：机械工业出版社，2014.

[6] 北京老李. 业务敏捷报告中文解析[EB/OL]. https://www.douban.com/note/794006236/, [2021-02-07].

[7] Project Management Institute. 敏捷实践指南[M]. 北京：电子工业出版社，2018.

[8] SCHWABER K，SUTHERL J.The Scrum Guide[M]. 2020.

[9] 吉恩・金，凯文・贝尔，乔治・斯帕福德. 凤凰项目——一个 IT 运维的传奇故事[M]. 戚小雷，刘征，等，译. 北京：人民邮电出版社，2015.

[10] https://www.pmi.org/disciplined-agile/process/disciplined-devops/the-workflow-of-disciplined-devops The Workflow of Disciplined DevOps.

[11] https://businessagility.institute/.

[12] https://www.agilebusiness.org/page/whatisbusinessagility.

[13] https://www.pmi.org/learning/library/apply-agile-methodology-nonsoftware-enterprise-projects-9273 Apply agile methodology to non-software enterprise projects.

[14] A Call for Agile Governance Principles，World Economic Forum Global Agenda Council on the Future of Software and Society[C].2016.

[15] Examples of Agile Governance - World Economic Forum，World Economic Forum Global Agenda Council on the Future of Software and Society[C].2016.

[16] https://www.pmi.org/disciplined-agile/process/introduction-to-daD.

[17] BLOKDYK. Disciplined agile delivery：Amazing Projects from Scratch Gerard[M]. Createspace Independent Publishing Platform,2017.

[18] lINES M, AMBLER S.Disciplined Agile Delivery：A practitioner's Guide to agile software delivery in the enterprise[M]. IBM Press, 2012.

[19] BROZA G.Agile for Non-Software Teams：A Practical Guide for Your Journey[M]. 3P Vantage Media，2019.

[20] HUMBLE J，FARLEY D. 持续交付：发布可靠软件的系统方法[M]. 乔梁，译. 北京：人民邮电出版社，2011.

[21] KIM J, HUMBLE J，DEBIOS P，et al. DevOps 实践指南[M]. 刘征，王磊，马博文，等，译. 北京：人民邮电出版社，2018.

[22] BECK K，Andre. 解析极限编程——拥抱变化[M]. 北京：机械工业出版社，2011.

[23] HIGHSMITH J. 敏捷项目管理（英文版）[M]. 北京：机械工业出版社，2006.

[24] 北京老李. 数字化领导力：基于 DevOps 与 ITIL4 梳理的八个新兴数字化管理岗位[EB/OL]. https://www.douban.com/note/783809248/，[2020-11-12].

[25] 依斗罗红. 敏捷开发追求简单设计之道[EB/OL]. https://blog.csdn.net/luohong722/article/details/6326351?locationNum=9&fps=1，[2011-04-15].

项目管理精品图书

序号	书名	书号	定价
1	吾心所向——我亲历的 PMRC 三十年	978-7-5198-6109-4	99.00 元
2	新能源电力建设项目选址、投资、风险决策研究	978-7-5198-5338-9	118.00 元
3	青少年项目奇遇系列：终极树屋项目、可怕的鬼屋项目、妙趣横生的科技节项目、情人节灾难项目、复活节霸王转型项目	978-7-5198-5877-3	258.00 元（全 5 册）
4	张成功项目管理记（第 3 版）	978-7-5198-5703-5	68.00 元
5	政府投资光伏扶贫项目区域优选方法及其规划模型研究	978-7-5198-5337-2	78.00 元
6	组织项目管理能力基准：组织项目管理能力开发指南	978-7-5198-3374-9	68.00 元
7	国际工程前沿问题初论	978-7-5198-5977-0	68.00 元
8	政企合作（PPP）：王守清核心观点（2017—2020）	978-7-5198-5221-4	198.00 元（全 2 册）
9	双赢：提升项目管理者的职业高度与情商	978-7-5198-5245-0	86.00 元
10	高效通过 PgMP®考试	978-7-5198-5162-0	88.00 元
11	项目管理：创造源来的价值	978-7-5198-5044-9	88.00 元
12	虚拟团队领导力	978-7-5198-4900-9	88.00 元
13	白话国际工程项目管理	978-7-5198-4568-1	78.00 元
14	项目经理枕边书	978-7-5198-4849-1	45.00 元
15	跨国项目管理	978-7-5198-4735-7	78.00 元
16	创业项目管理	978-7-5198-4734-0	78.00 元
17	PMP®考试口袋书	978-7-5198-4139-3	78.00 元
18	工程总承包管理理论与实务	978-7-5198-4419-6	108.00 元
19	工程咨询企业项目管理办公室（PMO）理论与实践	978-7-5198-4418-9	88.00 元
20	项目管理方法论（第 3 版）	978-7-5198-4580-3	78.00 元

序号	书名	书号	定价
21	看四大名著学项目管理	978-7-5123-7958-9	48.00 元
22	观千剑而后识器：项目管理情景案例	978-7-5198-4546-9	58.00 元
23	大数据时代政府投资建设项目决策方法	978-7-5198-2535-5	58.00 元
24	高老师带你做模拟题：轻松通过 PMP®考试	978-7-5198-2649-9	68.00 元
25	PPP 项目绩效评价理论与实践	978-7-5198-2970-4	68.00 元
26	全过程工程咨询理论与实施指南	978-7-5198-2918-6	108.00 元
27	企业项目化管理理论与实践	978-7-5198-2936-0	98.00 元
28	工程咨询企业信息化管理实务	978-7-5198-2935-3	98.00 元
29	岗位管理与人岗匹配（第 2 版）	978-7-5198-2973-5	68.00 元
30	非经营性政府投资项目究责方法与机制	978-7-5198-2536-2	58.00 元
31	卓尔不群：成为王牌项目经理的 28 项软技能	978-7-5198-0871-6	48.00 元
32	汪博士析辨 PMP®易混术语（第 2 版）	978-7-5198-3027-4	68.00 元
33	个人项目管理能力基准：项目管理、项目集群管理和项目组合管理（第 4 版）	978-7-5198-3141-7	78.00 元
34	政府和社会资本合作（PPP）项目绩效评价实施指南	978-7-5198-3301-5	88.00 元
35	不懂心理学怎么管项目	978-7-5198-3467-8	58.00 元
36	PMO 不败法则：100 个完美收工技巧	978-7-5198-3690-0	45.00 元
37	项目控制知识与实践指南	978-7-5198-3536-1	198.00 元
38	视线变远见——系统思考直击项目管理痛点	978-7-5198-3767-9	68.00 元
39	顺利通过 PMP®考试全程指南（第 3 版）	978-7-5198-3697-9	98.00 元
40	谁说菜鸟不能成为项目经理	978-7-5198-3931-4	78.00 元
41	电子商务项目管理	978-7-5198-2688-8	68.00 元
42	涛似连山喷雪来——薛涛解析中国式环保 PPP（第 2 版）	978-7-5198-6078-3	98.00 元
43	技法：提升绩效与改进过程	978-7-5198-2514-0	68.00 元

序号	书名	书号	定价
44	管法：从硬功夫到软实力	978-7-5198-2513-3	68.00 元
45	心法：顶级项目经理的修炼之路	978-7-5198-2506-5	68.00 元
46	区间型多属性群决策方法及应用	978-7-5198-2537-9	58.00 元
47	项目管理知识体系指南（PMBOK®指南）：建设工程分册	978-7-5198-2383-2	98.00 元
48	高效通过 PMI-ACP 考试（第 2 版）	978-7-5198-2099-2	68.00 元
49	论中国 PPP 发展生态环境	978-7-5198-2166-1	78.00 元
50	太极逻辑：项目治理中的中国智慧	978-7-5198-2061-9	58.00 元
51	项目治理风险的网络动力分析	978-7-5198-2055-8	68.00 元
52	PMP®备考指南（第 2 版）	978-7-5198-2109-8	68.00 元
53	政府和社会资本合作（PPP）参考指南（第 3 版）	978-7-5198-2045-9	88.00 元
54	项目管理办公室（PMO）实践指南	978-7-5198-2034-3	45.00 元
55	高效通过 PMP®考试（第 2 版）	978-7-5198-1859-3	98.00 元
56	高老师带你划重点：轻松通过 PMP®考试	978-7-5198-1860-9	69.00 元
57	高效通过 NPDP 认证考试	978-7-5198-1095-5	78.00 元
58	PMI-PBA 考前模拟题库及详解	978-7-5198-0944-7	68.00 元
59	八堂极简项目管理课	978-7-5198-0411-4	58.00 元
60	创新项目管理	978-7-5198-0825-9	98.00 元
61	项目治理：实现可控的创新	978-7-5198-0826-6	68.00 元
62	成功的采购项目管理	978-7-5198-0318-6	48.00 元
63	项目成本管理（第 2 版）	978-7-5198-0192-2	68.00 元
64	需求管理实践指南	978-7-5123-9912-9	48.00 元
65	进度管控数字化应用教程	978-7-5198-6061-5	68.00 元